U0524448

佛山之心 祖庙印记

中共佛山市禅城区祖庙街道工委党校 ◎ 编

南方日报出版社
NANFANG DAILY PRESS
中国·广州

图书在版编目（CIP）数据

佛山之心　祖庙印记/中共佛山市禅城区祖庙街道工委党校编. 广州：南方日报出版社, 2025.1. -- ISBN 978-7-5491-3020-7

Ⅰ.K296.55

中国国家版本馆CIP数据核字第2024SA4389号

FOSHAN ZHIXIN ZUMIAO YINJI

佛山之心　祖庙印记

| 编　　者：中共佛山市禅城区祖庙街道工委党校
| 出 版 人：周山丹
| 责任编辑：蔡　芹
| 封面设计：邓晓童
| 责任校对：阮昌汉
| 责任技编：王　兰
| 出版发行：南方日报出版社
| 地　　址：广州市广州大道中289号
| 经　　销：全国新华书店
| 印　　刷：广州市人杰彩印厂
| 成品尺寸：148mm×210mm
| 印　　张：14.5
| 字　　数：400千字
| 版　　次：2025年1月第1版
| 印　　次：2025年1月第1次印刷
| 定　　价：98.00元

投稿热线：（020）87360640　　读者热线：（020）87363865
发现印装质量问题，影响阅读，请与承印厂联系调换。

本书编委会

主　　任　李仕亨

副 主 任　梁劲钊　刘利宝

顾　　问　（按姓氏笔画排序）
　　　　　　王丽娃　贝雪阳　叶志强　刘宁　刘闻
　　　　　　刘裕强　苏文凯　张况　张群　张政殿
　　　　　　陈浩阳　姚开端　梁国澄　梁健鹰　曾洁莉
　　　　　　雷俊　蔡婉静　潘建成

主　　编　邱小鸿

副 主 编　高娟玲　吴国辉

编　　辑　周璟滢　梁智煊　赖铭锋　练秀珍　杨为扬
　　　　　　黄霖开　李心颖

序

张 况

习近平总书记指出："围绕中心、服务大局，是党校事业必须始终坚持的政治站位，是践行党校初心的必然要求。"总书记这段话阐述了新时代党校工作的重大使命、核心任务和具体要求，闪耀着马克思主义的真理光芒。

事实上，我国从中央到地方都已成体系地建立了党校，用以教育培训党员领导干部，这是我党有别于世界其他国家的一大政治优势，具有中国特色社会主义的独特历史意义和现实意义。

党校姓党，决定了党校工作的重心必须是抓党的理论教育和党性教育。如何坚持做到把党校姓党全面贯穿于党校工作的始终，这是每一位党校工作者必须切实履行好的工作职责，不得有半丝含糊。归根结底，那就是必须在政治上、思想上和行动上自觉与党中央保持高度一致。对于这点，佛山市禅城区祖庙街道党工委党校有着十分清醒的认识和行动上的自觉。

作为一所基层党校，祖庙街道党工委党校确实是好样的！他们不忘初心、牢记使命，不囿于基层工作的烦琐而淡化责任与担当，而是坚定理想信念，扎根基层，咬定职责不放松，砥砺优良品质，努力做到最好。祖庙党校人坚定不移坚持"为党育才、为党献策"的党校初心,不仅把本职工作做得有声有色、培训工作做得井然有序,而且勇于开拓思路,敢于改革创新,努力梳理祖庙街道历年来党建各阶段的历史发展进程和大事记,并由此延展对祖庙街道整个历史时空的考察研究,以充实历史自信、文化自信,积极拓展党校各项功能,善于从历史角度洞察祖庙街道的历史和党建史,充分彰显了基层党校也能发挥独特作用、也能实现自身价值的坚强决心。

在认真搜集并核实相关历史资料后,祖庙党校人齐心协力,披沥两载有余,不遗余力地为佛山初地祖庙街道"立传",梳理出祖庙街道的党建经纬,终于成功编出这部皇皇二十余万字的《佛山之心 祖庙印记》,真可谓苦心人天不负。

翻阅厚厚的书稿,我对他们夜以继日的艰辛付出表示由衷的感慨,同时也对祖庙街道党工委党校敢为人先的举动充满敬意。

这部涵盖祖庙街道既往人文历史和百年党史的综合性编集,不仅具有严谨的历史逻辑脉络和可信的事件轨迹依据,而且具有丰赡的岁月积淀和非虚构的叙事能力,似此图文并茂的正能量编录,足以安慰祖庙党校人再现佛山初地历史和党建史的巨大耐心和朴素宏愿。我认为,这部书弘扬的是社会主义核心价值观,基本具备了作为祖庙街道爱国主义教材的品相。

书分五篇,以时间为坐标,详细标注祖庙街道千年发展史、百年党建史,逐行逐句对佛山初地的前世今生进行了系统性梳理和历史性复盘。其所用史料翔实可信,叙事笔触细腻有物,整套书充盈鲜亮的历史底色,笔底满纸烟云使之既具史料性,也具可读性。为此,我想说祖庙街道党工委党校确实干了一件了不起的好事,值得赞许。

据史料所载,在5000多年前,古越族先民部落就散落于岭南大地,勤劳勇敢的先民们将善良的血脉注入滔滔珠江,逐渐在珠三角一带繁衍生息，并由此开启了百越大地古老而崭新的文明纪元。古佛山彼时就是其中一个重要聚落和历史闪光点。

得益于珠三角得天独厚的地理位置，佛山较之岭南其他地方，有着更开阔平坦的平原、更便捷的水陆交通、更丰饶的物产和更具地域特色的怡人风光。据考证，佛山的人类历史起源于现今佛山禅城澜石街道区域。先民沿西江、北江而下，以渔耕和制陶开创了佛山的原始文明。早在新石器时代晚期的贝丘遗址中就已揭开佛山烧陶的历史序篇。这些逐水草而居、顽强而伟大的生命群体，一刻不停地讲述着佛山先民说不完道不尽的故事。

秦始皇统一六国之后，派任嚣、赵佗最终平定了岭南，百越和茫茫南海自此归于大秦，而古佛山就是当时的南海郡属地。

佛山肇迹于晋，古称季华乡，隋开皇十年（590），季华乡辖于南海县。至唐贞观二年（628），据载是因为有人在塔坡岗上挖出了三座金佛，故改称为佛山，因此有"得名于唐"之说。宋时佛山始以镇称。明清时期佛山已发展成商贾云集、工商业发达的岭南重镇，与彼时湖北的汉口镇、江西的景德镇、河南的朱仙镇并称中国"四大名镇"，后又与京师、汉口、苏州并称"天下四聚"。作为国家历史文化名城、全国文明城市和岭南广府文化的核心区，佛山同时也是一座具有光荣革命历史传统的红色城市。而今天的祖庙街道就是昔年佛山古镇的所在地。

有此厚重历史底蕴加持，佛山能积淀丰厚的岭南文化精髓，拥有可圈可点的红色基因，也就顺理成章了。

我想，祖庙街道党工委党校之所以要编这部书，主要是想凭借千年古镇的文脉底色，以百年红色奋斗历程为依托，进而谱写属于祖庙街道的党建新篇章，以展现祖庙街道在佛山各个历史时期的年代肌理和百年红色底蕴，从文化、经济、政治、产业、艺术、建筑诸方面入手，为世人全景式展示佛山祖庙的历史文化风貌，尤其是百年党建的艰辛历程，并由此激励祖庙市民群众，尤其是广大党员干部的爱国、爱党、爱乡热情。

是为序。

于佛山石硝村南华草堂
2024年10月1日

（作者系著名作家、诗人，中国作家协会会员、中国诗歌学会常务理事、广东省作家协会主席团成员、佛山市作家协会主席，国家艺术基金获得者、广东省鲁迅文学艺术奖"双奖"获得者）

前　言

佛山古称季华乡。唐贞观二年（628），季华乡改称佛山，宋代开始佛山称镇。明清时期，佛山古镇发展成商贾云集、工商业发达的岭南重镇。佛山是国家历史文化名城、广府文化核心区域，也是一座具有光荣革命传统的城市。祖庙街道是昔日佛山古镇的承载地，沉淀岭南的文化精髓，传承深厚的红色基因。

《佛山之心　祖庙印记》以千年古镇文脉为底色，以百年红色奋斗为灵魂，谱写党建新篇章，展现祖庙街道在佛山建设和各个历史时期的红色力量，内容囊括经济、政治、文化、产业、艺术、建筑等多个方面，旨在"回顾过去，放眼未来；以史为鉴，资政育人"，激励广大党员、干部、群众自觉做到知史爱党、知史爱国、知史爱佛山，厚植担当精神，砥砺奋进，谱写高质量发展新篇章。

本书由"古镇记忆""星火燎原""蝶变新生""改革春潮""奋楫争先"五部分组成，以市、区地方党史、档案、地方志，以及祖庙街道大事记等其他文献材料为蓝本，按重要时间节点划分，追溯历史，再现事件，并对发生的同类型事件进行系统性梳理，编录了祖庙街道在不同时期发生的重要或典型事件，力争做到叙事完整、史实准确，文字简练、便于阅读，使之既具历史脉络感，又具历史厚重感。

"古镇记忆"主要反映1919年之前佛山古镇经济社会发展状况及岭南传统文化的形成与沉淀的历史要事，充分体现佛山古镇既是岭南文化的核心基地，也是中华传统文化宝库的重要组成部分；"星火燎原"主要反映从1919年5月至1949年10月佛山解放之前，在党的领导下，佛山无数革命先辈坚定革命理想信念，对党的事业无限忠诚，壮怀激烈、义无反顾，践行救国救民道路，抛头颅、洒热血的革命事迹；"蝶变新生"主要反映从1949年10月佛山解放至1978年底改革开放之前，在党的领导下，佛山人民自力更生、艰苦奋斗，迅速医治战争创伤，恢复国民经济，巩固新生的人民政权；"改革春潮"主要反映从1978年底党的十一届三中全会召开至2006年5月禅城区行政区划调整之前，以经济建设为中心，敢为人先、敢闯敢试、锐意改革，开创了一条城区特色的经济发展道路的重大变革；"奋楫争先"主要反映2006年6月组建新的祖庙街道至2023年底，祖庙街道以行政区划调整为契机，全面贯彻落实科学发展观及创新、协调、绿色、开放、共享的新发展理念，全力以赴冲刺"千亿祖庙"，以新担当新作为推动经济社会发展取得的新成绩。

　　本书的出版得到了中共佛山市委党校、中共佛山市委党史研究室、佛山市档案馆、佛山市人民政府地方志办公室、中共佛山市禅城区委组织部、中共佛山市禅城区委党校、佛山市禅城区档案馆（中共佛山市禅城区委党史研究室、佛山市禅城区地方志办公室）的支持，以及各专家学者的鼎力协助，在此衷心感谢！

　　由于水平所限，书中难免会出现偏颇的地方，在此诚表歉意并祈盼赐教！

中共佛山市禅城区祖庙街道工委党校
2024年11月

目 录

壹 古镇记忆 ········· 001

1. 佛山得名 ········· 003
2. 佛山祖庙 ········· 006
3. 敕封忠义乡 ········· 009
4. 佛山之冶遍天下 ········· 013
5. 佛山纺织业的发展 ········· 017
6. 佛山中成药业 ········· 019
7. 粤剧发祥地 ········· 025
8. 通济桥 ········· 027
9. 仁寿寺 ········· 030
10. 《佛山忠义乡志》 ········· 032
11. 文武四衙设治佛山 ········· 034
12. 大魁堂城市自治体系 ········· 036
13. 侨寓人士迁入佛山 ········· 040
14. 杨伍街改称东华里 ········· 044
15. 梁园 ········· 050
16. 《佛山街略》 ········· 051
17. 佛山八景图面世 ········· 052

18. 佛山民众抗英斗争 ………………………… *057*
19. 佛山鸿胜馆 ………………………………… *059*
20. 红巾军起义 ………………………………… *062*
21. 近代机器工业兴起 ………………………… *065*
22. 佛山第一家西医院 ………………………… *069*
23. 开设邮电通信业务 ………………………… *070*
24. 反"挂销号税"事件 ………………………… *072*
25. 佛山开办新式学堂 ………………………… *074*
26. 佛山镇商会 ………………………………… *077*
27. 光复佛山 …………………………………… *079*
28. 成立镇议会 ………………………………… *081*
29. 佛山首家电灯公司 ………………………… *082*
30. 佛山第一家报纸《汾江日报》 …………… *084*

贰 星火燎原 ……………………………………… *085*

1. 五四运动在佛山 …………………………… *087*
2. 季华女子学校 ……………………………… *090*
3. 佛山精武体育会 …………………………… *092*
4. 佛山工人俱乐部 …………………………… *096*
5. 广东社会主义青年团佛山分团 …………… *097*

6. 中共佛山组 ·········· *101*
7. 佛山工会联合会 ·········· *106*
8. 佛山工人"共产主义十人团" ·········· *108*
9. 广州农讲所与佛山农民运动 ·········· *110*
10. 南浦农团军 ·········· *112*
11. 平定商团叛乱 ·········· *116*
12. 佛山工代会 ·········· *119*
13. 佛山市政厅 ·········· *121*
14. 清算大魁堂劣绅集团 ·········· *124*
15. 支援省港大罢工 ·········· *127*
16. 广东妇女解放协会佛山分会成立 ·········· *130*
17. 中共佛山支部成立 ·········· *131*
18. 莺岗街战斗 ·········· *133*
19. 农民赤卫军攻打普君圩 ·········· *136*
20. 中共佛山市委成立 ·········· *137*
21. 血染红花岗 ·········· *139*
22. 革命低潮时期坚持斗争 ·········· *145*
23. 抗日救亡运动兴起 ·········· *146*
24. 佛山民众的抗日备战 ·········· *150*
25. 中共佛山特别支部 ·········· *152*
26. 广游二支队和珠江纵队成立 ·········· *155*
27. 隐蔽战线的斗争 ·········· *159*

28. 佛山工人经济罢工斗争 …………………… *161*
29. 南海一中的地下活动 ……………………… *162*
30. 佛山解放 …………………………………… *165*

叁 蝶变新生 ………………………………… *167*

1. 建立人民民主政权 ………………………… *169*
2. 整顿金融秩序 ……………………………… *174*
3. 统一财经管理 ……………………………… *177*
4. 稳定市场物价 ……………………………… *180*
5. 支援抗美援朝 ……………………………… *183*
6. 开展土地改革 ……………………………… *185*
7. 以工代赈开展城市建设 …………………… *187*
8. 扩建中山公园 ……………………………… *191*
9. 调整基础教育布局 ………………………… *194*
10. 粤中行署迁址佛山 ………………………… *196*
11. 贯彻党的"一化三改"总路线 …………… *199*
12. 振兴发展佛山中医药事业 ………………… *203*
13. 动员归侨侨眷参加建设 …………………… *206*
14. 西佛线建成送电 …………………………… *209*
15. 粮油棉统购统销 …………………………… *211*

16. 挖掘保护佛山民间工艺 …………………… *213*
17. 提出轻工业城市建设规划 ………………… *216*
18. 佛山市对外开放旅游 ………………………… *218*
19. 佛山市图书馆 ………………………………… *220*
20. 试行商业企业民主管理改革 ……………… *222*
21. 发展机械制造业 ……………………………… *224*
22. "大跃进"和人民公社化运动 ……………… *226*
23. 开展爱国卫生运动 ………………………… *228*
24. 大规模开展市政建设 ……………………… *234*
25. 比学赶帮超的立功竞赛运动 ……………… *238*
26. 全国第一台红外线气体分析仪 …………… *240*
27. 全国第一台大型水环真空泵 ……………… *242*
28. 佛山市第一台9英寸黑白电视机 ………… *244*
29. 佛山市第一部"130"型汽车 ……………… *247*
30. 开展"三来一补"外贸业务 ……………… *249*

肆 改革春潮 …………………………………… *251*

1. 改革农副产品购销体制 …………………… *253*
2. 佛山市粤剧团 ………………………………… *256*
3. 创建佛山广播电视大学 …………………… *259*

4. 鼓励个体经济发展 ………………………… *261*
5. 佛山影剧院改建开业 ……………………… *263*
6. 实施"以水养水"公共供水政策 …………… *265*
7. 永红大队实行社员退休制度 ……………… *267*
8. 建设轻纺之城 ……………………………… *268*
9. 调整工业消费品购销价格 ………………… *270*
10. 实施佛山市城市总体规划 ………………… *272*
11. 国有商业企业改革 ………………………… *276*
12. 扩大企业自主权试点 ……………………… *279*
13. 开展"五讲四美三热爱"活动 ……………… *281*
14. 三次获评全国"田径之乡"称号 …………… *283*
15. 华侨华人和港澳同胞支持佛山建设 ……… *285*
16. 取消粮油票流通 …………………………… *287*
17. 实施"工业立区、人才兴区"战略 ………… *290*
18. 基础设施建设的社会投融资模式 ………… *294*
19. 佛山市无线电八厂 ………………………… *298*
20. 佛山市区敞开供电 ………………………… *300*
21. 佛山的国际友好城市 ……………………… *302*
22. 女足世界杯在佛山 ………………………… *303*
23. 国有企业股份制改革试点 ………………… *305*
24. 社会保险一体化改革 ……………………… *308*
25. "一芯两轮三条线" ………………………… *310*

26. 佛（山）九（龙）直通车开通 …… *314*
27. 国家历史文化名城建设 …… *316*
28. 全国社区建设试点 …… *319*
29. 环市街道获"中国童装名镇"称号 …… *320*
30. 大型购物中心开业 …… *322*

伍 奋楫争先 …… *325*

1. 祖庙街道行政区划调整 …… *327*
2. "平安祖庙"创建 …… *330*
3. 祖庙—东华里片区改造 …… *333*
4. 打造季华中心商务区 …… *338*
5. 佛山祖庙百年大修 …… *343*
6. 获授"省特级文化站"称号 …… *345*
7. 莲花路—升平路老城区改造 …… *348*
8. 广佛地铁首段开通 …… *353*
9. 探索城市管理新模式 …… *355*
10. 首届"祖庙好人"评选 …… *362*
11. "四大片区"产业发展战略 …… *365*
12. 打造"3.6公里文化旅游线路" …… *368*
13. "丰收街·菁创聚"青年创新创业社区建设 …… *372*

14. "岭南文荟小镇"建设 ·············· *375*
15. 启动"共享社区"项目 ·············· *379*
16. 支持创新创业创造 ·············· *381*
17. 推进乡村振兴战略 ·············· *384*
18. 实施村（社区）重要事权清单管理 ·············· *388*
19. 构建基层党员教育培训新格局 ·············· *391*
20. "一轴三片区"产业发展规划 ·············· *394*
21. 构建祖庙街道总部经济 ·············· *397*
22. 建设绿色生态街区 ·············· *400*
23. 创新都市型养老服务模式 ·············· *408*
24. 开启"佛山古镇"项目建设 ·············· *411*
25. 佛山"十大民俗活动"发布 ·············· *418*
26. 推进"智慧化"社会治理 ·············· *422*
27. 公资公有企业高质量发展改革 ·············· *426*
28. 冲刺"千亿祖庙" ·············· *428*
29. 佛山高铁未来城 ·············· *433*
30. 党建引领高质量发展 ·············· *437*

参考文献 ·············· *443*

壹

古镇记忆

本篇主要介绍佛山中心城区核心街区——祖庙街道在1919年之前（中国旧民主主义革命阶段及之前历史时期）的社会发展状况。

早在新石器时代，佛山地域内就有先民在此生息。河宕遗址展示了约4000年前这里丰富的人类活动居住痕迹。秦始皇三十三年（前214），秦统一岭南，设置南海郡，佛山属南海郡番禺县。隋开皇十年（590），佛山名为"季华乡"。唐贞观二年（628），季华乡民在塔坡岗挖出三尊铜佛，建寺刻碑记载，并将塔坡岗改称为"佛山"。

佛山古镇，一颗商贾云集闻天下、物阜民丰扬四方的璀璨明珠。宋元时期，佛山手工业、商业和文化产业繁荣。明清时期，佛山与汉口、景德、朱仙并称为全国"四大名镇""户口之繁，物产之富，文物之盛，闻誉中外，为天下四大镇之冠"；与京师、苏州、汉口并称为"天下四聚"，纺织、铸造、医药三大行业鼎盛南国。鸦片战争前夕，佛山古镇的工商业发展达到鼎盛，全镇"地衰十里，广七里"，镇内有"六圩十二市""二十八铺"，形成铸造、织造、砑朱、丹粉、竹木器具、金银铜锡箔、中成药、制伞等300多个行业，作坊之多、商务之繁、百货之丰一度超过广州。经济崛起带动教育、文化进步，文人墨客辈出，艺人名匠汇聚，生根发芽、开枝散叶。经济与文化良性互动，孕育出思路开阔、勇于突破创新的人文精神，谱写了佛山古镇辉煌的历史篇章。

1 佛山得名

佛山"肇迹于晋,得名于唐"。唐贞观二年(628),乡民在塔坡岗掘得3尊铜佛像,得悉东晋隆安二年(398)曾有西域僧人到此讲经传法,遂立石榜,上刻"佛山"二字,佛山之名由此而来。从此,以塔坡岗为中心诸村又称"佛山村",并随周边相继成陆,地域不断向中部、北部扩延。至宋初步形成市镇规模,故又被俗称为"佛山镇"。

"佛山"石榜

"佛山镇"石碑

石榜是佛山得名的见证物,长77厘米,宽36厘米,厚12厘米,灰色砂岩石质,榜面横刻阳文"佛山"两大字,旁有阳文直书"贞观二年"款,有边框。1963年,石榜在塔坡街被发现,现藏于广东省博物馆。

塔坡寺

东晋隆安二年(398),有西域僧人三藏法师达毗耶舍来到耆老铺塔坡岗搭茅讲经,传扬佛教。后来信徒们为他修建了一座经堂,

塔坡寺油画

取名"塔坡寺"。有对联曰：胜地骤开，一千年前青山我是佛；莲花极鼎，五百载后说法起何人。从此，塔坡岗下乡民、香客共处，以塔坡寺及寺前开凿的塔坡古井为中心，成为佛山人聚居和繁衍的原点。明洪武二十四年（1391）朝廷大毁寺观，塔坡寺遭毁。

经堂古寺

明天启七年（1627），佛山乡绅拟重建塔坡寺时，因塔坡岗一带已成圩市，不宜建寺，遂在万寿坊前另觅地方复建塔坡寺，后称经堂古寺。清乾隆五十三年（1788）重修。咸丰四年（1854）毁于红巾军起义。光绪三年（1877），佛山士绅潘衍鋆、潘衍桐、王福康、梁都唐等倡议重建经堂古寺，并邀请广州华林古寺方丈勤安和尚到佛山主

经堂古寺

持重建工作。光绪七年（1881），经堂古寺重新落成，规模远胜从前。1998年，经堂古寺被公布为佛山市文物保护单位。

塔坡庙和井

　　塔坡庙和井位于京果街2号。明天启七年（1627）建东岳庙，祭祀东岳大帝，因建在原塔坡寺所在地，故称塔坡庙。清雍正、乾隆、嘉庆、道光、光绪年间分别重修。坐西向东，面宽4.6米，进深8.95米，总面积41平方米。单层青砖木架构，硬山顶，马鞍式封火山墙，蓝釉印花瓦当，滴水剪边，檐板花鸟虫草图案精美完好，正门上方嵌"塔坡古迹"石额，款署为"嘉庆元年菊月吉旦众信重建，苏呈祥敬书"。

　　塔坡庙前有水井一口，是佛山镇最古老的井，井口以花岗岩石材井圈装修。井水清澈甘洌，井旁立修庙款项进支石刻一通，碑文"共进伍佰卅伍圆壹角正，共支伍佰卅伍圆正。民国卅七年戊子桂月众信及修庙工会重修，塔坡同人立"。塔坡庙虽小，却是佛山得名的重要物证。1998年，塔坡庙和井被公布为佛山市文物保护单位。

塔坡古迹

塔坡庙和井

2 佛山祖庙

祖庙正门

佛山祖庙位于祖庙路21号,始建于北宋元丰年间。据方志记载,"历元至明,皆称祖堂,又称祖庙,以历岁久远,且为诸庙首也"。祖庙是广东最早兴建的真武庙之一。元末毁于战火。明洪武五年(1372)重修。景泰年间,敕封祖庙为灵应祠。此后随着佛山城镇经济的日渐发展,经明清两代二十多次重修、扩建,尤以清光绪二十五年(1899)装修后,更为瑰丽壮观,成为一座体系完整、结构严谨、具有浓厚地方特色的庙宇建筑。1996年,祖庙被公布为全国重点文物保护单位。

佛山祖庙古建筑群

佛山祖庙古建筑群坐北朝南,布局完整有序,规模宏大。现有建筑面积3500平方米,为三进院落四合院式平面布局,主体建筑沿南北中轴线排列,从南到北依次为万福台、灵应牌坊、锦香池、钟鼓楼、山门、前殿、正殿、庆真楼，紧凑而错落有致。其建筑结构独具岭南特色，正殿的前排斗拱是全国现存唯一的宋代双杪三下昂八铺作斗拱，这使前檐向外大幅度延伸，使柱子免受雨水侵袭。

祖庙庙内各种艺术装饰极具岭南特色，均为佛山历代民间工匠的杰作。产自石湾的6条陶塑瓦脊是岭南祠堂独有的建筑装饰，其中装饰在祖庙山门上的瓦脊长32.03米，是世界上最长的陶塑瓦脊，共塑造252个人物故事。还有栩栩如生的灰塑、层次丰富、技法细腻的砖雕、玲珑剔透的漆金木雕以及风格豪放的石雕，题材大多为历史故事、民间传说、古代神话，内容丰富，布局紧凑，场面热闹。此外，大殿内还保存着明至清代的制作精良的铸件如钟、鼎、八宝及兵器仪仗等，尤其是铸于明代洪武年间的重5000余斤的北帝铜像，以及我国现存最大的直径1.3米的明代大铜镜，反映了古代佛山高超的铸造工艺水平。庙内还放置佛山独有的24尊的造工奇特的夹纻漆朴神像，工艺堪称一绝。祖庙也被誉为"东方艺术之宫"。

祖庙陶塑瓦脊

灵应牌坊

灵应牌坊建于明景泰年间，此牌坊原名为"玄灵"牌坊，清康熙年间重修时，为避讳康熙皇帝的名字"玄烨"而改名"灵应"。为三开间三重檐，第一重为歇山顶，第二、三重为庑殿顶，柱间大量使用斗拱，其下每边的花岗石台基上有柱子六根，中间为木柱，外侧为石

灵应牌坊

柱，木柱两侧倚以抱鼓石，抱鼓石上雕刻了龙凤鹤、福禄寿等吉祥图案，是全国现存最早三间四柱四楼式木石混合结构的牌楼。

万福台

清顺治十五年（1658），在灵应祠前修建华封台，康熙二十三年（1684）更名为万福台。万福台是华南地区规模最大、装饰最堂皇、保存最完好的古戏台。万福台台高2.07米，建筑为歇山顶，分前后台，中间用一装饰精美的贴金木雕隔板分开，贴金木雕隔板上部为福禄寿三星拱照，中间为曹操大宴铜雀台，左为伏虎罗汉、右为降龙罗汉，隔板中间悬挂着一副木刻篆书对联"传来往事留今鉴，谱出高歌彻紫霄"。以前，每逢喜庆的节日、神诞，尤其秋收以后，几乎每晚万福台都有演出，来看大戏的人络绎不绝。过去本地戏班每年重组后、外地戏班入佛山公演前，他们的首场戏都要在万福台演出，希望得到北帝的庇佑，演出顺利成功。演出成功后，本地戏班才乘红船到四乡演出、外地戏班才可以在佛山入棚公演，故此，万福台有"审戏台"之称。现在万福台是海外粤剧艺人寻根的地方。

祖庙万福台全景

3　敕封忠义乡

佛山在元代之前并无行政建制，隶属广州府南海县。至明洪武三年（1370），佛山始称"南海县五斗口司西淋都佛山堡"。"其地袤十里，广七里，东抵蟠岗堡、西抵张槎堡、南抵魁岗堡、北抵叠滘堡。"正统十四年（1449），黄萧养起事，派兵进攻佛山。佛山豪绅招募义勇，以佛山二十二老为首的耆老集团为维护社会秩序组织防御，成功击退黄萧养起义军，并归功于北帝显灵。景泰年间，敕封佛山北帝庙为"灵应祠"，敕封佛山堡为"忠义乡"，旌赏梁广等22人为"忠义官"，佛山"忠义乡"由此得名。

"敕封忠义乡"石匾

三圩六市二十八铺

自明初至明中叶，佛山在行政区划上，一直为南海县季华乡西淋都佛山堡，下辖十五村：佛山、汾水、村尾、栅下、朝市、禄丰社、大塘涌、牛路、山村、隔塘冈、观音堂、细晚市、石路头、忠义社、滘边社。明朝起相继形成普君圩、大圩、盘古圩、三元市、朝市、晚市、早市、公正市、官厅市，合称三圩六市。黄萧养起事时，佛山二十二义士为了能统一协调作战，将十五村重新规划布置，化村为铺，调整为二十四铺，分别是：汾水铺、潘涌铺、观音堂铺、福德铺、岳庙铺、祖庙铺、山紫铺、丰宁铺、黄伞铺、纪纲铺、石路头铺、真明堂铺、社亭铺、仙涌铺、医灵庙铺、崚岐铺、耆老铺、明心铺、彩阳堂铺、锦澜铺、桥亭铺、明照铺、栅下铺、东头铺。此后，随着时代和经济社会的发展，铺区有所调整。清初，增加大基铺而成二十五铺。清中期，增加富民铺、鹤园铺而成二十七铺。清末民初，又增加沙洛铺而成二十八铺。

佛山祖庙庙会（"三月三"北帝诞）

佛山祖庙庙会的起源与祖庙的修建和北帝信仰密切相关，是一项融民间信仰、民间世俗、群众性、娱乐性为一体的综合性传统民俗活动。明景泰年间佛山被敕封为"忠义乡"，祖庙被敕封为"灵应祠"。当时朝廷不仅御赐祭文、匾额、对联等物品，规定祭祀

"三月三"北帝诞巡游场

规格，还下旨要求广东各级地方官员每年春秋谕祭、修葺庙宇等。清代屈大均《广东新语》记载："佛山有真武庙，岁三月上巳，举镇数十万人，竞为醮会。"可见至清代初年仍有数十万人参与的规模。肃拜、神功演戏、北帝巡游、烧大爆、祝寿开筵等轮番上演，"各坊结彩演剧，曰重三会，鼓吹数十部，喧腾十余里，神昼夜游历无暂刻"。祖庙祭祀由民间祭祀变为官方祭祀。北帝大铜像位于祖庙正殿的紫霄宫内，铸于景泰年间，高九尺五寸（3.04米），取九五之尊之意。造像重5000余斤，身着文官彩袍，面带微笑，跣足端坐，是国内现存最大的明代真武大帝铜像。祖庙庙会延绵数百年，历久弥新，是珠三角民俗文化的重要载体。2008年，佛山祖庙庙会（"三月三"北帝诞）被列入第二批国家级非物质文化遗产名录。

佛山秋色

佛山秋色，是佛山以庆丰收为主题的大型群众文化娱乐活动，是独具特色的中秋节令习俗，又称"秋宵""出秋色""出秋景"。佛山秋色历史悠久，相传起源于两晋时期，肇端于儿童舞草龙庆丰收的"孩童耍乐"。明正统十四年（1449），因长老号召各里杂扮故事阻吓黄萧养攻打佛山而成型，"乃令诸少年演戏扮秋景故事，以示暇豫……佛山秋景，实由此始"。故称"秋宵""出秋色""出秋景"。

佛山秋色按表现形式划分为灯色、车色、马色、飘色、地色、水色、景色。佛山秋色的内容分为民间工艺品展示和文艺表演两大类。民间工艺有扎作、砌作、针作、裱塑、雕批，用料奇特，构思巧妙。文艺表演有民间音乐、舞蹈、戏剧、杂技、化装表演。秋色的音乐有"吹打""十番""锣鼓柜"，出游时演奏欢快的曲调，集民间舞蹈、戏剧、杂技、打击乐于一体。巡游时，队伍排列为信

2019年广东（佛山）非遗周暨佛山秋色巡游活动现场

号灯、开路队、头牌灯色、灯色、车色、担头秋色、马色、台面秋色、水色锣鼓柜、十番飞钱表演、地色、麒麟、狮子、大头佛等。佛山秋色以化腐朽为神奇著称，逐步完善为佛山重要的秋色赛会。2008年，佛山秋色入选第二批国家级非物质文化遗产项目名录。

正埠码头

明清时期，佛山古镇是岭南商贸重镇。当时船运是主要的交通货运形式，而永安路北面路口正接佛山主要交通枢纽汾江河。汾江河居广州上游，北向支流为北方水路经佛山通往广州的唯一水道，东向支流通镇南部栅下及南海、顺德等地，明初有两岸主要的客货运码头——正埠码头，设有通往各地的渡船泊位，岸上建有"敕赐忠义乡"牌坊、接官亭。

正埠码头是汾江河众多码头最具规模者、佛山古镇北部水路交通运输主要枢纽的重要门户、外地登岸进入佛山古镇的第一站，也是重要的官方码头和商贸码头，北方南来的客商及其南来北往的货品均在此上落，是水路到达佛山的咽喉之地。

正埠码头

4　佛山之冶遍天下

　　佛山冶铸业历史悠久,早在南汉时已成为岭南的冶铸生产基地,其全面的技术根基深厚,技艺精湛,以产品质量上乘闻名于世。明正德十四年(1519),佛山镇取得了广东铁器生产的官准专利,两广各地所产的优质生铁都必须运到佛山集中冶炼,遂成"佛山之冶遍开下"的格局。随着生产规模的不断扩大,明中后期,分行业以进行专项生产的模式开始施行,各行生产技艺日趋成熟,生产能力大增,品类繁多的铁器生产更为繁荣兴旺。此后至清中叶,其产销量达到了历史上的顶峰,成为手工业重镇佛山的三大支柱行业之一,从而造就了明清时期佛山冶铸业在岭南一枝独秀的五百年辉煌。明清冶铸业由铸造和炒铁(锻造)两大系统组成。铸造业生产铁镬、铁灶、钟、鼎、炉、农具、炮等类铁铜器,尤以各种规格的铁镬(锅)最为大宗。

明成化二十二年(1486)
佛山所铸高1.5米的大铜钟

明代有"佛山之冶遍天下"之喻,"盖天下产铁之区,莫良于粤,而冶铁之工,莫良于佛山"。《佛山忠义乡志》以"春风走马满街红,打铁炉过接打铜"描述当时的情景,其时的"广铁、广镬"实为"佛铁、佛镬"。冶铸业讲究技艺的传承,炒铁行奉唐鄂国公尉迟敬德为祖师。铸造行业奉石公太尉、陶冶先师为祖师。至清雍乾时期,佛山的炉户总数超过全国的三分之一,光祖庙周边就达3000多户,从事冶铸行业的人数达三万之众,每年约出产4590万斤铁器,产品畅销海内外。

佛山所铸的广州光孝寺南汉时代的西铁塔

泥模岗

泥模岗位于祖庙路孔庙东侧,是元明以至更早时期的冶铁遗址,面积10000多平方米,一直延伸到祖庙。该岗高约5米,周边地下的

泥模岗遗址

冶铁废弃泥模堆积约1米—1.6米，故称"泥模岗"。

佛山铸造工艺是先做陶范，浇铸成型，碎范之后打磨成器。1998年12月，佛山市博物馆配合城市建设在这里进行抢救性发掘，发现大量铸件脱模后的泥模。同时发掘现场还清理出包括有铸造的泥模碎块、废弃的铁渣、铸造用的木炭、铸铁炉塞等冶铸遗物。泥模岗是佛山镇冶铸业辉煌的见证。

国公古庙

始建于明代的炒铁行业的祖师庙——国公古庙，晚清时是新钉行的行业会馆，其宏大的建筑规模和精致装饰，在佛山镇众多行业会馆中首屈一指。其会馆制定炒铁行业行规，维护本行在其他众多行业中的权益，处理行内日常大小事务的职能，尤其在会馆中与外来客商洽谈，对本行名牌产品促销和组织行内产品的批量生产统筹等形成诸多规范。该庙所祀尉迟敬德为铁钉行祖师。

国公古庙

明朝时佛山炒铁业、铸钉业、五金业生产品类共24行，刀、剪、钉、斧、凿、锁、针等数十个品种，方、圆、扁、角样样齐全。自清代开始，佛山镇制钉业已逐渐繁盛，制钉工场多设在新安街，在近200米长的街道两旁有数十家店铺，多为既制作又售卖，其技艺誉冠全国。

1998年，国公古庙被公布为佛山市文物保护单位。2020年7月，禅城区将国公古庙打造成为佛山冶铸历史展览馆，展示佛山冶铸业的兴衰变迁。

僧伽庙

明代初年，福德铺竹坡古道内（今燎原路华安市场附近）的一座香火鼎盛的僧伽庙，内有铁铸的韦驮、关帝等像。历史上的佛山铸造产品，以铁镬为大宗，以人物为题材的铁铸件则较少。如此庙中铁像般，年代如此之早、体形如此之大、工艺如此之精美的人物铸件，存世罕见。

虽然僧伽庙和石碑早已不复存在，但作为佛山铸铁业的珍贵遗产，该庙内的铁铸韦驮像被移到佛山祖庙博物馆保存了下来，生动展现明代佛山铸铁业的发展规模和技术水平。

铁铸韦驮像

5 佛山纺织业的发展

宋代以降，随着广州成为我国对外贸易的重要港口，丝绸作为南海海上丝绸之路的主要外贸商品，极大地刺激了佛山丝织业的发展。尤其是明初以后，依托着周边地区发达的养蚕业，丝织业的"机房"不仅相对集中于古镇中部，而且附近的四乡亦为数不少，镇内庞大的各类丝织品生产体系，主要由纪纲街、居仁里、六村正街等一大片街区的产销商铺及众多"机户"组成，规模宏大，佛山遂成为岭南地区丝织品的重要生产基地。

明末清初时，丝织业进入发展的鼎盛时期，业内的生产规模与生产体系从早期的简单分工分行，发展为精细的行业分工。此时的丝织业已分为十八行，进行专项的生产，包括牛郎纱、八丝缎、什色缎、元青缎、花局缎、纻绸、蟒服、绸绫、帽绫、绵绫、花绫、金彩、扁金、对边、栏杆、机纱、斗纱、洋绫绸等行头。其中的牛郎纱行，是专门织造中外闻名的牛郎绸的行头。金彩行是专门织造贡缎（御用贡品）的行头，其行业历史可追溯到明代或更早，所织的贡缎主要有牡丹、团花、金线寿字等花式，还有五彩锦等，清初康熙年间佛山著名的机房"梁伟号"就是该行的一大商号。帽绫行行头较大，是专门织造寿袍、寿具的行头，其中大商号有任映坊的"任应号"、任围的"任伟号"和省元巷的"潘亭号"等。棉绫行所织棉绫，以丝线为经麻绒为纬，是专业织造清代官服、前后补子及戏服等的行头。其后，佛山的丝织业又扩为二十四行，增官纱、金银缎、黑褛、鬼扪、苏边、边带等六行，其中不少行业的产品就是当时的贡品或外销的名牌。

任围

明清时期，佛山发展为商贾云集、工商业发达的岭南重镇，城中形成"三圩六市九头八尾十三沙二十八铺"的基本格局。民国《佛山忠义乡志》记载，当时本地纺织业"原料既备且精工作，则佛山纺织足以有声世界也"。任围位于"二十八铺"中的福德铺，这里濒临佛山涌，运输方便，可从汾江圩获得生丝原料，成为当时佛山纺织业最集中的地区之一，繁盛景象可见一斑。

任围是任氏兄弟二人于清嘉庆九年（1804）兴建的大型宅第建筑群，包括乐安里的任围庄宅、西侧任映坊的任应庄宅两组建筑群，原有围墙与外界分隔，故称"任围"，是佛山较典型的民居建筑群落之一。

任围历史文化街区

6　佛山中成药业

明万历年间,梁仲弘蜡丸馆在佛山镇早市街(现福贤路)开业,是目前有文献记载岭南地区最早的中成药厂。同期黄恒庵蜡丸馆由黄日庚始创,冯了性药铺从新会迁至佛山镇汾宁里开业。明初岭南四家中成药大户佛山占其三。至民国时期,佛山中成药的配制与销售以商号为单位,中成药的品种与品牌与日俱增。兴盛时,厂店近百家,从业人员逾千人,生产经营品种数百个。以佛山为代表的广东成药通过多种方式传播到全国各地,并对海外华侨生活产生深远的影响,佛山因此被誉为"岭南成药之乡"。

梁仲弘蜡丸馆

梁仲弘是梁仲弘蜡丸馆的创始人,其在膏剂基础上研发了更方便服用、保存、携带的蜡丸剂型,用蚬壳装药膏,两个蚬壳接缝处封以蜡,故又称"蚬壳膏"。因药效明确、适应性强、适用面广、疗效可靠,加之佛山作为商业交通枢纽,经来往客商使用传播,梁仲弘蜡丸享誉全国。

梁仲弘蜡丸馆祖铺的老招牌

至清初,梁氏第十七代子孙梁肇煌特意书写了"梁仲弘祖铺"的金漆招牌。清康熙、雍正、乾隆年间,佛山镇中成药业进入全盛期,梁仲弘蜡丸馆仍保持领先地位。至20世纪20年代,因佛山城市建设,铺面被拆去近三分之二,但梁氏后人仍以仅余的后座改作铺面继续经营。抗日战争时期,梁仲弘蜡丸馆被迫停业。1956年,梁仲弘的继承人带着抱龙丸的处方和制作方法及财产,并入佛山市联合制药厂,传统的制作工艺与剂型得到发扬光大与改进。有400多年历史的名药及蜡丸馆址一直保存至今。

黄恒庵蜡丸馆

黄恒庵蜡丸馆创立于明天启年间,创始人是黄日庚(1627—1692),原铺地址位于佛山镇走马路(现福宁路)。其先后研制出了乌金丸(龟鹿八珍丸)、追风丸、坤宁丸、理中丸等成药(以乌金丸最负盛名),由于疗效确切,因此销路日广。至清末民初,黄恒庵蜡丸馆所生产的成药,除在广州设代理外,销路遍及粤北、福建乃至新加坡等地。由于经营有方,黄恒庵老字号历数百年而不衰。至新中国成立前夕,祖铺仍在原址,从未易手。直至1994年旧城区改造,祖屋才全部拆除,遗址在今禅城区福宁路福宁粮站。

黄恒庵蜡丸馆"乌金丸"广告

冯了性药铺

冯了性药铺始创于明万历年间，旧铺在佛山镇汾宁里。"冯了性风湿药酒"是冯了性得其父亲冯炳阳所传药方发展而来的。冯了性经过多年潜心研究，不断完善药酒配方，以自己的名字为店号，将药酒改名为"冯了性风湿跌打药酒"。药铺除了生产"冯了性风湿跌打药酒"外，还生产其他跌打药品，被称为"药王"。至清道光年间，"冯了性药铺"发展到鼎盛时期，冯氏后人凭着祖铺老号的品牌，先后到江西、湖南、河北、江苏、浙江、成都、上海、香港等地设厂生产、销售。"冯了性药铺"行销全国各省，远销东南亚各国。

广东冯了性药酒青花药瓶

民国时期，冯了性各号独立经营，其中以佛山老号的"明月牌"药酒销量最大。抗日战争时期，冯了性店铺被毁，在叙春园酒庄借一处地方继续经营冯了性风湿跌打药酒。佛山总代理设在升平路人和悦酒庄。

1956年，冯了性药铺参加公私合营并入国药商店。1957年国药商店改名为佛山制药厂，1958年并入佛山联合制药厂，1971年更名为佛山市制药一厂。1996年，获中华老字号企业称号。2000年恢复"冯了性药铺"老字号，定名为"佛山冯了性药业有限公司"。2015年更名为国药集团冯了性（佛山）药业有限公司。

黄祥华药铺

黄祥华药铺始创于清咸丰年间，原在佛山镇文明里经营"五福"灯饰店，后改营"黄祥华如意油"。创始人黄大年，字兆祥。此药处方相传来自"白衣庵"主持手中，后经黄大年的第四子黄奕楠与第五子黄绮雯改良研制，制成搽食兼用，特别对四时感冒、肠胃不适、风痰咳嗽、烫火刀伤、蚊叮虫咬以及小儿腹痛等症疗效甚佳的药油，定名为"黄祥华万应如意油"。由于药油功效显著，深受顾客喜爱，销量日增，黄氏家族便开始专门生产销售药油。"如意油"迅速深入千家万户，位于佛山文明里的祖铺不足迎客，于是在豆豉巷设支店，并在广州浆栏街开设总铺。光绪十五年（1889）四月二十四日在香港上环大马路设分店，1918年农历二月十七日在上海河南路设分店。1930年，黄祥华注册"双如意"商标。1933年，因佛山镇开拆马路，文明里祖铺迁往升平路。抗日战争时期，成药内销全部中断。

民国时期的黄祥华如意油广告

1987年，黄祥华第五代后人黄启昌通过努力，使"黄祥华如意油"重现佛山，由佛山药材公司负责向各地经销。现位于佛山市禅城区岭南天地文明里77号商铺就是黄祥华如意油的第一间祖铺，1998年被公布为佛山市文物保护单位。店中保留着佛山清代商业街"竹筒屋"式铺面，为传统前铺后居式布局，尚存竖式招牌石础。

李众胜堂药行

李众胜堂药行始创于1896年，原在祖庙大街，创始人是李兆基。药行生产保济丸、保胜油、保和茶、金蝉散等中成药，后在佛山商业中心区域豆豉巷大街（今升平路）44号设支店经营。1910年，李兆基又在广州桨栏路15号增设分行，扩大生产。1916年，药行在香港设立分行，药品标识除原来所用"双雄伴塔"外，加添香港注册的"八宝花篮"商标。1930年，药行在上海设立总代理批发处。1938年，李兆基之子李赐豪迁居香港，在当地设厂继续经营保济丸。而香港制造的保济丸商标仍用佛山始创李众胜堂，并印上李兆基头像。

1953年，李众胜堂药行先后将佛山老铺及上海分销处全部归并到广州的李众胜堂药厂集中生产经营，由孔复光代理，香港的分行则由李赐豪主管。1956年公私合营时，以李众胜堂药厂为基点厂，联合何明性堂成药社、必得胜药厂、胜利药号、广祯祥中药厂、唐人中药厂、邹家园药厂、太和洞药厂、马伯行药厂八间中药厂成立"公私合营李众胜联合制药厂"，当时也称"第十三基地"。1987年，佛山市制药一厂向广东省卫生厅要求恢复生产李众胜保济丸方，获得批准。在今佛山市禅城区岭南天地商圈内，保留有李众胜堂祖铺，该祖铺于1998年被公布为佛山市文物保护单位。

民国时期李众胜堂制药总厂图

源吉林

源吉林的创始人为源吉荪，原是日本归侨，在佛山镇汾水铺龙聚街独资开设三昌颜料店，经营颜料。后受广佛两地成药业兴盛的影响，于清光绪十八年（1892）由其子源文湛拟出几条成药处方，并以流泽堂源吉林名义发行。后来，佛山的颜料行业逐渐衰落，该店决定在佛山专营甘和茶和其他成药，并将店号正式改名为源吉林号。

1932—1937年，该店业务达到全盛时期，国内销售遍及广东、广西、福建、湖南、云南、上海等省市，并远销新加坡、马来西亚、泰国、加拿大和香港、澳门等国家和地区，年销售额已位居佛山药业各商号之首。抗日战争期间，佛山甘和茶生产几乎陷于停顿。抗战胜利后，1946年源氏家族在广州、香港和新加坡三间联号调动资金18万港币，重组佛山源吉林号。同时采用新技术，改进焙茶炉，实施机械化包装。产量很快恢复到100万盒左右。

民国时期的源吉林甘和茶广告

1956年，佛山、广州分店实行公私合营，甘和茶由佛山联合制药厂集中生产。香港及海外其他4家分店仍独立经营，香港源广和号成为境外总行。1971年，佛山联合制药厂分为佛山市制药一厂和佛山市制药二厂，甘和茶由制药二厂生产，沿用"源吉林"商标。1998年，佛山制药二厂转制为佛山德众药业有限公司，现为国药集团德众（佛山）药业有限公司，保留了源吉林甘和茶的生产工艺和配方。

7 粤剧发祥地

粤剧，又称广东大戏、广府大戏，是广东最大的地方戏曲剧种，有"南国红豆"的美誉。佛山是粤剧的发祥地，粤剧的历史渊源和形成发展积淀深厚，既继承了中国戏曲"以歌舞演故事"的艺术传统，又形成了自己的独特风格；本地人组织的戏班演出，在不断吸收外来的弋阳、昆山、梆子、皮黄等剧种声腔的基础上，还积极汲取流行于广东民间的俗乐和本地土戏唱腔等艺术营养，使其地方性日益增强，逐渐演变成为具有浓郁岭南韵味和鲜明风格特色的粤剧。

祖庙万福台粤剧表演

琼花会馆

明嘉靖年间，佛山建立了戏行会馆，称为琼花会馆，馆址设在佛山大基尾，因供奉戏行祖师"华光"，故又称为琼花宫，为本地戏班艺伶排练、教习、切磋艺术之地，也是当时戏班管理的机构。该馆为三进深建筑，甚为宽敞，内设戏台，方便戏班艺伶排练、演习，也可让观众进馆观戏。在会馆附近的水埗头边立下一石碑，上刻"琼花水埗"四字。艺伶在水上落戏箱，乘船到各地演出。清嘉庆十八年（1813），云台师巡抚江西始创红船于滕王阁下，粤伶仿此红船作交通工具巡回演出，故粤剧艺人又称为"红船子弟"。清代有这样一首竹枝词："梨园歌舞赛繁华，一带红船泊晚沙。但到年年天贶节，万人围住看琼花。"可见当时粤剧活动之盛。

琼花会馆

作为粤剧的行会，琼花会馆在清代已有较为严格的管理制度，会馆内设慎和、兆和、庆和、福和、新和、永和、德和、普和八堂，分别统管所属会众。后因粤剧戏班名艺人李文茂与广东天地会首领陈开合举义旗，在广州城北佛岭圩市起义。起义失败后，该会馆被焚毁，仅存部分基础。琼花会馆是佛山作为粤剧发祥地的重要历史见证。

红船子弟

珠三角一带河网纵横，便利的水道交通为粤剧传播提供了有利条件。粤剧艺人把船涂成红色，通过水路到四乡巡演，足迹遍布以佛山为核心的整个珠三角地区，所以佛山本地戏班又被称为"红船班"，粤剧艺人又被称为"红船子弟"。20世纪20年代之前，粤剧戏班都是全男班，戏班每年六月组班，第二年五月散班，艺人差不多有一年时间生活在红船上，红船因此成为粤剧艺人安身立命的场所。

红船模型

8 通济桥

　　通济桥位于金鱼街32号,在佛山有着悠久的历史,该桥早期是由乡民集资修建的木质人行桥。通济桥横跨洛水河,北连金鱼街,始建于明代,分别于嘉靖三十八年(1559)、隆庆二年(1568)、万历九年(1581)三次重修。天启六年(1626)户部尚书李待问再次发起募捐重修并建亭,取名"通济桥",取其"必通而后有济也"之意,一说"以正义通、以亨屯济"。清顺治十二年(1655)改为石桥,后人在

1959年的通济桥

桥旁石柱刻以对联"通七堡之游行,逸客寻春,任得渡头饮马;济万人之往来,曲桥跨水,艳称村尾垂虹",并建有南济观音庙和通运社。1958年改建为钢筋混凝土单孔拱桥,1966年再次改建为公路桥,长6米,宽6.4米,两旁筑有桥栏。2001年政府斥资复建,现通济桥长32米,宽9.9米,保持原桥上桥9级,下桥13级的设计,隐喻"九出十三归"。

李待问

李待问(1582—1642),字葵孺,号献衷,世居佛山陇西里(今佛山市新风路),明历三十二年(1604)中进士。曾任福建连城县令、礼部主事、吏部文选郎中、户部右侍郎。崇祯十一年(1638)升任户部尚书。李待问为官不攀权贵,曾为民请命免杂饷、练饷,减"辽饷",修堤堰,赈蝗潦,救灾民以及整顿漕运,有"计臣"之誉。

李待问中进士后,先后在栅下陇西里建"李氏大公祠"及"赠户部尚书李公祠",后被佛山人称为"孖祠堂"。他对佛

李待问画像

山地方慈善、社会公益等事业非常关心。万历三十二年(1604),李待问与长兄李好问捐资修建祖庙(灵应祠)门楼。万历四十二年(1614),他倡议建立"忠义营"保卫乡土。天启六年(1626),与兄李征问捐资重修通济桥。崇祯七年(1634),与同乡人士庞景忠捐建佛山通往省城的羊城古道。崇祯十四年(1641),斥资大修祖庙和照壁。崇祯十五年(1642),创建位于佛山文昌大街的文昌书院,这是佛山最早建立的,也是明代佛山镇唯一的书院。同年,李待问告假回家休养,未及一年便去世,享年60岁,谥号"忠定"。

行通济

行通济是佛山人在农历正月十六日进行的大型传统民俗活动。通济桥横跨佛山涌，是通往顺德、番禺的重要的商贸交流通道，是佛山商民、货物通往四乡兴建的桥梁之一。佛山商民为求生计顺境，便以行过通济桥的寓意为来年讨个意头。所以都在每年元宵过后，正月十六开始新年工作的第一刻，以走过通济桥"行通济"祈求来年顺利。此后渐成习俗，衍生出"行通济，冇闭翳"的俗语。并以生菜喻义生财，以风车风铃喻义顺风顺水。踏过九级上十三级落的桥面奉行"九出十三归"引财归家。生菜、风车和风铃，是佛山人行通济的"吉祥三宝"。民众手持蕴含美好寓意的风车、生菜，把"冇闭翳"的好意头带入新的一年，以祈求来年万事如意、身体健康。

行通济民俗活动

9 仁寿寺

仁寿寺位于祖庙路5号，于清顺治十三年（1656）由密宗上师纵堂首建，康熙八年（1669），僧人玉琳重修山门，至咸丰元年（1851），僧人仁机又作重修。仁寿寺几度重修后，规模较前拓展，前至佛山涌将军桥头，后达文华里尾，左邻镇南街，右连三官街。寺内除四座主殿外，还有后殿、左右偏殿、龙华堂、方丈室、斋堂、客室以及僧舍99间、花园一个，花园内有彩桥两座。历史上，仁寿寺内高僧辈出，纵堂、玉琳、祇园、慈云等高僧皆出于此。1993年12月，佛山市人民政府正式发文批准修复仁寿寺为开放的佛教活动场所。

仁寿寺大雄宝殿

仁寿寺塔（如意宝塔）

仁寿寺塔原名如意宝塔。1935年由佛山精武体育会国操主任李佩弦发起，组织"李众胜堂"的善家捐资建造。塔为钢筋水泥结构，楼阁式，塔内有梯，可拾级而登。塔身为七层八角汉式塔，镶有藏文碑匾，塔内供有瓷制佛像十余尊，其中所供奉的陶制红绿度母佛像为石湾冠华陶窑作品，由石湾陶艺名家潘玉书手塑。后移至佛山博物馆保存。1998年，仁寿寺塔被公布为佛山市文物保护单位。

1958年的仁寿寺塔

10 《佛山忠义乡志》

清康熙五年（1666），李侍问主修《佛山忠义乡志》，为佛山古镇第一部志书。目前，该志已散佚，仅存《序》和《小引》。此后，清乾隆年间、道光年间，以及民国时期又3次修志，现均保存完整，是研究佛山古镇历史的第一手材料。

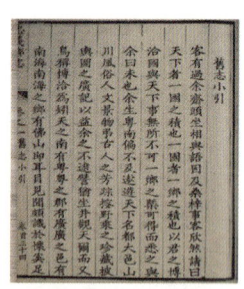

康熙《佛山忠义乡志》小引

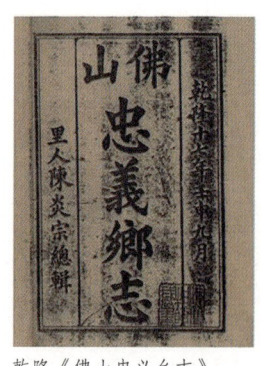

乾隆《佛山忠义乡志》

清乾隆十七年（1752）成书，由陈炎宗总纂。陈炎宗，乾隆十三年（1748）进士，任太史馆太史。因无意做官，任太史仅6个月，便辞官归家，在广州的岭南义学讲课授徒。后乾隆皇帝诏令天下修志，各省、县都设志局编。自康熙五年（1666）由李侍问第一次修乡志以来，已有80多年。当时乡绅商议重修乡志，委托里人李绍祖任总纂。但李绍祖以年老有病推辞，而推荐陈炎宗为总纂。该志分为乡域、官典、乡事、选举、乡俗、乡学、乡防、名宦、人物、艺文等十卷，又称乾隆志或陈志。乾隆《佛山忠义乡志》是佛山古镇现存最早最完整的地方志。

乾隆《佛山忠义乡志》

道光《佛山忠义乡志》

清道光十年（1830）成书，由吴荣光主修。道光六年（1826），众乡绅以陈志编纂已多年，情随时迁，有续修乡志的必要，于是推举吴荣光主持编修新乡志。当时吴荣光正在外地做官未有接受。道光八年（1828）春，吴荣光辞官归家闲居，接受主修任务，并推举冼沂为总纂，历经3年，于道光十年（1830）编纂成书。该志分为乡域、祀典、官署、乡学、乡俗、乡事、乡防、名宦、人物、选举、艺文、金石、乡禁、杂录等十四卷，又称道光志或吴志。

道光《佛山忠义乡志》

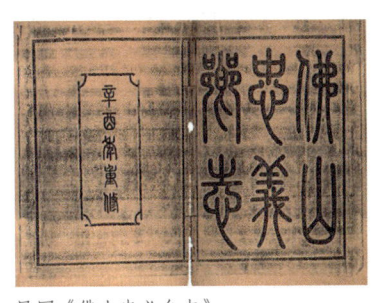

民国《佛山忠义乡志》

清光绪三十一年（1905），朝廷诏令天下编修志书。协办大学士戴鸿慈向县衙门建议重修乡志。后因戴鸿慈病逝而作罢。民国成立后，北京设立了修志总局，广东省在广州设立通志局，佛山也在莺岗设立佛山修志局。从民国十年（1921）开始，由冼宝干总纂重新编修《佛山忠义乡志》，民国十二年（1923）脱稿，民国十三年（1924）出版面世。该志分为舆地、水利、建置、赋税、教育、实业、慈善、祠祀、氏族、风土、乡事、职官、选举、人物、艺文、金石、乡禁、杂志等十九卷，卷首一卷，附捐册一卷，又称民国志或冼志。

民国《佛山忠义乡志》

11 文武四衙设治佛山

佛山"文武四衙"是清代在佛山设立的军政机关的合称,即广州府佛山海防捕务同知署、都司署、千总署,南海县五斗口巡检司署。同知署和五斗口巡检司署是地方的行政机关,为"文衙";都司署、千总署是地方军事系统,为"武衙"。

同知署于清雍正十一年(1733)设立于丰宁铺十字路,雍正十三年(1735)迁至莺岗原都司旧署处。负责维护地方治安,管理对外贸易,监督军火生产,监管祠租、兴学、慈善。同知署的设立标志着佛山镇受到两广官府和清廷的重视,开展了系列针对佛山同知的制度设计和安排,从而提升了对佛山的管理深度,从政治、经济、社会治理等方面将佛山纳入清王朝体制。

五斗口巡检司署原设在平洲堡,明景泰三年(1452)建署。嘉靖八年(1529)移治磨刀石(石头乡),后移治佛山镇。同知署设立时,五斗口司移至平洲堡,嘉庆年间又移回佛山,但无定所。

都司署原设在丰宁铺十字路。同知署设立时,都司署让署于同知署,迁到观音堂铺大湾。最早的驻防官是清康熙四十九年(1710)任佛山都司的任魁。

千总署驻扎于彩阳堂铺的彩阳营,原系天主堂,雍正元年(1723)毁天主堂建署。道光九年(1829)千总刘大彰捐资修葺并买署前民房余地改建照壁及东西栅门。

"文武四衙"的设立,在佛山社会发展史上具有重要的意义。

维护社会秩序是佛山"文武四衙"的共同职能，有助于工商、市镇的发展，有助于社会权力向绅士阶层的转移，是清代佛山社会系统的有机组成部分，其存在及作用的发挥，促进了佛山社会的重新整合。

12 大魁堂城市自治体系

明天启七年（1627），李待问与胞兄李升问重修崇正社学，崇正社学成为士绅们聚会修文的地方。大魁堂为崇正社学内的一座建筑物，清乾隆三年（1738）后成为佛山士绅、耆老讨论处理地方公共事务的机关，后于道光九年（1829）单独重修。

大魁堂的主要功能是议决乡事、出纳祖庙尝款、组织地方公益事业和拨发地方公益款项。其组织议决的日期似无成规。一般遇合镇大事，则由"大魁堂司事传阖镇绅士"公议。因此大魁堂司事只是大魁堂会议产生的常设机构，其权力来源于合镇绅士。有遇到大魁堂司事解决不了之事，也可由司事通知合镇绅士一起解决。如道光十三年（1833），佛山同知和五斗口司指使佛山七市米户低报米价（佛山米价事关全省），大魁堂查知，即出示公启制止。议决乡事是大魁堂的最重要功能，也是其之所以享有重要地位的缘故。犹如合镇的决策机关，"乡事由斯会集议决"，使大魁堂具有了权力中枢的地位。这是佛山传统城市管理的一个重大事件，标志着佛山城市管理走向规范化。

嘉会堂

嘉会堂（乡仕会馆）是佛山第一个民间自治机构。明天启元年（1621），李待问集资在灵应祠右边开扩隙地倡建，作为佛山合堡士绅"议决乡事"的场所。李待问颜其堂名为"嘉会"，这就是"嘉会堂"的起始。天启七年（1627），李待问、梁完赤、梁锦湾、玉京等8人主持在灵应祠内重建的乡仕会馆落成。其主要功能是"处理乡事"和决定地方公益款项的使用。此外是举行文会，"课乡子弟之俊秀者"。再之是对乡人进行伦理道德教育，"劝诱德业，纠绳愆过，所以风励流俗，维持世教"。嘉会堂（乡仕会馆）建立后还形成定时开会的制度，"岁有会，会有规"。因此嘉会堂（乡仕会馆）实际成为明末佛山常设的行政机构。

佛镇义仓

佛镇义仓最早建于清乾隆六十年（1795），是佛山民捐民办的慈善机构。明清时期的佛山工商业发展迅速，拥有数十万人口，居民大多从事商业和手工业，农耕较少，全镇粮食主要靠广西船运供应，"贫者固无隔宿之储，富者亦乏半月之备"。

佛镇义仓

每遇粮船阻滞，米价就会高昂；若遇饥荒之年，贫民更是流离失所，"道路死者相枕藉"。乾隆十三年（1748），镇绅赵祖庇、黄汝忠等捐谷1311石，在忠义流芳祠内（今祖庙前殿西侧）建立十堡社仓，遇荒年则开仓赈济。社仓虽为民捐，但是由于它是当时南海五斗口司所属的十堡贫民生活的依赖，所以稽查由地方官员负责，每次散赈都必须禀告官府，经巡宰督

道光《佛镇义仓总录》

理才能开仓赈济，费时较长。乾隆四十八年（1783），镇绅陈梦光捐资，在正埠两旁设铺出租，将所得租金于麒麟社买地，筹建佛镇义仓。乾隆六十年（1795），在举人李天达等人共同筹划下，义仓落成，为二进深，按《千字文》中天、地、玄、黄、宇、宙、洪、荒等字的顺序排设仓房26间，储谷96万斤，米贵则平粜，遇荒则赈济。制定六纲三十四条章程，公推可靠人员管理。乾隆、嘉庆、道光时期均有佛镇义仓大规模散赈的记载，佛镇义仓的建立对当时佛山社会稳定起了重要的作用。

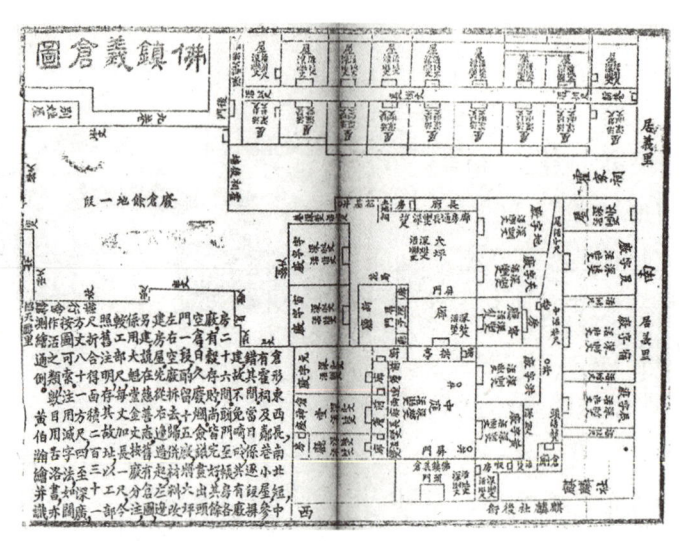

民国时期佛镇义仓图

万善堂

万善堂由霍祥珍、梁业显创办于清光绪七年（1881），初在佛山镇汾水铺永兴街，后迁往长兴街，并设赠医施药。光绪十一年（1885），赵离照堂捐送大基头登云桥外六亩荒地，全镇商民集资兴建医院1间，称万善医院。凡遇灾情，筹款救赈，对地方慈善支持极大。每年开支数目由七十二行商轮流管理。万善堂与广州爱育堂、广仁堂并称。民国后,捐款不继,堂务难以维持。

育婴堂

清乾隆、嘉庆年间,原佛山镇只有"拾婴会",由义仓兼管,每遇有婴儿被抛弃或因家贫无力抚养而送婴者,"拾婴会"都会收下,造册登记,并抱送省堂(设于广州石室之慈善机构)收育。同治十三年(1874),佛山乡绅马德熙、梁九图等人联合官、商各界集款,倡议在大基头登云桥外购地建筑育婴堂。光绪至宣统年间,灾害频仍,民生日蹙,送婴至堂者日多,致经费入不敷出。至民国初期,年捐停歇,育弃婴义举难以为继。此时幸得慈善家简照南、叶兰泉等人慨捐巨款资助,得以维持。1920年,再由简照南之母潘太君捐建洋式婴舍。1921年建成后的婴舍焕然一新,育婴设备齐全,且育婴堂费用有了稳定来源。所育养婴儿有的送予领养者抱养,如到一定年龄还无人领养则转送至孤儿院。1938年佛山沦陷,日军运输部驻于育婴堂内,育婴堂遂解散。

13 侨寓人士迁入佛山

明清时期，因手工业的综合发展、商业的全面繁荣和城区的迅速拓展，大量的外来商民涌入佛山。这批外来人口，初来乍到，没有土地，也没有户籍，因此被佛山土著视为"侨寓"。清代前期佛山的侨寓人口已占其半，正如梁九图"佛山"诗所云："舟车云集此天涯，半是侨居半故家。"清末佛山土著人士冼宝桢惊叹："（佛山）自前明设镇后，四方辐辏，附图占籍者几倍于土著。"其中曾出了不少著名功名人物和商贾人物，如山东盐运使李可琼、内阁学士李文田、晚清外交家张荫桓、清末出洋考察五大臣之一的戴鸿慈等官宦。

李可琼

李可琼（1770—1850），字佩修，号石泉，原籍南海县丰华堡，清乾隆年间随父移居佛山。嘉庆十年（1805）中进士，选庶吉士。散馆后授编修。历任殿阁纂修、校理、山东副考官、会试同考官等职。嘉庆二十四年（1819）任广西思恩知府。道光初年升浙江宁绍台道。道光八年（1828）兼署按察使，后升任山东盐运使，任上减

李可琼故居

供给、剔奸私、核课税。是年，因丁母忧解职归乡。回乡后，李可琼热心乡梓，曾与梁蔼如倡议清浚佛山河道，使30多里淤积得以畅通。与兄弟李可瑞、李可蕃均中进士，入选翰林，故有"同胞三翰林"的美誉。其故居位于禅城区祖庙街道莲华巷15号，1998年被公布为佛山市文物保护单位。

李文田

李文田（1834—1895），字仲约、畲光，号芍农、若农。原籍顺德县均安上村，自幼跟随父亲在佛山生活。清咸丰九年（1859）中进士，殿试一甲第三名（探花），授翰林院编修。历任翰林院侍讲、江西学政、翰林院侍读学士。

李文田学问渊博，对元史及西北史地研究尤精，著有《元秘史注》《元史地名考》《西游录注》《塞北路程考》《和林金石录》《双溪醉隐集笺》《四库提要进书表注》等。李文田对碑帖源流有深入钻研，少年时专工欧阳询，精熟于《九成宫》等碑帖，旁及其他唐碑，后来转学隋碑《苏孝慈墓志》，中年以后，博采汉、魏碑刻。其书法融会诸帖名家自成一体。

李文田

李文田书法

张荫桓

张荫桓（1837—1900），字皓峦，号樵野，原籍新会，先祖于清乾隆年间迁居佛山，其故居在佛山镇低街张家巷。官至户部左侍郎，赏尚书衔。中日甲午战争清军战败，清廷派张荫桓和湖南巡抚邵友濂为全权大臣出使日本议和，但日方认为他"全权不足"，拒绝谈判。《马关条约》签订后，康有为发动各省举人联名上书光绪帝，请求拒和、迁都、练兵、变法，张荫桓支持康有为的变法主张，介绍康有为拜见户部尚书翁同龢。光绪二十三年（1897），张荫桓出使英国，并访俄国，归国后条具闻见，累疏以陈。戊戌变法期间，受命管理京师矿务局、铁路总局，与康有为来往甚密。戊戌政变后受到弹劾，被革职流戍新疆。光绪二十六年（1900）六月，被诬以通俄罪，处死于乌鲁木齐。次年追复原职。著有《三洲日记》《英轺日记》《铁画楼诗文山稿》《荷戈集》等。

张荫桓

戴鸿慈

戴鸿慈（1853—1910），字光孺，号少怀，晚号毅庵。原籍南海县大桐堡，清中期先祖迁居佛山。光绪二年（1876）中进士，选为翰林院庶吉士。散馆后授编修。历任山东、云南学政，翰林院侍讲学士，詹事府少詹事，礼部尚书等职。

光绪三十一年（1905），清政府为应付日益高涨的立宪呼声，委派大臣到欧美考察

戴鸿慈

政治，即著名的"五大臣出洋"。作为五大臣之一的戴鸿慈出使美国和英、法、德等欧洲诸国。此行使戴鸿慈大开眼界，他认识到只有改革，中国才有出路。归国后，他写成《出使九国日记》12卷，编成《列国政要》133卷和《欧美政治要义》18章进呈，详述欧美诸国的政治制度，比较中外国情，继而提出"国是之要六事"，并奏请立宪改制，从宪政、经济、工业、教育、司法等方面提出一系列改革措施。以上建议基本得到采纳，成为清末"预备立宪"的纲领。

光绪三十二年（1906），清政府改刑部为法部，任命戴鸿慈为首任法部尚书。宣统元年（1909）八月，戴鸿慈以尚书身份进入军机处；十一月，擢升为协办大学士。史称"自国朝二百余年以来，吾粤由军机入相者唯鸿慈一人"。宣统二年（1910）正月，戴鸿慈病逝，赏加太子少保衔，入祀贤良祠，谥"文诚"。

吴荣光

吴荣光（1773—1843），字伯荣，斋名筠清馆等，南海县佛山镇人。家族因盐业而富裕，自幼雅好书画金石及古籍碑帖。他的书法曾被康有为评价为清代广东第一人。故宫博物院藏有他写于清道光五年（1825）的李商隐五绝行草。广东省博物馆藏有他画于道光二十年（1840）的《清晏岁丰图》。

吴荣光

道光五年（1825），吴荣光以在职督府身份，牵头出资，团结商人、士大夫重修栅下铺海口文昌阁（俗称文昌塔），又参与乡镇清浚佛山涌的水利大事。道光八年（1828），接受乡人再次恳请，主编《佛山忠义乡志》，仅用3个月就完成，不收分文。此外，他还重修田心书院，主持佛山团练。

14　杨伍街改称东华里

东华里古建筑群位于福贤路，原名"杨伍街"，以清初聚居于此地的杨、伍两个姓氏命名。其后两大家族先后衰落，房产易主，清乾隆十七年（1752）改称东华里。清嘉庆、道光年间，骆秉章家族迁入。清末，华侨富商招雨田家族迁入。今存伍氏宗祠、招氏宗祠、招雨田祠及招氏"敬贤堂"等祠堂建筑。东华里古建筑群是广东省内现存最完整的具有珠三角典型风貌的清代古街道群组，对研究珠江三角洲地方史、建筑史及居住习俗具有重要价值。2001年被公布为全国重点文物保护单位。

骆秉章

骆秉章（1793—1867），晚清中兴名臣。原名俊，字吁门，号儒斋。原籍花县（今广州市花都区），祖辈迁居佛山，在东华里与伍氏比邻而居，两家共用一堵墙，并嵌上"骆伍众墙"的石界。道光十二年（1832）中进士，充翰林院庶吉士，授编修，掌撰记。后历任侍讲学士、御史、湖北按察使、湖南巡抚、四川总督、协办大学士等职。他和曾国藩、左宗棠、李鸿章、张之洞等人并称为"晚清八大名臣"。骆秉章一生清廉，被誉为"晚

骆秉章

清第一清官"，他整顿吏治，惠济百姓，受到百姓拥戴。同治六年（1867），骆秉章病逝于成都官署，清廷赠太子太傅，入祀贤良祠，谥号文忠。著有《骆文忠公奏稿》《骆秉章自撰年谱》。

招雨田

招雨田（1828—1923），出身贫穷家庭，14岁搭乘木帆船到香港，为人当佣工，收入低微，生活艰苦。但他刻苦耐劳勤俭朴素。数年后，积存了一点工钱，并得到主人的资助，筹得一百多元，与友人合伙创办祥和号商店。经过苦心经营，业务不断扩充，增设新商号达数十余家，遍及海内外。他以香港广茂泰号为总部策划指挥，生意蒸蒸日上，越做越大，财富也越来越丰厚。招雨田热心社会公益事业，如赈灾、修堤、重建祖祠、创办乡校等。1915年大水，他捐款二万余金接济受灾民众；福建发生水灾，又捐巨款赈灾。他倡建香港东华医院，并担任首任总理；三次拨款捐建香港大学，捐巨资建南海中学。招雨田热心公益闻名于世，清宣统时奖五品同知衔。1915年，大总统奖四等嘉禾章，1918年奖褒状和"好行其德"匾额，1919年内务部奖紫绿绶银质奖章。港督梅含理特邀他偕子孙一起到督府参加宴会，拍照纪念，照片并寄伦敦留存。他生日时，又赠玉如意作为寿礼。招雨田95岁逝于香港。后人为他在佛山故居东华里建立招雨田祠堂。

简氏别墅

简氏别墅始建于光绪年间，是南洋兄弟烟草公司创始人简照南家族于民国年间购置的别墅，目前保留下来的有门楼、主楼、后楼、西楼和储物楼以及花园的一部分。门楼、主楼及后楼呈坐南向北中轴线排列，主楼高二层，仿意大利文艺复兴时期府邸式建筑，钢筋混凝土结构，二层布局为中央大厅两侧厢房，地面铺砌大理石，楼梯柚木洋式栏杆，窗檐为精细的红砖雕刻，外墙结砌水磨青砖。西楼坐西向东，高三层，钢筋混凝土及青砖混合构筑的仿西洋式建筑。储物楼坐北向南，钢板门窗，用料坚固，形式独特。整座别墅布局精巧，错落有致，是佛山现存规模较大的中西合璧式建筑群，具有较高的历史、艺术价值。2022年被公布为广东省文物保护单位。

简玉阶 简照南

简氏别墅

龙塘诗社

龙塘诗社位于李众胜堂保济丸祖铺东侧,原为该铺制药总工场。该址为清末民初西洋庭院建筑,其围墙高大,内有西式二层楼房一座,庭院环境幽雅,古树婆娑。龙塘诗社原在社亭铺朝市街陆沈园内(现普君北路舒步街附近),原名石龙诗社,后在李兆基的支持下迁至制药总工场,并改名龙塘诗社。吴荣光侄孙吴荃常与霍小芙、张阁侯、区柘仙、诸茂才及叶星河、张皆平、谭佩琴等四十余人,唱和其间,为清代本地文人以诗文会友雅集的场所,辑有《汾江酬唱集》三卷,其中有些唱咏佛山古镇的诗文收入《佛山忠义乡志》艺文志。

龙塘诗社

嫁娶屋

文会里嫁娶屋始建于清初，原是聚居此地的杨氏家族大型宅第建筑群，清中叶后逐渐作为固定的嫁娶出租屋用，直至民国初年。嫁娶屋作为一种专供出租操办婚嫁喜事的场所，是当时婚庆嫁娶的历史见证。

据历史记载，在清乾隆时期佛山镇居民已有10万户，人口达40多万人，除了少数富户有镬耳大屋、中产人家有三间两廊居室外，多数人住在狭窄的竹筒屋里，还有不少是无房户。佛山人认为婚嫁是一生中只有一次的大喜事，因此特别注重排场，尽量热闹风光，无房户遇到婚姻嫁娶要办得热闹，就只有租屋。用作嫁娶屋的房子既豪华体面又整齐美观，新人在这种大屋举办喜事，有如身处高贵的大家庭中，深受大众的欢迎。佛山现存的嫁娶屋中以文会里嫁娶屋最典型，是独具特色的民俗文物和有较高建筑艺术价值的地方民居。2015年，文会里嫁娶屋被公布为广东省文物保护单位。

嫁娶屋

葳园

葳园原名"戢园",位于现福贤路东华里片区。葳园建于民国初年,是当年叶氏家族所建的一座中型西式花园别墅。清末民初,叶氏家族在佛山、香港两地跑业务,做中西成药生意,后来在香港经营屈臣氏和其他洋货生意,成为洋买办。叶氏在香港生意兴隆,于是回乡建了这座别墅。

葳园由园围墙、门楼、主楼和副楼二层西式洋楼建筑各一座,以及周边的花园组成,占地面积约700平方米。围墙中的门楼高大别致,外立面作西洋式圆拱门处理,其内向则为卷棚歇山顶中式做法。主楼平面为长方形,坐北向南,为钢筋混凝土、钢架、砖木混合结构,占地面积约400平方米,首、二层内均设有外廊,装饰精细考究。副楼因地域所限,为长条形二层布局,虽占地面积仅近40平方米,但称得上小巧精致。1998年,葳园被公布为佛山市文物保护单位。

佛山葳园

15 梁园

梁园位于松风路先锋古道93号,为佛山梁氏家族私家园林的总称,主体位于松风路先锋古道,与顺德清晖园、东莞可园和番禺余荫山房并称为清代粤中四大名园。

梁园始建于清代嘉庆年间,主要包括梁蔼如的"无怠懈斋",梁九章的"寒香馆",梁九华的"群星草堂"及梁九图的"十二石山斋"和"汾江草庐"等五组各具特色的园林建筑。鼎盛时期的梁氏园林曾达到200多亩,是集宅第、祠堂、园林三位一体的古建筑群。秀水、奇石、名帖并称梁园三宝。其造园组景格调高雅、布局精妙;园内佳果盈枝、鸟语花香;亭廊桥榭、堂阁楼台式式俱备;园中奇石遍布,讲究一石成形,独石成景,在岭南园林中独树一帜,也体现了造园主对个性和自由人格的追求。1989年,梁园被公布为广东省文物保护单位。

梁园

16 《佛山街略》

清道光十年（1830），禅山怡文堂印行《佛山街略》，记录了佛山全盛时期的地理交通、主要街道出售货品、粤海关与有影响的外省会馆和行业会馆所在地、各地客商聚居处以及佛山附近15个圩市的日期、路径，还附有"各行暗语""较秤法""听人还价法"。书中设计了7条游览路线，全部以最易辨认的标识为出发点，即由旅客乘船上岸的正埠接官亭（今永安路汾江边）起，分中、东、西三线至祖庙，西路至沙口，东路到大基尾，又由祖庙往栅下和通济桥，方位明确，道路方便，极具可操作性。

《佛山街略》是佛山镇有史以来第一本为外来客商服务的导游购物指南，现藏于英国伦敦博物馆。

《佛山街略》

17 佛山八景图面世

清道光十年（1830）编修的《佛山忠义乡志》首次出现佛山八景图，分别为塔坡牧唱、庆真楼观、孤村铸炼、汾流古渡、冈心烟市、村尾垂虹、东林拥翠、南浦客舟。

塔坡牧唱

明洪武二十四年（1391），塔坡寺被毁。塔坡岗一带的土地荒芜，树草丛生，成为附近农家孩童放牧的好去处。牧童在放牧时吹笛玩耍，引吭高歌，笛声悠扬，加上塔坡岗一带静谧悠然的自然环境，成为当时佛山一道清新亮丽的风景线。佛山士大夫名曰"塔坡牧唱"。时人梁序镛有诗云："太平风景满山阿，叩角无劳宁戚歌。芳草有情谁遣此，夕阳偏匿待如何？参差短笛吹来惯，婀娜长腔和者多。犹有耕田随作息，康衢遗调共吟哦。"

塔坡牧唱

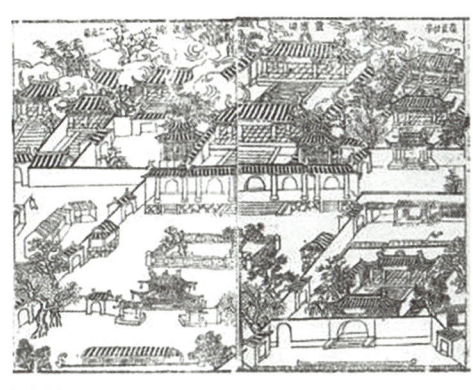

庆真楼观

庆真楼位于祖庙正殿之后，建于清嘉庆元年（1796），是祖庙建筑群中年代最晚的一座建筑。面阔、进深各三间，二层砖木结构，抬梁式架构，硬山顶，镬耳式封火山墙，正脊有光绪二十五年（1899）

庆真楼观

祖庙大修时添置的陶塑人物瓦脊1条。二层木楼面因民国时期驻军将部分枋材抽走，使得楼面不堪重负。1973年将二层楼面改为钢筋水泥结构，并将楼梯改在正面，其余部分保持原貌。旧时由于庆真楼地势较高，视野开阔，人们登楼远眺，佛山全镇景物尽收眼底，名曰"庆真楼观"。

孤村铸炼

佛山最早见于记载的冶铁点是八景之一的"孤村铸炼"。"孤村铸炼"在大圩沙塘附近（今莲花路沙塘坊一带）。明代时期，这里是一个四处荒芜的小村落，村人多以冶铸为业，日夜生产，炉火上

孤村铸炼

升空际，蜿蜒盘旋有如龙腾飞跃。清人杜伯棠有诗曰："大造为炉妙莫论，良工铸炼在孤村。宝光万丈相摩荡，紫气千重互吐吞。剑戟销来争战息，鼎钟认得姓名存。太平无复干戈事，野老携锄向隰原。"

汾流古渡

在永安路北端汾江畔正埠码头。正埠岸上建有接官亭、忠义乡牌坊等，波光帆影，古榕成荫。明清时期，佛山是南方重要商品集散地之一，南来北往货物，多依赖水路运输。汾江沿岸有码头多处，以正埠最为繁忙，船渡日夜往来，帆樯林立，商贾辐辏，喧闹终日，遂成一景，时人称为"汾流古渡"。清人崔振鳌有诗（节选）云："深深汾水头，隐隐江色暮。皇皇远行人，簇簇汾江渡。秋深停渡频，日暮争渡喧。望去渡旁渡，帆影如云屯。"

汾流古渡

冈心烟市

冈心烟市即早市，在佛山镇三穴冈上，遗址在今福贤路旧时红星影剧院附近（纪岗街）。明清时期，当地居民与附近农户常在冈上设立夜市，摆卖日用品和粮食等货物，由于燃灯照明，以致火光冲天，烟雾弥漫，远近可见，时人称为"冈心烟市"。时人屈宋才有诗云:"路人冈心即市场,哄声喧处溷人烟。馔供鸡黍蝇趋热,酒羡羔羊蚊慕膻。三月早瓜浮绿嫩,一筐新荔擘红圆。盘飧莫叹无兼味,说法还参玉版禅。"

冈心烟市

村尾垂虹

通济桥建成后,每逢傍晚太阳西斜,日光照桥影于河上,有如天垂长虹,故名"村尾垂虹"。时人唐卓然有诗云:"乍见江头横匹练,旋看村尾挂长虹。烟云北望三山合,舟楫南来五岭通。"

村尾垂虹

东林拥翠

东林拥翠遗址在东头坊。东林是明代佛山著名的园林,由知州冼效始建,经后代扩建修葺,园中遍植各类树木,苍翠参天,故有"东林拥翠"美名。林外柳堤夹岸,名"试马堤",傍建射圃,为习武练箭之地。内有小溪(栅溪),引水为湖,怪石四布,亭、台、楼、阁、大院、书斋分列左右。湖之南是集雅堂,为文士吟咏挥毫宴饮之所。至清代，日渐荒芜，民国时无存。时人陈文瑞有诗云："夏木芊芊拥夕阴，翠屏叠叠耸高林。浓添晓雨青疑滴，嫩借朝阳绿转深。干老千年栖鹤梦，风高一夜作龙吟。野人随处塞芳好，眠向苔衣一鼓琴。"

东林拥翠

南浦客舟

南浦客舟位于南浦乡大桥头前，即今岭南大道中。旧时，洛水（佛山涌）河面宽阔，每年农历五月初五端午节，河中可赛龙船。南浦乡前河段每逢夏季，富商巨贾，达官贵人，到此游河避暑，文人墨客也雇画舫在此论文作诗，舟船往来如过江之鲫，时人称为"南浦客舟"。时人屈宋才有诗云："渺渺汾江汗漫游，客来南浦荡轻舟。绿波芳草斜阳岸，春水桃花古渡头。载酒有时倾北海，挂帆随意向东流。等闲好借文通笔，写尽销魂赋别愁。"

南浦客舟

18 佛山民众抗英斗争

佛山人民有着光荣的反帝爱国传统，较早自发地开展了反帝反侵略斗争。

第一次鸦片战争期间，英军侵占广州后，其战舰经常在南海县平洲三山沿江一带及佛山镇邻近地区骚扰。佛山镇的民众以崇正社学为战斗组织，训练大批民勇，加强沿江防守。清道光二十一年（1841），佛山镇民众积极响应广州近郊三元里人民抗英斗争，"崇正社学"首领吴壁光率民勇500多人，分乘快艇，夜袭驻广佛河道附近龟岗炮台的英军。这次战斗，佛山镇民勇杀敌数十人，缴获枪炮、刀剑、火药、盔甲、旗帜等一批和舢板船多只。

第二次鸦片战争期间，英法联军侵占广州，广州及周围诸县的民众奋起自卫，组织团练抗击英法侵略者。咸丰十七年（1857），三元里九十六乡联合南海、顺德、番禺等县，在佛山镇成立"防夷团练局"抗击英法联军，势力逐步扩展到香山（现中山市）、东莞、宝安（现深圳市）等县。各地纷纷组织训练民众、坚壁清野、联乡自卫，"申言夷人入其界者，登时格杀弗论"，持续深入的反侵略斗争延续到咸丰十九年（1859），因腐朽的清政府对外妥协、对内压制，最后团练局被解散。

佛山铸炮支援抗英斗争

第一次鸦片战争时期，佛山铸造业工人同仇敌忾，铸造铁炮数百门,以实际行动加入反抗外国侵略者的斗争中。

清道光二十一年(1841),广东沿海成为抵御外敌的重要战场。两广总督祁贡委托佛山乡绅梁应琨"监造八千斤大炮数尊,运解至省",同时又铸造两千斤至六千斤大炮一批。佛山铸铁业工人闻风而动,将铸造铁锅、铁鼎的工场变成铸造反侵略军器的场所,义不容辞地担当起铸造大铁炮的重要任务。他们昼夜烹炼,铸造了一批又一批的大铁炮,源源不断地运到抗英前线,为反击帝国主义侵略作出了贡献。

在佛山祖庙"褒宠"牌坊前,陈列有两门出土于东莞虎门要塞旧址的大铁炮,炮脊表面铸有铭文:"新式炮重五千斤。钦命靖逆将军奕、参赞大臣齐、太子少保两广总督部堂祁、兵部侍郎广东巡抚部院梁、佛山都司斡、署佛山分府升用州堂苏监造。道光二十二年二月炮匠李陈霍铸。"这两门大铁炮是佛山人民抵御外侵的历史见证。

广东沿海抗英前线所用的生铁炮,现大部分为当时把持佛山铸造业的李、陈、霍三大家族联合铸造,故现在各地留存的大铁炮,炮身均有"禅山李陈霍铸"字样。在鸦片战争中,佛山铸造的铁炮虽然在设计和铸造技术上存在一些缺陷,但仍有力地打击了侵略者的嚣张气焰。目前,虎门大角炮台、沙角炮台、威远炮台、广州沙面、新会崖门、中国历史博物馆、广州近代史博物馆、虎门鸦片战争博物馆、广东省博物馆、广州市博物馆、佛山市博物馆等均保存有当年由佛山铸造的大铁炮。

现存于佛山祖庙内的清道光二十二年(1842)佛山所铸的大铁炮

19 佛山鸿胜馆

清咸丰元年（1851），蔡李佛拳宗师张炎到佛山镇村尾三丫路的霍家祠设馆，挂起鸿胜馆匾额，是佛山劳苦大众反抗压迫、学武防身的民间武术组织。佛山鸿胜馆是中国最早走向世界的武术组织之一，传授的拳术以内外八卦拳为主，

佛山鸿胜纪念馆（太上庙）

主要为了强身健体。佛山鸿胜馆定下"官吏不教，土豪恶霸不教，流氓地痞不教"的三不戒条，坚持以劳苦大众为培养对象，在辛亥革命、土地革命和抗日战争中作出了一定贡献。佛山鸿胜馆曾组成特别护卫大队对参加国民党二大的中共代表和国民党左派人士进行护卫，在十九路军中教授抗日大刀术，后又向全国推广。鸿胜馆最盛时在佛山有分馆20多家，除衙旁街祖馆外，还在太上庙、莺岗街、塔坡街以及石溪、顺德等地设分馆，成员过万。1927年大革命失败后一度被迫停止活动，1937年以鸿胜体育会的名义恢复。直至1949年闭馆，活动时间达98年。1998年，鸿胜馆复馆。

太上庙（鸿胜纪念馆）

太上庙位于福宁路祥安街15号。始建于清康熙二年（1663），

历经多次重修。坐西向东，面宽18.32米，进深19.3米，占地面积354平方米。硬山顶，海棠式封火山墙，青砖木结构，蓝釉瓦当，主体建筑保存完好。三间两进四合院式平面布局，两侧青云巷有硬山顶人字山墙附属房屋。头门前檐廊花岗石檐柱、虾公梁、雀替，三步梁由斗拱承托、石柱、石墙裙、博古图案门夹石、实木大门。头门内两侧墙壁嵌康熙五十年（1711）"重修太上庙碑记"和"立卖房屋碑"各一通。头门与二进之间的天井，勾连搭建四柱歇山顶香亭。该庙原为道教庙宇，清末民初为鸿胜馆分馆。2001年经全面修缮后作为佛山鸿胜纪念馆对外开放，为佛山武术文化和作为武术之乡的重要见证。

太上庙于1998年被公布为佛山市文物保护单位；佛山鸿胜纪念馆于2014年被公布为禅城区爱国主义教育基地。

太上庙简介

鸿胜祖馆

鸿胜祖馆位于衙旁街15号。坐东向西，单层硬山顶，青砖木架构，竹筒式平面布局，屋后有小天井。面宽3.85米，进深15.2米，面积59平方米。鸿胜祖馆由张炎于清咸丰元年（1851）建立，建筑形制虽质朴简陋，但其培育武术人才众多。鸿胜祖馆是佛山市现存历史最悠久的私人武馆旧址，在蔡李佛拳历史上具有举足轻重的地位，也是佛山作为武术之城的重要见证。2006年，鸿胜祖馆被公布为佛山市文物保护单位。

鸿胜祖馆

陈盛

陈盛（1864—1926），又名国材、继盛，俗称牛盛。祖籍三水，出生在佛山镇衙旁街一个贫民家庭。张炎创立鸿胜馆，陈盛登门挑战，但三次败于张炎而转拜张炎为师。张炎赏识陈盛正直的性格和刻苦耐劳的本质，尽传生平绝学，寄望陈盛继承衣钵。张炎去世后，陈盛掌鸿胜馆馆务30余年，对蔡李佛拳进行重大改革，并在传艺中着意培养革命志士。其门徒3000余人，很多人参加了共产党领导的工会、农会组织，当中有不少人如钱维方、吴勤等加入了中国共产党。

陈盛像

陈盛故居位于衙旁街39号。清末民初建筑。坐北向南略偏西，面阔3.4米，进深12.71米，面积43平方米。硬山顶，人字封火山墙，单层两进青砖木架构，竹筒式平面布局，用不及顶部的砖墙间成一厅三房，搭木阁楼，建筑形制简朴。其故居对于挖掘佛山武术文化具有一定历史意义。2006年，陈盛故居被公布为佛山市文物保护单位。

陈盛故居

20 红巾军起义

鸦片战争后，佛山商业、手工业遭受极大破坏，10多万工人失业。清咸丰四年（1854）春夏间，太平军冬官正丞相罗大纲密遣刘杜川到佛山策动广东天地会首领陈开起义。7月5日，陈开发动佛山手工业工人、红船子弟（即粤剧界艺人）、船民、农民及陶工共五六百人，组成基本队伍，在石湾大帽岗丰宁寺前祭旗起义，进攻佛山。陈开在佛山起义时，李文茂在广州北郊佛岭市起义响应。由于起义军头扎红巾，故又称红巾军起义。起义失败后，清廷将曾作为义军大本营的琼花会馆付之一炬，下令禁演粤剧。李文茂率粤剧艺人起义是一次史无前例的壮举。祖庙至今还保持着清光绪年间的两幅巨型木雕：前殿有李元霸在琼华殿前伏龙驹，后殿有薛刚反唐、高举"为民除害"义旗等古戏，表达佛山人民对陈开、李文茂起义的敬重和对帝国主义和清王朝的愤恨之情。

陈开

陈开（1822—1861），清代广东天地会首领，水手出身。童年家贫，随父以割鱼草和替人做工为生。后因父母早丧，10多岁便前往佛山，到同乡冯日在太平坊开设的同茂杂货店当店员。他目睹鸦片战争后清政府腐败无能，产生了强烈的反清思想，暗中参加了天地会，并被推举为广东天地会洪顺堂的首领。他在佛山莺岗借摆小摊与各地的组织联系，策划起义。清咸丰四年（1854）六月十一日，陈开率会众在石湾大帽岗祭旗起义，起义军头扎红巾，腰束红带，竖红旗，蓄发易服，号称"洪兵"，亦称"红兵"，世称"红巾军"。起义军分两路从洛水城门头和汾江河大基头攻打佛山镇。一路连克通济桥、城门头，另一路因佛山同知谢效庄、巡检张金鉴等官吏早已闻风逃遁，大基头清兵不敢顽抗而迅速溃散。义军攻入佛山后，占领衙署，砸烂监狱，惩办土豪劣绅，大开"义仓"赈济贫民，并在经堂古寺设都督府。陈开自称"安东将军统领水陆兵马管理粮饷招讨都元帅"，建号"大宁"，以"太平甲寅"为纪元，发表檄文，出榜安民。起义军在占领佛山10多天里，队伍迅速扩大到10多万人。

咸丰六年（1856）秋，陈开在军事胜利的基础上，正式建立政权，国号大成，年号洪德。以浔州府为都城，改称秀京。陈开称镇南王。后被清军击败，投奔太平军途中遭地方团练暗算，被俘而死。

李文茂

李文茂（？—1858），鹤山人，太平天国时期广东天地会起义主要领袖人物之一。原为粤剧名艺人，饮誉广州、佛山等地舞台。其父原是粤剧伶人，李文茂演二净（二花脸）角色，擅长扮演《芦花荡》的张飞和《王彦章撑渡》的王彦章等。他精通技击，为人仗义疏财，每到之处受到当地粤剧伶人和群众所尊敬。咸丰四年（1854）七月，李文茂在广州北郊率琼花会馆兄弟和三元里乡民起义，

李文茂雕塑（现存广东粤剧博物馆内）

并与甘先、周春等其他广州北郊义军汇合，在佛岭市（今广州北郊新市之东）建立大营，又在石井、江村等地设立营盘，广聚人马。

李文茂攻下柳州，自称"平靖王"，称王之后，李文茂仍保持粤剧艺人本色。每逢节日喜庆之时，官兵均竞相登台演戏。咸丰八年（1858），李文茂攻打桂林，由于坐失战机而失败，身负重伤，被迫退入融县怀远山中，忧劳成疾而死，余部归陈开统领。

21　近代机器工业兴起

清同治十一年（1872），南海西樵人陈启沅回到自己的家乡简村创办"继昌隆"机器缫丝厂，带动了机器在其他行业的应用。从继昌隆缫丝厂成立之后的二三十年间，佛山

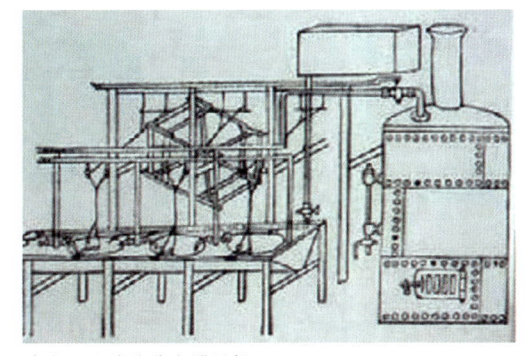

陈启沅设计的蒸汽缫丝机

陆续出现了一批使用机器的工业，这是佛山地区在近代迅速兴起的一场新的技术革命。新式机器的使用已经涉及了多个工业行业，造纸、织布、玻璃、火柴、砖瓦、食品等工业，以及一批机器、船舶修造厂。佛山在引进、吸收、效仿西方先进技术的基础上，选择了一条从乡村开始起步的工业化道路，并影响了珠三角地区的工业化进程。

巧明火柴厂

清光绪五年（1879），从日本归国的侨商、广东肇庆人卫省轩在佛山文昌沙（后迁缸瓦栏）创办巧明火柴厂，这是中国近代第一家中国人开办的火柴厂。该厂资本约3000两，雇工数十人，厂内生

产完全是手工制作。先把夹立板和火柴杆分送附近居民，因生产能力很低，每日制作火柴仅10余笠，每笠装1200盒，每6笠合旧制火柴1箱。产品的商标主要有舞龙、鲤鱼、舞狮、发财、妹鹿、巧明、佛公、光明等。后因国产火柴市场扩大，粤商黄寿铭遂筹资收购了巧明火柴厂，拓展生产，并改名为巧明光记火柴厂。

1956年，全国实行全行业公私合营，巧明光记火柴厂从私企转为国营。1964年6月1日，佛山巧明火柴厂与广州东山火柴厂正式合营，更名为"佛山广州巧明火柴厂"，将半自动机器升级成全自动机器。1966年，该厂改名"广州火柴厂"。

巧明火柴包装

梁新记牙刷店

清宣统元年（1909），佛山镇松桂里梁氏家族的梁日新在升平路租了一间店铺，开创了以自己名字命名的牙刷店——梁新记。在佛山开店三年后，即在广州设店，很快在广州成为名牌货，后在西关羊巷路开设工厂。接着又在南海盐步建立广东第一家机制牙刷厂。1925年8月，将"梁新记"改名为"梁新记兄弟牙刷公司"，作为两兄弟的共同产业。梁日盛在广州打好基础后，又往上海发展。1920年3月分设第五支店于上海五马路宝善街大庆馆对面五百三十八号。此后，引进日本先进机制牙刷全套设备，自产自销，成为当时中国第一家机制牙刷厂。随着市场的扩大，梁新记兄弟牙刷公司业务更深入华中六省市场，在天津设总代理，汉口有分支机构，成为全国的知名品牌。与此同时，以香港为基础，进军南洋，将牙刷远销到马来半岛、印尼各地。1927年，在广东实业厅注册"双十牌""一毛不拔"商标。"梁新记牙刷——一毛不拔"由于别具创意，很快便家喻户晓，深得民心。他又构思了一幅诙谐有趣的广告图，以"一毛不拔"为广告语，配上一幅画——一个人用大钳子拼命拔，浑身大汗也没能拔掉牙刷上的毛。广告别出心裁，让人印象深刻。

梁新记牙刷髦子商标（《广东实业厅公报》1927第1卷8—10期）

"一毛不拔"广告图

民国时期梁新记在上海的牙刷制造工场

南洋兄弟烟草公司竹嘴厂

1905年，南海黎涌爱国华侨简照南、简玉阶兄弟在香港组建广东南洋烟草公司，生产"飞马""双喜""白鹤"等名牌香烟，对抗英、美洋烟。公司其后更名为南洋兄弟烟草公司，提出"中国人吸中国烟"等口号，并取得成功，打破了英美烟草公司对国际烟草市场的垄断，其股份公司的分厂在上海、广州、汉口、北平以及东北等地均有开设。佛山商人也纷纷设立代理店。1916年冬，吴仲文、简照南、简玉阶、简英甫在佛山栅下天后庙创办南洋兄弟烟草公司竹嘴厂，专用机器制造纸卷烟所用竹嘴。初名永华兴，成立不久，资本殆尽，始以建立公司继续经营并由公司董事出资维持，恢复原有规模，并逐年发展。烟草公司在出售香烟时附送竹嘴，以此招徕顾客。

南洋兄弟烟草公司招聘广告，《南粤日报》1940年12月2日

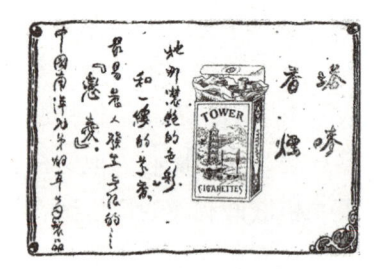

1923年4月2日《佛山商报》刊登南洋兄弟烟草公司广告

22 佛山第一家西医院

清光绪七年（1881），惠师礼教会英籍传教士查尔斯·云仁（Charles Wenyon）来佛山，他既是牧师又是医生。云仁以广传医术、普济众生为宗旨，以宗教会名义在原佛山火车站附近的鹰咀沙缸瓦栏一间大货仓内创办广济医局，这是循道医院的前身。光绪十六年（1890），因缸瓦栏房地不敷用，乃由教会在太平坊（今上沙）购置两间较大的宗祠式平房，其中一间作教堂，一间作医院。此时，医局迁于太平坊，并改名为西医院，是佛山开办的第一家西医院。光绪三十四年（1908）医院从太平坊迁到新院址后，太平坊仍保留门诊一段时间，新医院大门上挂一块"西医院"金字大招牌，人们称此为新西医院，以区别于太平坊的旧西医院，1946年，西医院更名为循道医院。1953年11月，佛山循道医院正式由佛山市人民政府接管，改名为广东省粤中行署第一人民医院（文昌沙）。

清末民初循道医院全貌

23　开设邮电通信业务

清光绪十年（1884）春，佛山电报局创建。光绪二十七年（1901），佛山邮政局设立。

电报局和邮政局实行官督商办制度。邮政是按照中华邮政一套管理制度，各自进行经营管理，都以资本主义的邮电管理制度为模式，主要都是为官宦商贾服务的。

佛山电报局

清光绪十年（1884）春，佛山电报局创建，电报线路东至广州，西至三水，南至江门。创建时，电报分4个等级传递，一等最为迅速，多属官电，其他按等以定迟速。抗日战争佛山沦陷期间，电报通信因杆线被毁，一度中断，后恢复只开放至广州的人工话传报路。1946年，为加快电报投送，曾以电话号码代替收报人住址，电报局收到该项电报后，一律用电话传送，收报人需要电报底时，可通知电信局补送。新中国成立前，设备只有1部话传用的电话机，由报务员兼收、译、传电报，传递速度很慢。1954年市局设立报房，设人工发报机2部，利用幻线开通至广州、高要的莫尔斯人工机报路，使用不久改用振荡机，结束了佛山长达70年的电报全部用电话传递的历史。

佛山邮政局

清光绪二十七年（1901）设立佛山邮政局。初设在汾流街，

1912年迁北胜街，定为二等邮局，设支局于汾流街与普君圩。随着佛山商务繁盛，在缸瓦栏设一等乙级邮局，北胜街局改为支局。各局均收寄平常快递、保险信件，以及收寄包裹、汇兑银两。所辖三支局二十六代办所，信柜四十处，售邮票所三十六处，投递邮件每日七次，同时兼理邮政储金。1927年，由于南海县政府设

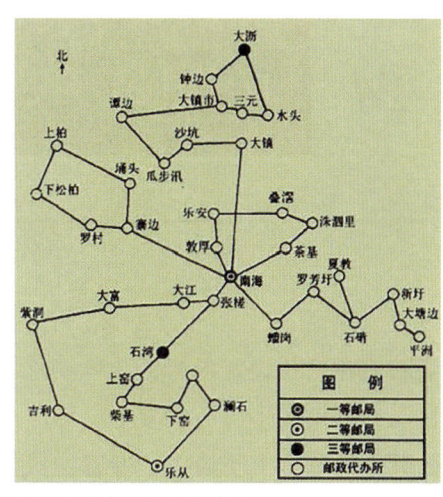

1938年南海县部分邮路图

置在佛山镇，改称为南海邮政局，隶属广东邮政管理局管辖。1939年，由于业务减少，由一等乙级邮局降为二等甲级邮局。1946年，再降为三等乙级邮局。

24 反"挂销号税"事件

清康熙二十四年（1685），清政府在广州设置粤海关，称"总口"，下设"子口"60多个。佛山是其中的一个"子口"，专管挂销号，后改称"粤海关税馆"。清代佛山文人有诗描述："海关关复广州关，只隔盈盈一水间。风月自来无例税，满船装去又装还。"

因对商民违例苛罚，光绪十八年（1892），激起佛山合镇罢市，民情汹涌，要砸毁海关税馆。戴鸿慈挺身而出，痛陈利害关系，请粤海关监督示革除税馆，并立"钦命督理粤海关税务联碑"晓谕示众，罢市事件得以平息。该石碑原在佛山市第十一小学操场边上，后由佛山市博物馆收藏。

清光绪十八年（1892）钦命督理粤海关税务联碑

市舶务

宋初，广州设立了市舶司。佛山由乡市而成为商业市镇，也设立了市舶务，掌管检查出入海港的船舶，征收商税，收购政府专卖品和管理外商，处理外籍商人的贸易事务。处在广州海湾边缘的佛山,既有西北两江航运之利,又有内河外海交通优势,因而促进了佛山商业迅速发展。市舶务是佛山最早的海关机构。

粤海关税馆

佛山清代商贸繁荣,经济地位凸显,赋税收入成为朝廷关注焦点。佛山税馆只负责征收挂销号税,对外贸易船只、沿海出入口船只在过关卡时收取登记、注销的规费。乾隆《佛山忠义乡志》记载:"粤海关税馆,在汾水正埠对岸。"初时,规费为关役们所有,后由粤海关管关巡抚杨文乾等奏报归公,是一项苛捐杂税。光绪三十三年(1907),两广总督岑春煊上奏,撤销了佛山税馆。

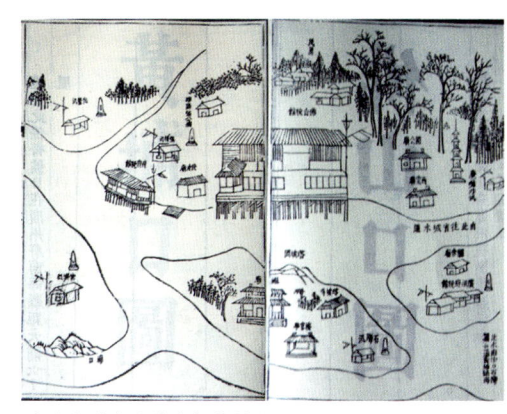

清道光《粤海关志》载佛山口图

25　佛山开办新式学堂

清光绪三十年（1904），清政府废科举办学堂，佛山书院改建为佛山学堂，设高等小学，是佛山最早的小学。逾年附设初等小学，为两级小学堂。1912年，南海督学局附设于此，后将初等小学改设于祖庙铺协天胜里，该校专办高等。后改为南海县立第一师范讲习所，高等小学也随之停办。初等小学改为国民学校，分设二所于黄伞铺、观音堂铺。此后佛山高等小学、私立小学、教会小学、女学等亦先后开办。

佛山书院（佛山学堂）

清乾隆八年（1743），知县黄兴礼倡建汾江义学于佛山镇栅下铺广德里。嘉庆七年（1802），佛山同知杨楷以旧地低湿，移建于丰宁铺衙旁街分府署左，更名佛山书院。聘请老师讲经，以便佛山及其附近的士绅子弟进修学业，参加科举考试。嘉庆二十四年（1819），佛山同知王继嘉以院前地方狭隘，且有买卖商贩，喧闹如市，肄业诸生常患干扰，乃捐俸五百两，拓而大之。建壁于前，周筑

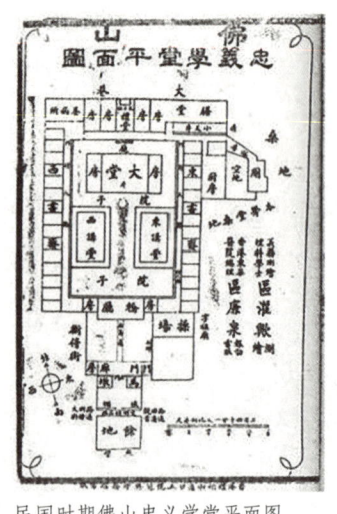

民国时期佛山忠义学堂平面图

以墙，左右置二门供出入，讲堂、斋舍、厅厨、浴室俱全。咸丰四年（1854），佛山书院毁于战火。咸丰七年（1857），英法联军侵占广州，考棚被毁，士绅倡议将书院改为考棚，曾于此科试数次。同治五年（1866），佛山同知李大经、陈毓书捐俸，偕同佛山人士复建，延师授业。光绪年间陈梅坪为主讲时人才最盛，内外课肄业者达200余人。光绪十五年（1889）中举者达10余人。

华英学校

1913年，基督教两广循道会在文昌沙尾设立华英学校，该校初定名为THE HAIGH COLLEGE，意为纪念建校投资人Dr. HAIGH，汉译为华英堂。初期只办小学，后发展为有中学和小学的学校。主持人从监督到校长，初期都是英国人。从1913年到1925年先后由詹德礼、黎伯雄、张辅德等人任校长，教师也大多数是英国人。1925年省港大罢工，佛山反英斗争异常激烈，华英被迫停办，至1928年始复办。此后校长均由华人担任。1938年秋佛山沦陷，华英迁往香港大屿山东涌。1941年日寇侵占香港，华英再迁曲江，与1922年改名的华英女子中学合并，沿用"华英中校"名坚持办学。直到1945年抗日战争胜利，学校才迁回佛山原址。

位于今佛山一中内的华英中学旧址

节芳学校

节芳学校旧址位于卫国路86号,为傅翼鹏奉母李氏之命捐资设立,于1919年由旧佛山分府衙署改建,兼办高等小学、国民学校,学生免收学费。总理吴镜泉,董事戴鸿惠,校长陈祖禧,并创办"节芳

节芳学校旧址

义学"分校10所,在民国年间的佛山私立学校中较具规模,被称为佛山"四大名校"之一。前身为佛山书院,之后更名为节芳学校,后又改名为经纬中学,今为佛山市第三中学。节芳学校旧址现存教学楼三栋均为二层硬山顶青砖木结构,其中东面2栋坐西向东,中有门楼相隔,窗灰塑山水装饰仍清晰可见。西面另一栋坐北向南,与秀岩傅公祠为同一中轴线排列。

26 佛山镇商会

佛山镇商会于清光绪三十四年（1908）设立。光绪三十一年（1905）广州商务总会成立后，在佛山镇三界通衢开办广州商务总会佛山商务分会，以联络商情、研究商学、排难息纷、图谋公益为宗旨。佛山商务分会的钤记由商部直接颁发。会费各商号自认，每十份银百元，认百份以上可成为会董。创办人为苏惠农、陈穗生、黄雯绮等。初任总理王寿慈，后为戴鸿宪（戴鸿慈之弟）、李佩鸣。1913年迁富文铺升平街山陕会馆内，1917年改名为南海县商会，置会董32人，特别会董6人，正副会长各1人，均为誉职。商会会长有黄仲陶、梁显其、徐悠泉、何德腴、霍侠民等。

李佩鸣

佛山镇商会第二任会长李佩鸣是商人出身，数代前由新会潮连乡迁来佛山居住。李氏以做京布业起家，为佛山四大行业之一。李氏所开设的有著名的隆泰、集生（设在源头街）、隆茂（设在汾流街）三间京布店，是佛山布业巨头，也是布业十家巨头之一。

李佩鸣在隆泰京布店期间被举为商会会长。成为会长后他常到商会协同各商董事处理会内各种事务，定期调处商业纠纷，与一般商人颇为接近。但因本身商业问题，家族内部有纠纷，在店内的职务有变动，不便干预外事。他做了数年商会会长，1919年前后自动辞职。

佛山商团

佛山商会成立后,以商人自卫为名,于1912年成立佛山商人的自卫组织——佛山商团。佛山商团初时只有团员150人,由梁鼐伯任团长,王仲莆、陈蔼人任副团长,总公所设在朝阳街。1921年,改由佛山巨商黄祥华号的司理黄颂陶任团长,陈铸魂任副团长,迁总公所至豆豉街(今升平路)万寿宫,队伍也逐步扩大到300多人,并在大基头育婴堂对面建立操场,聘请专职教练金吉辕等定时进行操练。1922年四五月间,原来负责佛山偏远地区治安的十九铺警察游击队他调,黄颂陶曾组织巡查队100名,维持地方治安。第一次粤桂战争时,滇贵联军入粤,驻肇庆的陈炯明部队溃退,由三水河口乘火车退至佛山。因为佛山市区与铁路只隔一条河,黄颂陶调集商团集中新涌口凭河堵御,不准横水渡和过海艇泊岸,溃军不能渡河,沿车站入缸瓦栏焚抢多家后退去广州,佛山市区得免骚扰。商团鼓吹维持治安的功劳,大唱"官之卫民,不如民之自卫"的论调,后扩大至1600多人,组成12个分团,分驻市内各地区。

27 光复佛山

清宣统三年（1911）辛亥革命前夕，同盟会成员王寒烬从香港返佛山，秘密联络鸿胜武馆教头李苏、钱维方等人加入同盟会，参加孙中山领导的资产阶级民主革命运动。同年4月29日，李苏等响应辛亥广州起义，带领佛山、乐从会党10多人攻打佛山。后转至通济桥永安社学前集中，取道澜石返回乐从。

10月10日武昌起义成功后，广东革命党人准备武装起义夺取广东。11月9日光复省城。次日，李苏率民军100多人分路进攻佛山，一路民军由石硝入平政桥攻打千总衙门。首先击毙衙门门岗1人，衙内清兵听见枪声纷纷逃窜，1名企图从后院越墙而跑的清兵被击毙。另一路民军由村尾进入佛山，与前一路民军会师后攻打大湾都司衙门。都司吕镇铠早已闻风逃跑。当时都司衙门有一连湖南籍清兵防守，清兵管带太永宽也早已逃跑。民军喝令清兵放下武器，清兵不肯缴械。民军与清兵激战，清兵寡不敌众，全队被歼，佛山全镇光复。

通济桥大战

1913年7月，袁世凯命令军阀龙济光率领济军由梧州向广州进发。龙济光抵粤后，镇压革命党人，解散新式陆军。袁世凯于8月3日任命龙济光为广东都督兼署民政长，8月8日令龙济光解散广东省议会。从此，龙济光掌握广东省军政大权，统治广东长达3年。1914年3月，龙济光派统领李嘉品到佛山附近的上淇、良教等村大举"清乡",沿途烧杀抢掠,民众逃避一空。

1914年11月,中华革命党人邓铿、朱执信组织领导全省各地民军和绿林起义,大规模反袁(世凯)讨龙(济光)。同年11月10日,朱执信和陆领率起义军3000多人,分三路进攻佛山,其中"乐从一股先至通济桥"。盘踞佛山的济军统领李嘉品派兵分路防守,自己率亲兵到通济桥抵抗,被起义军杀得节节败退。随后济军不断增援,起义军与济军鏖战四天,打死打伤济军数百人。

孙中山避难福宁堂

清咸丰十年(1860),基督教伦敦会牧师梁柱臣在走马路(现福宁路)沐恩社设会堂传教。同治元年(1862),由国内教徒捐款兴建走马路堂(后改称"福宁堂"),这是佛山唯一的不用差会拨款建筑的教堂。同治九年(1870),福宁堂被群众拆毁,官府惧于洋人势力赔款重建。光绪十一年(1885),福宁堂再次被群众拆毁,由孙中山在博济医院时的同窗友好、福宁堂主任杨襄甫向教徒募捐重建。光绪二十一年(1895),孙中山广州起义失败,被清廷追捕,易服来到福宁堂,隐于杨襄甫住宅,数日后由杨襄甫帮助转移脱险,出走海外。

28 成立镇议会

佛山光复后，1912年，南海县政府从广州迁入佛山大湾旧都司衙门。同年，废除清朝团防局，设立保安公局并着手恢复佛山镇议会和董事会。冯鉴波被委任为佛山镇自治公所所长、筹办镇议会事务所所长、佛山镇议会会董。1913年，广东督军龙济光派军进驻佛山，令解散佛山镇议会。佛山光复后的民主尝试昙花一现。

1912年，佛山设警察区署，下设3个街道分署。但附近顺德县、南海县的民军纷纷进入佛山，对佛山治安造成了很大的冲击。而佛山警察力量薄弱，驻扎的军阀也力不从心。佛山本地治安的维持很大程度依赖民间自卫武装。

佛山保安公局

佛山保安公局是民国后佛山建立的第一个民间权力机构。佛山"士商会议遵（省）通令设保安局"，保安局定名"佛山保安公局"，"票举李佩鸣为局长，冯熙猷、梁鼎伯副之"。李佩鸣是佛山商会会长，梁鼎伯是大商人、商团团长，冯熙猷是前清进士、大魁堂值理。可见保安公局是一个绅商合作的机关，商会在其中起主导作用。佛山保安公局成立后，首要的任务就是为民军筹措军费，以安抚、遣散这些"民军"。

佛山保安公局在民国初年社会混乱的时期为维护地方的稳定起到一定的作用。

29 佛山首家电灯公司

1912年，佛山富商陈树南、陈振南等人集资筹办佛山光华电灯股份有限公司，翌年建成发电。注册资本银圆30万元，后再增资5万元。发电设备有购自国外的柴油发电机4台，总功率为200千瓦。其后，设备扩充至7台机组，总功率2900千瓦，用户最多时达3000余户。1916年在农商部注册登记。

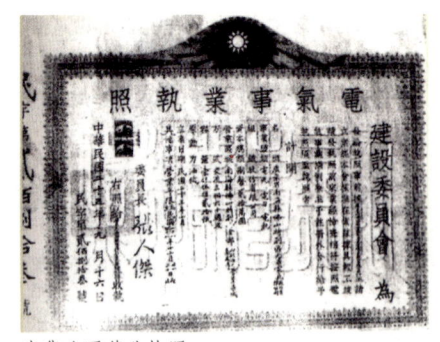

光华公司营业执照

佛山光华电灯股份有限公司

佛山最早由民族资本兴办的电灯公司——光华电灯股份有限公司，在抗日战争时期，光华公司被日军把持，多架电机被运往广州西村，佛山的电力供应出现电灯多熄少明的现象。1941年，光华公司与广州电厂签订供电合约，由广州西村电厂架设13.2千伏线路向佛山送电，变电站建在中山路，主变压器容量为1300千伏安，线、站均由广州电厂管理，2.3千伏出线由光华公司管理。该线送入市区，经配变出110伏送至用户，主要供茶楼戏院、商店和部分居民照明，用户最多时达到3600户。1947年，光华电灯公司请求发还电机。但有一段较长的时间,尤其是在新中国成立前夕,因发电设备陈旧,线路布局零乱,经常三天运行两天修理,每晚只供电五六小时;有些街巷电压只有50伏左右,电灯"五光十熄"。在广州向佛山送电期间,由于光华公司经常不能按时向广州电厂缴交电费,双方屡次发生纠纷,曾9次停止向佛山送电。后因送电线路损坏,加上广州用电紧张,新中国成立前夕,西佛送电线拆除,完全停止向佛山送电。光华公司于1955年停止营业,后改组为佛山市供电局。

佛山光华公司架设13.2千伏送电线路

30 佛山第一家报纸《汾江日报》

近代以来，佛山主要以代理广州、香港、上海出版的报刊为主。民国初期，佛山镇的锦华路张辉记、顺利两店，正埠李宝记代理《广东七十二行商报》《广州共和报》等。据民国《佛山忠义乡志》记载，佛山镇曾办《银元报》，为中文日报。1912年，佛山松桂里梁宪廷主办了《汾江日报》，是佛山历史上最早创办的第一家报纸，该报"篇幅盈尺，销流不广"但"亦足具雏形，无愧首创"，前后共出版4期，不到1年便宣告结束。该报现已失传。

《佛山商报》

1918年，由佛山商会资助，孙弼臣、周焕然主办，创办《佛山商报》，报社设在福禄大街（今福禄路）153号。《佛山商报》是佛山现存最早的报纸，对开四版。其订报价格如下："零沽每张三仙，（本镇）每月收报费六毫，（本镇附近各乡）每月六毫半，（省城）每月七毫，（港澳）每月一元。本省各埠各乡订阅，每日由本报专寄者，每月加邮费二毫。外省各埠每年报费连邮费十一元。外洋各埠报费连运费取十六正元（空函定阅恕不奉寄）"。该报后来受到佛山工人运动的影响，且经营负担过重，于1926年底停办。现仅存零星数份。

佛山商报

貳

火原星燎

本篇主要介绍佛山中心城区核心街区——祖庙街道在中国新民主主义革命阶段的社会发展状况。

佛山是一片革命的红色热土，是马克思主义思想在广东传播较早、影响较深的地区之一。1921年7月中国共产党成立后，佛山就有中共党员的活动。1922年下半年，除广州外珠三角地区最早的中共地方党组织——中共佛山组成立了。在党的领导下，佛山成立了理发、土木建筑等红色工会及工人俱乐部，开展佛山镇工青妇解放运动和近郊农民运动；成立了中共佛山特别支部；组建了抗日义勇队，逐步发展成为一支驰骋于华南敌后战场的重要抗日力量——珠江纵队；在解放战争时期开展秘密活动，配合南下中国人民解放军于1949年10月解放佛山镇。

在这片革命热土上，涌现出诸多抛颅洒血、气壮山河的英雄人物。这里是陈铁军、黄甦、吴勤、陈铁儿等革命英烈的家乡，杨殷、梁桂华等著名革命烈士也曾经在这里工作过、战斗过。陈铁军"刑场上的婚礼"、区夏民"红色花木兰"等革命故事广为流传。在反帝反封建的大革命中，佛山英雄儿女抛头颅、洒热血，以不怕牺牲、敢于斗争的革命实践，传承着以伟大建党精神为源头的中国共产党人精神谱系。这里沉淀着厚重的红色文化底蕴，在祖庙街道辖区面积仅21.5平方公里，但拥有经省确认的烈士故居、机构驻地等革命类遗址27处，每一处遗址、故居、机构等都涉及重大历史事件。

1 五四运动在佛山

1919年5月4日,北京爆发了反对帝国主义列强在巴黎和会上损害中国主权、反对北洋政府卖国政策的五四运动。五四运动爆发后,佛山民众的爱国热情迅速被点燃。6月,由华英中学陈健恒老师等带领佛山学生200多人,举行罢课和游行示威,声援北京学生的正义斗争。广东省立女子师范学校佛山籍学生郭鉴冰等人组成宣传队,回到佛山一些学校和街道上演讲。佛山人民组织救亡社、爱国鱼贩演讲团、学生会等群众团体,在学校和街上演讲,广泛开展宣传和抵制日货活动。

佛山民众纷纷开展宣传和抵制日货运动。佛山公正路集大成土布商店经理和店员带头参加抵制日货的宣传行动,沿街散发传单,动员商铺不卖日货、专卖国货。佛山爱国鱼贩演讲团到附近乡村演讲,顺德县学联会组织学生巡游,宣传抵制日货。三水中学学生会建立一支近200人的学生纠察队在交通要道、码头巡逻,打击偷运日货的奸商。10月,广佛学生联手,烧毁佛山镇和安泰商号偷运的日货,沉重打击了投机取巧的奸商,这就是惊动一时的"烧毁和安泰劣纸事件"。

五四运动也促进了佛山民族企业的发展。顺德县丝商岑国华、岑钿礼在葛岸瑞栈丝厂率先推行复式缫丝技术,增设括丝汽机,提高生丝质量。南洋烟草公司老板简照南妻子潘杏浓从上海回到故乡佛山镇,在栅下创办祥利织造厂。

五四运动促进了新思想在佛山的传播。佛山的一批青年,如梁敬熙、区夏民、陈铁军、陈铁儿等人,在五四运动的影响下走上了新民主主义革命道路。

梁敬熙

梁敬熙(1887—1928),祖籍顺德麦村,世居佛山镇怀康里。少年时聪颖好学,文笔甚佳。成年后与父兄在佛山镇筷子路开设专营蛤蚧药酒的博施药房,成为药房少东家兼经理。五四运动中,梁敬熙积极参加佛山镇各界的抵制日货爱国运动,且经常在公正路的集大成土布商店发表爱国演说,听众甚多。

梁敬熙

1921年秋,协助王寒烬、梁复燃在自家博施药房创办工人俱乐部(中共佛山组诞生地),宣传反帝反封建,在各行业中酝酿组建制饼、革履、描联、西竹等行业基层工会。1924年5月,协助吴勤组建南浦农团军。由于他读过书,文笔好,便帮助吴勤起草了有关农团军组建的章程和呈文,因此当地有"文胆梁敬熙,武胆吴勤"之称。同年10月,当选为国民党佛山市

梁敬熙烈士证(1984年)

党部执行委员会委员兼商人部长，兼任佛山商民协会主任。1925年底到1926年初，参与抓捕大魁堂劣绅集团和驱逐反动佛山市政厅厅长沈崧的斗争，成为佛镇义仓保管委员会成员之一。

1927年初，梁敬熙加入中国共产党。同年2月，担任佛山进步报纸《农工商学报》主编，写出《浅谈社会主义》等文章。四一五反革命政变后，在佛山镇莺岗街战斗中被捕，被关押在广州市南石头监狱。1928年10月6日在广州东较场英勇就义。

2 季华女子学校

1920年3月,佛山镇第一间新学制女子小学——私立季华女子学校正式开学,又称季华两等女子学校,由郭鉴冰及其姑姑郭慕兰、侄女郭淑真3人共同自筹资金创办。校址在佛山镇石路头大街14号,均为租用民房,开设国文、算术、历史、地理、音乐、美术、体育等课程。1923年在佛山镇田心里17号自建校舍,添置图书仪器,充实设备,1924年正式迁入,兼办高初等小学,成为20世纪二三十年代佛山较完善的小学。在历年县办的学科竞赛以及体育运动会中,季华女校成绩均名列前茅,与树德、元甲、节芳有"佛山四名校"之称。该校全盛时期,设高小4个班,初小8个班,学生增至四五百人,教职员工30多人。革命烈士陈铁军、陈铁儿姐妹以及"岭南女杰"区梦觉午少时均在该校就读。

季华两等女子学校旧址

1958年季华女校被并入公立佛山市第二小学。该校建筑大多已损毁,现仅存礼堂一栋。礼堂建于1933年,坐东北向西南,面阔21.2米,进深9.8米,占地面积209平方米。红砖钢筋混凝土结构。首层大门前有四柱门楼,建筑平面呈凸字形。大门左侧镶嵌郭鉴冰、郭淑真于1933年6月15

日立的奠基石，礼堂首层设讲台，铺砌民国水泥拼花阶砖，二层通堂式平天台。1998年，季华女子学校旧址被公布为佛山市文物保护单位。

郭鉴冰

郭鉴冰（1896—1977），佛山镇人，世居余庆里。18岁考入广东省立女子师范学校，1920年初，创办季华女子学校，任校长。建校初期，学校缺乏经费，郭鉴冰带着郭慕兰、郭淑真姑侄三人节衣缩食，把自己积蓄的财物捐作女校基金，甚至把家里为她们准备的嫁妆钱也都拿出来办学。郭鉴冰一心扑在季华女校上，从严治校，从严治学，对校务教学亲力亲为，每天不仅处理繁杂校务，还参加教学，晚上则担任宿生的监护员，关怀宿生生活，耐心辅导学生，帮助学生释疑解惑，深得学生尊敬、家长信赖以及社会人士的称道。

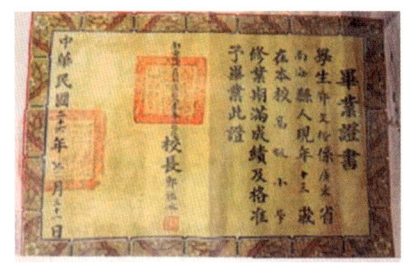

1937年郭鉴冰签发的季华女校毕业证

1938年佛山沦陷、季华女校停办，郭鉴冰离佛赴澳，以教学维持生活。日伪政权曾多次劝她回佛复校，均遭严词拒绝。抗战胜利后，季华小学复办，郭鉴冰仍任校长。至1958年该校与市二小合并，郭鉴冰继续留校工作至1964年退休。期间，她加入中国民主同盟，任民盟佛山市委委员，当选为第一、三届佛山市政协委员和佛山市第二届人民代表、佛山市人大委员。郭鉴冰为人平易近人，毕生致力于教育事业，终身不嫁，以身许校，爱校如家。她曾自豪地说："季华是吾家""季华是吾夫"。

3　佛山精武体育会

佛山精武体育会是以武术培训和武术交流为主要活动的民间体育组织。正式成立于1921年7月10日，在升平路清平大戏院举行佛山精武体育会成立大会，参会的有市内及广州、香港各界人士达2000人，首批应征入会者共144人。会址初设佛山镇升平路汾水西街5号，同年8月1日迁莲花地9号进士李可琼宅第。1923年10月25日迁升平路长兴街39号莲峰纸行会馆，11月成立佛山精武女子体育会。1933年筹建新会馆，完成中座礼堂和西翼精武国术学院。

中山公园内的佛山精武体育会会址

佛山精武体育会以传授武术为主，国操为必修项目，辅以其他体育项目和文艺活动。以强种强国、洗雪"东亚病夫"之耻为宗旨，走体育救国的道路。李佩弦、黄佰祥等上海精武会拳师及广东南派拳师邵汉生等先后任教，摒弃武林门派之隙，纳百家之长，汇聚黄河、长江、珠江三大流域三大拳种和派系，这是武术史上一次大规模的北拳南传和南北拳术交流。从1919年8月1日起接纳会员，至1926年底，会员累计2000多人，多为市民和学生。佛山精武体育会热心体育和教育，开办陶洁女子学校、元甲国民学校、元甲平民夜校、精武国术学院、元甲中学5所学校。

1938年佛山沦陷，精武体育会一切会务全面停顿，会员星散。1947年，精武体育会复办，并以精武体育会"惟精惟一，乃武乃文"为宗旨。1949年10月佛山解放，人民政府对武术民间团体进行整顿，佛山精武体育会也随之停止活动。1986年佛山复办精武体育会。

《佛山精武月刊》

《佛山精武月刊》是佛山精武体育会发行的体育刊物，主要发表有关中国武术和体育教育方面的论著，也有文学、艺术、游艺方面的内容和时事评论，并报道该会会务。其中，言论栏目刊载与国术、武术相关的言论或文章，武库栏目刊载古代国术的发展源流、国术与战争等，文苑栏目刊登与国术相关的文学类栏目，有杂文、散文、诗歌及连载小说。该刊于1925年创刊，1928年停刊，由罗啸敖、冯明庵任编辑，黄少强负责版面设计、专题撰述与组稿工作。

《佛山精武月刊》（1925年第二卷第五期）

黄少强

黄少强（1901—1942），名宜仕，号止庐。南海县官窑小江村人，岭南画派"天风七子"（岭南画派高奇峰的七个弟子）之一。1919年入广州博文美术学校研习西画，次年进入上海审美书馆师从高奇峰，1921年又拜高剑父为师，后转至上海美术专科学校随刘海粟学画，成为岭南画派折中中西的成功实践者。从1926年开始，黄少强专意从事美术教育和画艺活动，先后在家乡敦睦小学任名誉校长，在佛山秀德女子小学、佛山市立美术学院等14所学校任教。

黄少强

黄少强关注平民生活和国家命运，以"一枝秃管衡身世，描写民间疾苦声"，绘画了大量反映动荡时局下劳苦大众悲惨命运的作品。1931年九一八事变日军侵占东北，在南海师范学校执教的黄少强立即组织抗日宣传队赴西江一带作宣传活动。1937年全面抗战开始后，黄少强单枪匹马到达湖南，慰劳前线士兵，并在战地写生和创作了许多抗日救亡的作品。1938年广州沦陷后，黄少强避难香港，创立"香港美学院""岁寒画社"，在港举办抗战画展18次，所得款悉数捐出，救济难民。1941年底香港沦陷后，黄少强返回家乡，贫病交加，在佛山镇设"止庐画塾"教授学生。1942年黄少强病逝。

佛山精武体育会会馆

佛山精武体育会会馆位于中山路中山公园内。1933年，梁敦远以精武会名义、李佩弦以个人名义呈文和致函国民党南海县长李海云、南海行署主任李道轩,获批在中山公园内划定250华井(面积计量单位,1华井=13.987平方米)土地兴建永久新会所。会所由梁敦远及各界知名人士、会员捐资自建,1934年10月开建,1935年建成中座礼堂,1937年精武国术学院落成,聘请上海精武会创办人之一卢炜昌任国术学院院长,开班授课。1938年佛山沦陷,精武体育会会馆一度被日军占用作粮仓。新中国成立后在此创建佛山市图书馆。1986年佛山复办精武体育会,会馆几经修缮,成为承接佛山武术活动的载体之一。

现会馆仅存主体礼堂,该建筑坐北向南偏西20°,面阔25.8米,进深16.26米。单层砖木钢架结构,重檐歇山顶。石湾绿釉瓦当滴水,均有"精武"二字和盾牌纹饰。面阔五开间透空型敞厅,20根檐柱承托二层飞檐,形成四周廊道。正面八级石阶,两侧石抱鼓垂带,周围石望柱栏板。前墙门开三扇,中门上石额为民国时期国民政府主席林森题"佛山精武体育会"字,前檐下墙镶嵌国民党元老胡汉民题匾。

20世纪30年代佛山精武体育会

4 佛山工人俱乐部

1921年春，广州共产党早期组织书记谭平山派王寒烬、梁复燃回佛山发动工人组织工会。王、梁先后在理发、建筑、织造、制饼等行业中进行宣传发动工作，串联一批工人骨干分子。春末，佛山理发工会在孔圣会（今山紫市场附近）首先成立，会长梁桂华。理发工会成立时，谭平山、陈公博等也前来参加成立大会。佛山理发工会成立后，佛山土木建筑工会也在佛山通花街成立，会长钱维方。佛山镇成为中国共产党较早领导工人运动、较早组建红色工会的地区之一。

根据佛山工人运动发展的需要，1921年下半年，共产党员王寒烬、梁复燃等在佛山筷子路博施药酒店二楼组建佛山工人俱乐部。佛山工人俱乐部是秘密的，成员每晚到俱乐部聚集，由梁复燃介绍俄国十月革命的情况；介绍《共产党宣言》《共产主义ABC》等书，讲解工人阶级组织起来打倒帝国主义、打倒军阀的意义；针对当时工人中普遍存在着"命中注定"的宿命思想，剖析了社会阶级之分，启发工人应该由自己掌握命运、团结组织起来进行反帝反封建的民主革命。他要求俱乐部成员分别在自己的行业中发动工人，串联骨干分子，酝酿组织基层工会，号召工人团结起来，争取改善自己的生活。

随着形势的发展，俱乐部成员由原来的梁桂华、黎燕南、梁敬熙、凌汝东等几人发展到38人，成为佛山早期工人运动的骨干力量。1922年秋，佛山工会联合会成立后，佛山工人俱乐部即结束活动。

5 广东社会主义青年团佛山分团

中共广东支部从1921年12月开始重建广东社会主义青年团，并派人到佛山、肇庆、梧州、南宁、汕头、琼州等组织分团。次年3月14日，在广州东园隆重召开广东社会主义青年团成立暨马克思纪念大会。赴会者3000余人，佛山理发工会及部分佛山团员等与会表演了武术助兴。王寒烬当选为广东社会主义青年团劳动委员会委员长、劳动组织部主任。

1922年四五月间，广东社会主义青年团佛山分团成立，团员2000余人。这些团员来自土木建筑和理发行业（实际是佛山土木建筑工会、佛山理发工会会员），从事的职业有泥水木工、理发等，年龄最大的45岁，最小的16岁，居住在佛山镇内的街坊、里弄、馆舍等处。佛山分团是全国最早的17个团组织之一。

1922年5月5日至10日，中国社会主义青年团第一次全国大会在广州东园举行。梁复燃、梁桂华作为佛山的代表出席团一大。团一大制定《中国社会主义青年团章程》在附则上称"佛山分团由大会议决认为特别区，不适用章程之第二条"（章程规定的第二条是：年逾28岁者，得为本团特别团员，只有发言权），承认了广东社会主义青年团佛山分团的特殊性。大会之后，广东社会主义青年团指派王寒烬、梁复燃负责佛山团组织工作。1922年6月陈炯明发动六一六兵变，叛变革命。广东团的工作陷于困境，处于半秘密状态，佛山分团也在无形中解散了。

社会主义青年团佛山独立支部

1923年11月,中国社会主义青年团佛山独立支部成立,有团员10人。青年团佛山独立支部里有党员,也有团员,"因团员不集中",会期"大约两星期一次,且无定期"。主要开展研究工作,阅读学习《团刊》《平友》《中国青年》等团的刊物。据刘尔崧《关于团独立支部的地址、人数及分发团刊问题的报告》中记载,规定每人一份的《团刊》,佛山总数是10份,其中工人8份,知识分子2份。

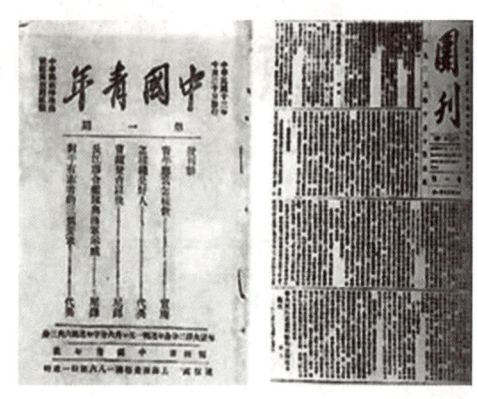

1932年8月青年团第二次全国代表大会决定创办《中国青年》作为团中央的机关刊物

社会主义青年团佛山独立支部成立后,积极推动工人运动的发展。1923年11月7日,团粤区委在广州教育会的议事堂召开纪念俄国十月社会主义革命六周年大会。青年团佛山独立支部派代表前往广州参加的同时,还通过佛山工会联合会组织下属工会在佛山举行庆祝活动。当日参加上街游行的有理发工会、建筑工会、制饼工会、药材工会等会员400多人。1924年1月24日《团粤区委报告》(第十一号)介绍佛山团组织活动情况时指出:"佛山支部——C区派寒烬、复燃二同志参加,注重国民运动。"

区夏民

区夏民(1906—1928),女,出生于南海县佛山镇祖庙大街5号的越南归侨家庭,家在祖庙大街附近开裱联店。五四运动后她以优异成绩考入新型的秀德女子小学高年级，并被聘为该校幼童班老师。1922年考入广州市立女子职业学校，半工半读。广州市电话男司机（即接线生）罢工后，区夏民等被电话当局调去取代男司机职位，成为广州第一代女接线生。1924年春，加入广东社会主义青年团外围组织"新学生社"，领导女接线生罢工取得胜利。10月成立广东省第一个红色女工会——广州市电话女司机联合会，当选为女司联委员。同年年底加入中国社会主义青年团。1925年1月，被选为青年团广州市女子职业学校和青年团电话局联合支部书记。5月任广东妇女解放协会宣传委员会委员兼市电话局分会负责人。省港大罢工中，参加"六二三"反帝大游行，上街演讲、演戏、募捐，筹组省港女工大会等，成为广州地区青年运动、妇女运动的积极分子。1926年8月，区夏民考入中山大学中文系，同年加入中国共产党。1927年3月，区夏民被共青团广东区委员会选派赴武汉参加共青团第四次全国代表大会。5月，在大会上当选为共青团第四届中央委员。6月底，经上海返回中共广东省委所在地香港，留在香港工作。7月，共青团广东省委成立，区夏民被选为委员。

中共八七会议后，区夏民主动请缨，以共青团广东省委特派员的身份赴海陆丰地区筹备第三次武装起义和响应广州起义，组建海陆丰"武装少年先锋队"男队、女队各一支，共1200人，并参加解放海丰和陆丰县城、建立苏维埃政权斗争。1927年11月7日，在海丰

邓中夏、黄锦辉、区夏民（从左至右）合照

县城红宫举行的庆祝苏俄十月革命节大会上,彭湃亲手送给区夏民一套军装和一支短枪,并赞誉她为"红色花木兰"。1928年4月,国民党反动军队围攻海陆丰根据地,区夏民在突围中身负重伤不幸被捕。她不惧威迫利诱、严刑拷讯,坚贞不屈,后来被秘密杀害于惠州西湖畔,年仅22岁。在写给党组织的最后一封信中,她说:"只要我还有一线希望,我为党做一天工作,决不屈服,决不投降,誓为共产主义奋斗到底。"烈士忠骸由医务人员和受过她教育的国民党官兵埋葬在惠州西湖边的飞鹅岭下。

6　中共佛山组

1921年7月,中国共产党正式成立。同年8月,中共广东支部在广州改组成立,高明人谭平山任书记,谭植棠负责宣传。顺德的冯菊坡,南海的王寒烬、梁复燃、郭植生,高明的谭天度等人成为中共广东支部的成员。

1921年9月,中共广东支部派王寒烬、梁复燃返回佛山,继续从事工人运动。根据佛山工人运动发展的需要,王寒烬、梁复燃在佛山筷子路博施药店成立了领导工人运动的秘密机构——佛山工人俱乐部。俱乐部成员经常聚集在一起阅读《共产党宣言》《共产主义ABC》等书,接受革命理论熏陶,成员从最初的梁桂华、黎燕南、梁敬熙、凌汝东等几人逐渐发展到38人,为佛山早期党组织的成立奠定了思想基础和组织基础。1922年上半年,工人积极分子梁桂华、钱维方先后加入中国共产党。下半年,经中共广东区委批准,中共佛山组宣告成立,是广州外珠江三角洲地区最早成立的基层党组织。成员为王寒烬、梁复燃、梁桂华、钱维方。

中共佛山组成立后,积极宣传马克思主义和中共二大关于反帝反封建的民主革命纲领,揭露帝国主义和反动军阀的黑暗统治,深入人民群众,领导工人农民运动和青年妇女运动。

在中共佛山组的领导下,马克思主义在佛山传播开来,成为新思潮的主流,工人阶级思想觉悟提高,工人运动呈现蓬勃发展的新局面。

王寒烬

王寒烬（1888—1944），原名王景春，原籍东莞。幼年随在佛山千总衙门任下级军官的父亲到佛山居住，15岁在佛山镇栅下设馆教书，后赴香港读书。辛亥革命时曾与佛山鸿胜武馆的骨干在佛山、顺德等地组织一批手工业工人、店员，建立一支民军，参加了光复佛山的斗争。1912年为佛山同盟会委员。1919年，在佛山畸毗街成立共和工党佛山分部，任佛山分部主任。1920年11月，在谭平山影响下加入广州社会主义青年团，参加广州共产党早期组织创办的注音字母教导团的学习和工作。1921年春，受广州共产党早期组织委托，在广州、佛山从事工人运动，组织建立广州土木建筑工会以及佛山理发工会、佛山土木建筑工会等。同年8月，在广州加入中国共产党。1922年1月，作为中国广东代表团代表之一，参加在莫斯科召开的远东各国共产党及民族革命团体第一次代表大会。3月14日，当选为广东社会主义青年团的劳动委员会委员长、劳动组织部主任。同年在佛山建立中共佛山组。1924年第一次国共合作实现后，参加佛山国民党组织的改组和筹建，10月任国民党佛山市党部执行委员会常务委员兼青年部部长。1927年四一五反革命政变后，王寒烬逃亡香港、新加坡等地，与中共组织失去联系。抗日战争期间病逝于香港。

梁复燃

梁复燃（1891—1975），原名梁汝樵，南海县佛山镇人。少年时与王寒烬同学，受过爱国思想熏陶。曾在鸡鸭栏当杂工，在盐号当掌柜。1914年与王寒烬等人在佛山组织进步团体汾江阅书报社，任事务员，并兼任该社办的模范小学教师。1915年报社遭军阀龙济光封闭后，在佛山当织布工人。1919年任共和工党佛山分部副主任。

贰 星火燎原

1920年10月，梁复燃从佛山到广州，被介绍到设在广州高第街素波巷的注音字母教导团工作。1921年受谭平山以及广州共产党早期组织委托，与王寒烬在广州、佛山开展工运，组织成立广东土木建筑工会、佛山理发工会、佛山土木建筑工会等。同年8月加入中国共产党。不久回佛山组织工人俱乐部，相继成立制饼工会、描联工会、西竹工会等，并在1922年秋组织佛山工会联合会。

梁复燃

1924年8月梁复燃参加广州农民运动讲习所第一届集训毕业后，以农民运动特派员的身份到南海开展农运。同年冬，在铁村发展周侠生、谢颂雅、李羽吉入党，并成立党小组，成为南海农民运动的开创者之一。1925年，以国民党工人部特派员的身份前往香港从事工人运动，6月参与组织发动省港大罢工。1927年四一五反革命政变后，与中共广东区委主要领导人之一杨殷在南海林岳坚持斗争，联络力量组织广州起义。起义失败后，出走香港、南洋一带。1952年回广州任广东省文史资料馆研究员，后病逝。

梁桂华

梁桂华（1893—1927），原名梁贵华，云浮县思劳镇三坑村人。14岁到广州当理发学徒，后到佛山等地当理发工人，拜武馆钟师傅为师，学习武术技击。1921年春，受王寒烬、梁复燃的影响，在佛山率先组织成立佛山理发工会，被选为会长。同年秋，参加佛山工人俱乐部。1922年春夏间，经谭平山、梁复燃介绍，加入中国共产党，成为中共广东早期党员之一。同年遭佛山"大魁堂"劣绅集团嫉恨，被逮捕入狱。同年冬，被党组织派杨殷、谭植棠营救才出狱。

1924年，梁桂华被选派到第一届广州农民运动讲习所学习，并参加了黄埔军校的农民运动军事训练。毕业后被国民党中央农民部委任为农民运动特派员，派往香山县九区上下栅乡开展农运。1925年春，任中共广东区执行委员会监察委员会委员，成为杨殷的得力助手。同年5月，出席全国第二次劳动大会和广东省第一次农民代表大会，被选为中华全国总工会执行委员。6月，参加组织省港大罢工，任深圳接待站主任。1927年初，任中共香港地区工作委员会书记。四一五反革命政变后，被叛徒出卖入狱，受敌人严刑拷打，两根肋骨被铁锤打断，仍宁死不屈，被杨殷营救送到澳门暂时安置。

梁桂华

1927年中共八七会议后，梁桂华参与筹备广州起义，配合周文雍组织和改编工人赤卫队，任赤卫队副总指挥，并在广州小北直街开一间"大安"米店，作为起义武器运输站和秘密机关。为筹款准备起义，他回老家以白银400元典押自己唯一祖屋。广州起义前夕，由于搬运工人不小心，子弹从米袋露了出来，被密探发现。国民党反动派很快包围了米店，梁桂华仓促逃脱，把情况报告起义指挥部。中共广东省委根据各方面情况的急剧变化，决定将起义日期由12月12日提前到11日。广州起义爆发后，梁桂华带领工人赤卫队攻占广州公安局、镇守广州长堤，激战中受重伤被送入韬美医院。13日在医院被捕后遭杀害。

钱维方

钱维方，祖籍三水县南边黄塘村，南海县佛山镇人。青年时为建筑工人，拜佛山蔡李佛拳名师陈盛为师，入鸿胜馆习武。1911年加入中国同盟会，与王寒烬、李苏等人参加辛亥革命光复佛山的武装起义。1914年加入汾江阅书报社。1921年6月，在王寒烬、梁复燃指导下，在通花街成立佛山土木建筑工会，当选为会长。1922年春夏间，经谭平山、梁复燃等介绍，加入中国共产党。同年秋，任佛山工会联合会主任。1924年5月，受中共佛山组派遣，帮助吴勤成立南浦农团军。

1924年，在国民革命统一战线建立的形势下，与王寒烬、陈雄志等筹建国民党佛山市党部。10月，任国民党佛山市党部执行委员兼工人部部长。1925年春，当选为佛山工人代表大会执行委员会主席。1927年四一五反革命政变后，钱维方遭到反动派追捕，与吴勤坚持在佛山、南海一带斗争。同年12月，参加广州起义大沥战斗。战斗失利后，在一位机器工人掩护下脱险，出走香港，改名钱智修，当跌打医师和武术教师，与党组织失去联系。

1937年7月全面抗战爆发，钱维方与吴勤等人从香港回到佛山镇参加抗日救亡运动，在鸿胜体育会内开办杀敌大刀教练班，向民众传授大刀手法。同年12月，遭国民党南海县当局迫害，再次出走香港，后在香港沦陷期间病逝。

7 佛山工会联合会

1922年秋,经过佛山工人俱乐部成员几个月的串联发动,各行业的工人纷纷参加工会组织。为适应工人运动迅速发展的需要,在莺岗黄家祠成立佛山工会的统一组织领导机构——佛山工会联合会(简称"工联会"),主任钱维方、副主任任达华。工联会属下的基层工会有理发工会(主任梁桂华)、建筑工会(主任钱维方)、革履工会(主任任达华)、制饼工会(主任欧阳峰)、描联工会(主任黄江)和西竹工会6个行业工会。工联会积极与当时的黄色工会以及反动的佛山商团展开斗争,还不失时机地领导各行业的基层工会开展一系列有组织行动,与资方作斗争,用实际行动为工人争取权益。

佛山工会联合会会址

早期工人罢工斗争

1922年12月间,在佛山工会联合会的领导下,工人们开展有组织的斗争。理发工会首先打响了第一炮。

理发工会在梁桂华领导下举行全行业罢工,要求提高工资。革命工会的发展引起封建反动势力和黄色工会、反动武馆的仇视和嫉恨,他们分化破坏工人运动,在长兴街一带围殴理发工会骨干和工人,勾结当局以莫须有的罪名逮捕梁桂华(同年底被营救出狱)。钱维方得知这一消息后,立即带领工人纠察队和鸿胜武馆成员赶到,将暴徒击溃,使资方的暴力手段没有得逞。理发工会的罢工最终取得胜利,迫使资方答应改变利润分配比例:原来理发行业利润分配是资方占60%,工人只占40%,罢工之后,资方占53%,工人占47%。这是佛山工人第一次有组织的经济斗争的胜利。

革命火种一经点燃,很快便以燎原之势蔓延。鞋业资方慑于工人联合斗争的威力,不得不接受唐洋革履工会工人的条件。紧接着,建筑、描联、西竹等行业工会工人的经济斗争也相继取得胜利。建筑工人的工资由原来每天6角增至9角,描联工会迫使资方签订了劳资合同,西竹业工人待遇也相应得到改善。

1923年秋,制饼工人罢工,开始时资方答应考虑工人的要求,后因广东省总工会佛山分会支持,并由茶楼制饼部代制月饼应市,资方有恃无恐,反口拒绝工人的要求。当时佛山工会联合会采取对策,由下属工会借出资金,并派梁复燃到广州建筑工会集资3000多元,组成联合制饼工场生产中秋月饼,同时交银10两参加了东家行。当资方雇请茶楼制饼部代制月饼时,工会就根据东家行的行规坚决反对。后来,资方没有出路,内部分化,终于接受了工人的要求,工人每月工资增至12至16元。

8 佛山工人"共产主义十人团"

佛山工人"共产主义十人团"以10人为一个基层单位,由共产党员作骨干串联工人群众组织而成,是佛山早期地方党组织探索推动工人运动和发展党员的一种组织形式。

1923年春,杨殷借鉴佛山工人俱乐部秘密工作形式,指导中共佛山组组织了佛山工人"共产主义十人团",作为工人运动的领导核心,成员有杨殷、王寒烬、梁复燃、钱维方(建筑工人)、梁桂华(理发工人)、任达华(鞋业工人)、黄江(描联工人)与欧阳峰、陈雄志、邓带(制饼工人)。

佛山工人"共产主义十人团"的成员中,虽然有几位共产党员和行业工人的骨干分子,但十人团不等于共产党组织。对于佛山"共产主义十人团"这个组织,当时中共广东区委曾请示过中共中央。然而中共中央没有同意其成立,并认为"不要把共产党与其他名堂混杂一起。"尽管如此,王寒烬、梁复燃等人通过"十人团"吸收过共产党员,"共产主义十人团"在团结进步工人、发展党的组织等方面还是起了一定的作用。

杨殷

杨殷(1892—1929),名夔礼,字孟揆。香山县(今中山市)南朗镇翠亨村人。1911年加入中国同盟会。1917年任广州孙中山军政府卫队副官。1922年秋经梁复燃等介绍加入中国共产党,遂辞去待遇丰厚的广东盐务稽核所高级职员工作，专意从事民主革命。入党后参加中共佛山组的工作，是中共佛山组四个创始党员之外的党员之一。1922年底利用自己在中国同盟会会员的关系援救了被陷害入狱的梁桂华。1923年春在佛山镇把中共佛山组发展成为更隐蔽在工人中间的"共产主义十人团"。1925年春，调任香港工作的杨殷利用地方实力派军阀的关系弄到一批枪，指导中共佛山地方党组织建立佛山第一支工人武装——佛山工代会工人自卫队（省港大罢工后改为纠察队）。1926年1月国民党二大期间，负责保卫工作的杨殷抽调佛山镇、南海县工农武装几十人到广州莅会保卫。1927年12月广州起义爆发，杨殷指派梁复燃联络吴勤攻打普君圩，策应南海县大沥暴动，截断广三铁路拦截张发奎军增援广州反动军队。

杨殷

1929年8月24日，由于叛徒告密，杨殷与彭湃等一批共产党人在上海被捕，8月30日被秘密杀害于上海龙华。杨殷是中国共产党情报保卫工作的重要开拓者之一。佛山镇也是中国共产党情报保卫工作最早的实践地和探索地之一。

2009年，杨殷被评选为"100位为新中国成立作出突出贡献的英雄模范人物"。

9 广州农讲所与佛山农民运动

大革命时期，国共两党第一次合作。1923年6月，中共三大正式决定同孙中山领导的国民党合作，共产党员以个人身份加入国民党。1924年1月在广州召开国民党一大，确定了联俄、联共、扶助农工的三大政策，改组国民党，标志着以国共合作为基础的革命统一战线形成。同月，中国共产党以国民党中央农民部的名义开办农民运动讲习所，培养农民运动的领导人才，以担负各地的农运工作。

广州农讲所开办后，佛山人积极参加。第一届农讲所的38名学员中包括南海县梁复燃、梁桂华、陈雄志3人。毕业后，梁复燃、梁桂华被国民党中央农民部委任为农民运动特派员，分别前往南海县和香山县开展农民运动。

第二届农讲所于1924年8月21日开学，学员225名。课堂设在广州国民党中央执行委员会礼堂。当时，广东革命政府查获扣留了广州商团利用丹麦商船秘密运进广州的一大批武器，广州商团鼓动全省商户罢市以要挟广东革命政府。罗绮园按照廖仲恺的意见，将200名学生（女生除外）改组为农民自卫军，移驻省署，开始进行军事训练。9月中旬，当这支农民自卫军奉孙中山大元帅命令开赴韶关继续训练的前夕，南浦农团军团长吴勤奉命率领该团部分团员及佛山工会联合会会员共20人到达广州省署加入队伍，成为第二届农讲所的农民自卫军成员。

第三届农讲所于1925年1月开学。佛山的陈克武参加了这届农讲所学习，毕业后被委任为农民运动特派员，派往顺德县开展农民运动。

广州农讲所共为佛山各县培养农运干部61人，他们深入广大农村大力开展宣传教育，发动农民组织起来进行反对土豪劣绅的斗争，有力地促进了珠三角地区农运的发展。

10 南浦农团军

大革命时期,佛山工人运动蓬勃发展,推动了佛山近郊的农民运动。早在1923年佛山制饼工人罢工时,普君圩陶香园饼家的老板要求吴勤允许在南海县第四区南浦村大桥头开设制饼工场,企图抵制罢工。当时大桥头属鸿胜武馆势力范围,该馆教头是贫农出身的吴勤。中共佛山组决定派吴勤的师父钱维方等对其进行说服,指出资本家的阴谋,启发吴勤的阶级觉悟,动员他支持制饼工人罢工。吴勤欣然同意,拒绝了饼店老板的要求,支持制饼工人罢工斗争。这样,佛山镇实现了工人运动与农民运动的联合。

1924年,国共合作形成了反帝反封建的统一战线,为工农运动的开展创造了有利条件。为进一步推动佛山革命运动,在中共佛山组的帮助下,吴勤在佛山近郊组建以学习武术的农民为主体的农民革命武装——南浦农团军,并任团长,成员300余人。南浦农团军是被广东革命政府正式承认、由革命政府领导的第一支农民武装。南浦农团军成立后,与佛山工联会紧密配合,有力地支援了佛山的工人运动,并促进了南海县第四区各乡农民运动的兴起,在维护地方治安、保护农民利益、促进工农运动开展方面发挥了积极作用,为日后组建农民自卫军提供了宝贵经验。

同年8月,吴勤带领10多名农团军骨干到广州参加了第二届农民运动讲习所,并先后到黄埔军校和跟随孙中山到韶关参加了军事训练。佛山籍学员返回佛山后,即与钱维方等工联会骨干分子到佛山

农团军成立遗址南浦村

附近的蠔岗、夏漖、深村、水边、谢围、乐安、石㳱等乡村发动群众陆续组建农会。后来，农团军与广州工团军、黄埔军校学生军、广东农团军一起，参加了平定商团叛乱的斗争。

1925年5月，农会扩大了原来的组织，成立了南海县第四区农民协会，吴勤任会长，会址设在普君圩太上庙（今祥安街）。南海县第四区农民协会举行成立大会时，廖仲恺亲临指导。在大革命的洪流中，这支农军队伍先后参加了平定军阀杨希闵、刘震寰叛乱以及配合佛山工代会围捕大魁堂劣绅集团等斗争，成为一支拥护广东革命政府、支持佛山工人运动的革命武装力量。

吴勤

吴勤（1895—1942），原名吴勤本，出生于南海县四区南浦村，早年参加孙中山领导的民主革命，曾任孙中山卫士。1924年5月29日组建南浦农团军。同年8月在第二届广州农民运动讲习所学习，毕业前由谭平山、罗绮园介绍加入中国共产党。1925年5月组织成立南海县第四区农民协会，担任会长，开展农民运动。1927年11月任南海县农民赤卫军第二团团长。同年12月，为配合广州起义，率队攻占佛山镇普君圩。广州起义失败后遭到国民党当局通缉，流亡到新加坡。1931年九一八事变后与当地爱国华侨一起参加抗日爱国运动。1934年从新加坡返回香港，受叶挺、何香凝、蔡廷锴的指示，开展抗日救亡活动。全面抗日战争爆发后，毅然返回广州、佛山等地，组织开展抗日武装斗争。1938年10月广州、佛山沦陷后，吴勤组织50多人的抗日义勇队并取得"广州市郊游击第二支队"（简称"广游二支队"）的番号，吴勤为支队司令。1941年7月广游二支队整编，成为党领导的人民抗日武装，同年10月，取得西海大捷。1942年5月7日，吴勤夫妇及警卫员三人在顺德陈村水枝花渡口乘船过渡时，遭国民党顽军伏击而牺牲。时年47岁。

吴勤

吴勤烈士陵园

新中国成立后，南海县人民政府将吴勤遗骨从番禺迁回佛山安葬。1951年，佛山市人民政府将位于岭南大道北57号的吴勤烈士陵墓扩建为陵园。陵园坐南朝北，占地面积1500平方米。四周2米多高铁栏环绕，正门为一座重檐歇山顶琉璃牌坊，题额"万世流芳"。陵园中央矗立一座4米多高的"吴勤同志烈士纪念碑"，有"1951年3月革命烈士吴勤事略"刻石，记载其生平事迹。碑后方有土坟三座，分别安葬吴勤、吴勤胞弟吴俭本和吴勤警卫员邓卓英三位烈士的遗骨。纪念碑东面有一座约9平方米的琉璃歇山顶方形凉亭，砌有

吴勤烈士陵园

石台和石凳。陵园内外栽木棉、松柏、桂花等花木，绿树成荫，四季常青。2019年佛山市人民政府结合城市建设和道路改造，对陵园进行修缮，在陵园门前建造一个约3.09万平方米的人民公园。

吴勤烈士陵园于1994年12月被公布为佛山市爱国主义教育基地，1998年被公布为佛山市文物保护单位，2018年被公布为佛山市党员教育基地，2021年被公布为佛山市中共党史教育基地。

吴俭本

吴俭本（1908—1927），吴勤烈士胞弟。1924年8月参加第二届广州农民运动讲习所学习，并加入中国共产党，参加了平定广州商团叛乱斗争。1924年10月当选国民党佛山市党部农民部部长。1927年四一五反革命事变后，与吴勤等一起以南海县蟬岗为据点，组织农民武装坚持斗争。同年夏，国民党保安队围攻蟬岗农民武装，在一次战斗中，与蟬岗农会会长劳元铿一起负伤被杀害。

11 平定商团叛乱

广州商团原系商人自卫组织,创建于辛亥革命时期,1912年呈请北洋政府批准备案,准予携械训练。后来被英帝国主义和买办、地主阶级操纵,分别掌握在南海籍买办地主陈廉伯(陈启沅之孙,英国汇丰银行广州分行买办、广州商团团长)、陈恭受(张槎大地主,广州商团副团长兼佛山商团团长)手里。他们妄图把广东省各地商团的分散力量集中起来以推翻孙中山为首的革命政府,建立他们的反动政权——"商人政府"。

1924年8月10日,广东革命政府查获并扣留广州商团一批偷运军火,下令通缉陈廉伯。陈廉伯逃往香港。8月21日,陈恭受在佛山镇召开广东商团首领会议,决定全省商埠实行总罢市,胁迫广东革命政府无条件发还枪械。8月25日,广东革命政府下令通缉陈恭受,并派出两营豫军向佛山进发。豫军在佛山镇郊墩头与商团、乡团的步哨枪战半小时,将其击退,陈恭受逃往香港。但是,8月28日,英帝国

1924年廖仲恺与梁复燃、梁桂华等商议平定商团叛乱的惠州会馆

主义公然派出9艘军舰集结于广州白鹅潭，对广东革命政府进行恫吓。10月10日，广州商团向反对商团示威游行队伍开枪射击，当场打死120多人，酿

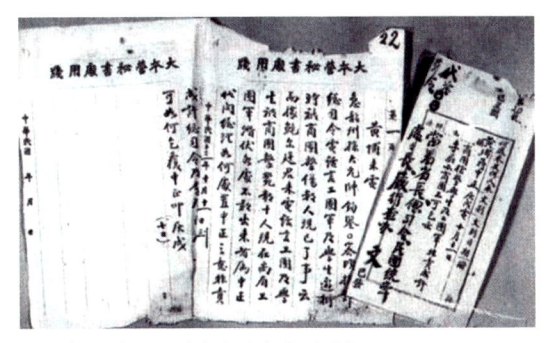

1924年10月14日孙中山平定商团手令

成"双十惨案"。随后，广州商团，封锁市区，发动武装叛乱。在中国共产党和广大群众支持下，孙中山决定镇压商团叛乱，10月14日下令解散广州商团。

10月15日，佛山商团首领闻讯广州商团叛乱被平定的讯息，连夜召开会议，企图顽抗，派第一分团在通济桥警戒，其余各分团集中蜘蛛山防守。然而，他们自知不是革命政府的对手，无心抵抗。会后，佛山商团副团长陈洛予走避回乡，佛山商会会长黄颂陶出逃香港，参加商团的较大商店司理纷纷走避。原有100多人的第一分团，当晚到通济桥警戒的只有30余人。10月16日，佛山商团被缴械瓦解。

广东商民协会佛山分会

1924年平定商团叛乱后，10月国民党佛山市党部筹组成立了以梁敬熙为部长的商人部，专门从事指导商人的工作，但遭到佛山商会的抵制，工作成效不显著。

针对旧商会普遍不支持国民革命的情况，1926年1月国民党二大决定重新组织代表大多数商民利益的商民协会，并通过商民运动决议案。5月20日至25日，国民党中央、广东省、广州市党部的商民部

在广州召开了广东第一次全省商民协会代表大会，正式成立广东商民协会。

广东商民协会佛山分会（简称"佛山市商民协会"）由国民党佛山市党部于1926年1月着手筹组，同年四五月间正式成立，由国民党佛山市商人部部长梁敬熙兼任会长，其弟梁守一为财会，宗旨是对商民进行宣传教育，拥护农工商学联合会，赞助国民政府出师北伐，筹划本市商民之公共利益及保卫，等等。这是在国民革命旗帜下建立的以中小商人、店员、摊贩为主体的民众团体，商民协会采用委员会制，有别于商会的"会长独裁"。

12　佛山工代会

1925年春，佛山工会联合会主任钱维方在大魁堂主持召开全市工人大会，成立佛山工人代表会（简称"工代会"）。参加工代会的除了原工联会属下的6个基层工会外，还有年红染纸、制墨、猪肉、车衣、包装印刷、酒楼茶室、邮务、米业、石湾茶煲和土布等行业的16个基层工会。大会选出钱维方、潘星甫、任达华、梁桂华、陈宝经、张云峰、陈雄志、麦斗南、陈乐三、毕杰、谭钊等11人为工代会委员，选举钱维方为主席，任达华为副主席，张云峰为秘书。会址设在大魁堂。大魁堂原为封建劣绅集团盘踞及议事决策的地方，一直以来被广大工农群众所痛恨。随着佛山工人运动蓬勃发展，工人群众与大魁堂反动势力展开激烈斗争，迫使其让出大魁堂作为工人活动场所。佛山工代会成立后，原属兴仁工会的土布工人纷纷脱离黄色工会，另行组织土布工会，接受工代会领导。年红染纸行业的工人也不顾资方和黄色工会的阻挠，毅然加入佛山工代会。

平息广州商团叛乱后，中共广东区委为了维护社会治安，特派区委监察委员会委员杨殷到佛山创建工人自卫队。佛山工代会对此高度重视，在杨殷的指导下开展组织发动工作，很快就建立起佛山第一支工人武装——工人自卫队。杨殷做了李福林旧部王相的工作，解决了自卫队的枪械问题。工人自卫队共分4个中队，总部设在豆豉巷万寿宫。自卫队的负责人是苏南（原香港木器工会的中共党员）。

1925年5月1日，在中国共产党领导下，第二次全国劳动大会在广州举行。大会正式成立中华全国总工会。梁桂华以广东省农民协会代表和佛山工代会代表的双重身份出席了这次大会。同年12月，中国国民党第二次全国代表大会在广州召开前夕，中共广东区委获得情报，知道国民党右派阴谋在会议期间暗杀中共党员和国民党左派人士后，立即从佛山工代会和南海县农民协会抽调钱维方、梁桂华、周侠生、谢颂雅等30多人到广州，组成特别保卫队，日夜进行训练。1926年1月国民党二大开会期间，特别保卫队在会场内外警卫，震慑了国民党右派的阴谋活动，保证了与会的中共党员和国民党左派人士的安全，使会议顺利进行。

1926年秋，佛山工代会举行庆祝国民革命军出师北伐大会。各基层工会的队伍高举红旗，浩浩荡荡地集中在祖庙万福台前的广场举行大会。各工会代表纷纷上台演说，祝贺出师北伐。在佛山工代会领导下，佛山工人运动迅速发展起来，出现了新的高潮，属下的基层工会有103个，会员达35000多人。1927年，广东国民党当局在广州发动四一五反革命政变后，佛山工代会被国民党当局查封，被迫解散。

13 佛山市政厅

民国成立后,受西方市政思想影响,全国各地纷纷设市,推进现代城市发展。受此影响,当时的广东省政府在全省范围内挑选工商基础好、城镇人口多的市镇设立独立市,佛山镇首当其冲。1925年9月,国民政府批准通过了《佛山市市政筹备处暂行条例草案》。根据该条例,佛山市直属广东省管辖,在市政筹备期间,设立专员一人综理全市行政事务,并在市政筹备处下设总务科、财政局、工务局、公安局,推进全市的财政、土木工程、公用事业、公安消防、户口调查、公共卫生、教育慈善等事业的发展。自此,佛山从南海县划出设佛山市,直隶广东省,设立市政厅(现升平路佛山邮电局)。9月12日,《佛山市筹备处暂行条例》正式批准,任命广州市第九区区长沈崧为佛山市政筹备专员。1926年2月,沈崧制订详尽的《整顿市政计划》,罗列了公安、财政、教育、卫生、工务五个方面,规划逐步实施,开展所谓"新市政"运动。4月30日,沈崧宣誓就职佛山市政厅长,但不久被弹劾离职。5月15日,伍嘉城接任佛山市政厅长。此后,佛山市先后换了李蟠、周演明、蔡鹤鹏、戴恩基任市政厅长。1927年,国民政府撤销了佛山市建制,重新将佛山划为南海县属的一个特别区(后改为镇)。

佛山"新市政"运动

在国共合作的背景下,国民政府进行行政、民生等改革举措,推行了"新市政"运动。1925年8月7日,广东省政府省务会议通过佛山建市计划,提出"佛山本省商务衢要地点,兹应举行市政,以谋各项新事业发展"。佛山自1925年8月设市至1927年11月撤销市建置重归南海县,只有两年余的时间。市政厅在文化教育、市政基础建设、社会风尚等方面开展了一系列的工作。如注重艺术、教育等公益事业,筹办佛山美术学院、佛山市教育会,扩建佛山市立第一小学等;重视城市建设职责,开始了较大规模的城市建设活动,包括修筑马路、疏通沟渠、整治江岸、改善交通、兴建公用设施、扩充邮电业务、增加电力和自来水供应等。

佛山市教育会

1926年10月4日,佛山市教育会(教育研究会)成立,以改良教育为职责,"自成立以来,对于宣传三民主义及改造文化等工作,深为民众所认许"。同年12月,市政厅颁布《国民学校章程》,不准再教经书。同时,颁布《解放婢女暂行条例》,不得买卖婢女。1927年1月,佛山市教育会改组,选举国民党员李铁鸣、潘援均、黄任候、周禺楼、陈启明等为执行委员,加强对教育控制。同年4月,市民政局按照市政厅颁布的《国民学校章程》,对国民学校和私塾进行规范和整顿。

1926年佛山市教育会成立

《佛山市市政公报》

《佛山市市政公报》由佛山市政厅在1927年3月创办。办刊的目的一方面是向市民公布市政情形，另一方面是向市民灌输市政常识，让市民认识到市政是为市民而办的，从而协助市政的进步。即通过宣传让市民"要了解什么是市政；要认识市政和市民的关系；市民应要促进佛山市的市政"。不久后，佛山市的建置改变，《佛山市市政公报》仅发行一期。

该公报记载了佛山设市的有关内容及市政存续期间所开展的一系列市政工作。公报的《发刊词一》阐述了创办市政公报的诸多好处，其中列举四点："有此公报，用人行政，舆论可公，激浊扬清，兴利除弊，其利一；有此公报，研究讨论，各尽所知，蒙蔽一清，是非立见，其利二；禅市政府，创建苟完，民信为坚，每生阻力，有此公报，群疑可释，众擎易举，其利三；有此公报，发扬党化，进展市政，亿万一心，官民合作，其利四；他如增进人民市政之知识，辅益地方商业之进步，明示途轨，免涉分歧，公报之利，不胜殚述。"公报的《发刊词二》概括了市政所要办理的事务，比如保护市民生命财产、教育设施、交通布置、救济贫穷等。

《佛山市市政公报》办刊时间虽短，但作为地方政府公开政务活动的有益探索形式，有一定的影响力。1929年12月，县署自佛山回迁广州的南海县政府开始创办第一期《南海县政季报》。其创办初衷，或多或少受到《佛山市市政公报》的影响。

14　清算大魁堂劣绅集团

清乾隆六十年（1795），为积谷备荒、赈济灾民，佛镇义仓成立，以渡船收入及正埠附近店铺租金为基金，由主持乡事的民间机构大魁堂管理及主持赈务。后来积弊渐多，至20世纪20年代，大魁堂被劣绅集团控制，所得款项被劣绅们中饱私囊。

1924年10月佛山商团叛乱后，地方治安混乱，居民亟望佛山工代会组织武装维持地方治安。但因地方公款为大魁堂劣绅集团所把持，筹建工人武装事因此受阻。佛山工代会与南浦农团军商议，约定于1925年10月19日（农历九月初二）趁大魁堂劣绅集团集中义仓例行"乡饮"（即算账分赃、饮酒作乐）之时，采取联合行动，从清算大魁堂劣绅集团的贪污入手，解决工人武装的经费问题。

是日，佛山工代会纠察队队长陈应刚率队与南浦农团军共六七十人，包围佛镇义仓清算私分公款的劣绅。陈应刚等人在义仓将账簿封存，并拘捕在场的劣绅莫如洪、冯熙猷、陆颂清、陈洁如等11人，解至佛山市政厅暂押，待全市各界选出代表以共同清算大魁堂劣绅集团的罪行。岂料市政厅长沈崧不顾民情，暗中释放了在押的劣绅。佛山工代会即派梁敬熙为代表到市政厅交涉，沈崧反诬工农群众"扰乱秩序"。梁敬熙据理驳斥。沈崧破坏工农的正义行动激起民愤。翌年2月6日，佛山各界群众3000多人聚集市政厅前示威并举行群众大会，当场通过指控沈崧十大罪状的起诉书，呈送国民党佛山市党部。国民党佛山市党部中共产党员占多数，自然站在工农群众这边，随即通电国民党中央和国民政府，弹劾沈崧。不久后，沈崧因违反扶助农工政策、包庇民贼（大魁堂劣绅）等罪被驱逐。大魁堂劣绅集团从此敛迹。

这次由佛山工代会及南海四区农会领导的联合行动，把大魁堂劣绅和市政厅赃官打了下去。工农群众扬眉吐气，革命力量大为增长。

祖庙大魁堂

陈应刚

陈应刚（？—1928），广宁县人，父亲陈景权（香港海员），胞妹陈超娴（国民党佛山市党部执行委员会委员兼妇女部长、广东妇女解放协会佛山分会主任）。早年在香港当造船工人，1925年6月省港大罢工爆发后，自香港回广州参加罢工斗争，被中共广东区委派到佛山镇开展工人运动，是佛山工代会主要负责人之一，并担任国民党佛山市党部工人部秘书、佛山工代会工人纠察队队长。

1925年10月参与清算大魁堂劣绅集团的行动，翌年任佛镇义仓管理委员会委员。1927年1月，任中共佛山支部组织委员。四一五反革命政变后，在莺岗街战斗中不幸被捕。次年10月在广州东较场与共产党员张云峰、梁敬熙、黄江等人壮烈就义。

15　支援省港大罢工

1925年5月，五卅运动在上海爆发，在中国共产党的领导和推动下，迅速席卷全国。各地各阶层群众积极行动起来，声援上海工人的斗争。

1925年6月，佛山工代会及各界民众团体在长兴街精武会成立五卅惨案后援会，支持上海人民反帝爱国斗争。6月19日，省港大罢工爆发，佛山人民以各种形式大力支援。佛山市理发工会召开全体会员大会，讨论支援省港大罢工事宜。会议决定每人每天捐助1毫特别费，援助罢工的同业工友。1926年2月，佛山工代会、各群众团体为支援省港大罢工，组成数十支队伍上街游行。佛山驻军第十九团派出一连士兵参加游行，派发支援罢工的传单。佛山工代会还派人到石湾协助基层工会举行游行示威，并为援助省港大罢工募捐。佛山籍革命者罗登贤、邓培、黄甦、陈铁军、区梦觉、谭平山、谭植棠、谭天度等参加了省港大罢工的斗争。黄甦担任省港罢工委员会纠察队第九支队队长，率领队员巡逻海岸、封锁港口、缉拿私运。

1926年7月，佛山市电灯公司工人罢工，向资方提出增加工资、改善生活的要求。同年9月，佛山巧明火柴厂工人在工会领导下，与广州火柴工人一道举行罢工斗争。广（州）三（水）铁路总工会派出纠察员50余名，从石围塘乘车赴佛山巧明火柴厂，慰问该厂罢工工友，并开展演讲，宣传工人阶级联合起来反对帝国主义和资本家。该厂罢工以来女工的觉悟不断提高，纷纷要求加入妇女解放协

1925年6月省港大罢工

会。佛山工人阶级及各界民众，经过支援省港大罢工，进一步提高了革命觉悟。

黄甦

黄甦（1903—1935），出生于佛山镇。年少时离家到香港做杂工，后成为电气工人。1925年6月参加省港大罢工，投身宣传发动工作；7月加入省港罢工委员会纠察队，执行封锁港口、防范工贼破坏等任务。同年10月加入中国共产党。

1927年12月参加广州起义，任工人赤卫队敢死队队长。起义失败后转移到香港，后调任中共香港市委组织部部长。1928年4月被选为中共广东省委委员。1929年3月，担任中共广东省委常委，并在党内先后担任省委审查委员、职委、巡视员、军委委员等职。

1930年12月，奉命离港赴中央苏区闽西革命根据地工作，任中国工农红军第十二军政治委员兼第三十四师政治委员。1931年10月至11月间，先后当选为福建省苏维埃政府执行委员、中华苏维埃共和国中央执行委员。1932年10月，任中国工农红军一方面军十二军政治委员。1933年秋，部队进行统编后，任红一军团第一师政治委员。1934年1月在中共六届五中全会上当选为候补中央委员，2月再次当选为中华苏维埃共和国中央执行委员。同年9月，任红八军团政治委员，率部参加中央革命根据地第一至第五次反"围剿"作战；10月率部参加长征。1935年1月复任红一军团第一师政治委员，途中带领部队先后参加四渡赤水、强渡大渡河、飞夺泸定桥等一系列重大战役，屡立战功。1935年11月21日，在陕西直罗镇战役中不幸牺牲，年仅27岁。

黄甦

16 广东妇女解放协会佛山分会成立

1926年3月，中国国民党中央妇女部派蔡畅到佛山组织妇女工会。同月，中央妇女部派赵雪如、伍夏理，广东省妇女部派炳彤、黄佩兰、黎志瑞，广东妇女解放协会派黎家翘、张显瑛到佛山宣传，并联络女校及群众团体筹备纪念三八妇女节，帮助组织纪念三八节筹备委员会，下设总务、宣传、游艺各股。3月8日12时，佛山各界在树德小学校（现福宁路佛山市教育委员会）举行纪念三八妇女节大会。参加纪念大会的有11间学校，1个团体，共2000多人。大会主席是广东妇女解放协会演讲委员会书记黎家翘。会上高唱国民革命歌曲，各学校、团体妇女代表发表演说以及表演歌舞等。当日，中央妇女部还派出宣传员到佛山各处演讲。

1926年4月，广东妇女解放协会佛山分会成立。主任陈超娴，委员何树琼、程婉芬等，会址设在原佛山市消防队所在地（现燎原路口）。分会成立时，在广州中山大学文学院就读的女共产党员陈铁军到会祝贺。分会成立后，积极向妇女宣传，提高她们的觉悟，争取妇女应有的权利，如男女平等、同工同酬、禁止蓄婢、实行婚姻自由等；鼓动广大妇女参加国民革命运动，谋求妇女解放；开办妇女学校，教唱革命歌曲，组织妇女参加游行等。有些活动还邀请佛山附近的南海县大沥镇大镇村广东妇女解放协会上沙坑支部派员参加。

四一五反革命政变后，广东妇女解放协会佛山分会被迫解散。

17 中共佛山支部成立

1922年中共佛山组成立，隶属中共广东支部，在佛山开展工人运动。到1924年，中共佛山组有共产党员10人左右。随着北伐战争的节节胜利，革命政府从广州迁到武汉，国民革命的中心逐渐北移。留守广州的李济深集团完全控制两广党政军实权，革命形势变得严峻。为加强对工人运动的领导并积蓄力量与反动派作斗争，1926年12月，中共佛山支部在大魁堂成立，陈宝经任书记。翌年1月，中共广东区委派梁新枝任佛山支部书记，陈宝经任宣传委员，陈应刚任组织委员。支部成员有钱维方、任达华、张云峰、陈乐三、钟一苇等，后来又发展梁敬熙、陈超娴（女）等入党。党支部还设法掌握报纸，由佛山工农商各团体联合捐资接办《佛山商报》，梁敬熙担任主编。

中共佛山支部成立后，佛山工代会、农民协会、学生会、商民协会等群众组织在党支部领导下得到健全和发展。学生会还在会长黄霞赤带领下，编演进步话剧，积极参加革命宣传活动。

四一五反革命政变后，中共佛山支部遭到严重的破坏。梁新枝等8人在莺岗街战斗中被捕，革命随即转入隐蔽斗争。

整顿工会组织

中共佛山支部成立后，从1927年初开始，首先着手整顿工会组织。当时，佛山工代会属下有20多个基层工会，会员有几千人。由于有不良分子混入工会，以致工会组织松散，战斗力不强。中共佛山支部决定开办一期工人夜校，由梁新枝、陈宝经任教员，培养一批工人作为整顿工会的骨干力量。夜校开设共产主义理论基础知识课程，学习工人阶级领导革命的知识。学习为期两个月，有50多名工会骨干参加。学员结业后，中共佛山支部以这批学员为骨干成立了佛山市工人纠察队，由陈应刚任队长，队员120多名。同时，通过工人纠察队，把原来混进工会内的封建把头和不良分子清除出工会。

《农工商学报》

1927年2月21日，由佛山工农商各团体联合捐资接办《佛山商报》，后更名为《农工商学报》，由梁敬熙担任主编。该报宣传共产主义，反映劳资斗争动态；刊登社会新闻，报道工农运动和国民革命运动的消息，还积极宣传马克思主义，曾登载《浅谈社会主义》等文章。1928年9月，遭到国民党当局查封而停办。该报现已失传。

18　莺岗街战斗

四一五反革命政变发生后,国民党当局大肆屠杀共产党员和革命群众。佛山市政厅长蔡鹤鹏在4月14日夜即接获李济深"拿办"共产党分子的函电,翌日凌晨便派出保安队、侦缉队、警察联合黄色工会的打手查封了佛山工代会,到处搜捕共产党员和工代会干部,查封了《农工商学报》,还会同驻佛山的国民党第五军第四十五团黄湘团查封了南海县第四区农民协会。中共佛山支部书记梁新枝、组织委员陈应刚及张云峰、黄江等一批共产党员和工代会骨干迅速转移到佛山市郊蜘岗吴勤领导的农民自卫军驻地。

4月18日,梁敬熙从佛山到蜘岗向梁新枝报告称工代会会址已被反动军警和黄色工会打手占领。当时,中共佛山支部尚未明白这次事变的来由和性质,以为是黄色工会的寻衅,就集中工人纠察队和农民自卫军共30余人回佛山收复工代会。当队伍到达佛山莺岗街时,遭到反动武装和佛山市政厅自卫队100多人的袭击。中共佛山支部率工

莺岗街

农武装与其展开战斗,因敌众我寡而失利,梁新枝、陈应刚、张云峰、黄江、梁敬熙等人被捕,接着又有3名共产党员被捕,关押在佛山市政厅。几天后,众人被押解到广州南石头监狱,在狱中继续斗争。随后,反动军队又屡次围攻蟠岗,农军遭到很大损失,吴勤避走南海、顺德边境一带,隐蔽待机。

1928年10月6日,张云峰、陈应刚、梁敬熙、黄江4人被国民党杀害于广州东较场。梁新枝因当时身份未暴露,被判刑8年、没收家产,后于1931年被"大赦"出狱。

四一五反革命政变使中共佛山支部遭到严重破坏,佛山市工、农、商、学、妇女等革命群众组织被解散,佛山处于白色恐怖之中。但是,佛山人民的革命斗争并没有因此而停息。

黄江

黄江(？—1928),籍贯和出生地不详。佛山镇描联(裱联)工人。1911年辛亥革命时期加入同盟会,与王寒烬、梁复燃、李苏、钱维方等参加光复佛山战斗。1914年加入"汾江阅书报社",秘密联络会党。1915年,阅书报社被广东军阀龙济光查封。

1921年春,王寒烬、梁复燃回佛山组建革命工会。黄江积极参加工运,同年冬成立佛山描联工会,黄江为描联工会主任。1922年秋,佛山工会联合会成立,描联工会成为工联会下属的六个成员之一。1923年春,黄江成为佛山工人"共产主义十人团"成员,是工人运动的领导核心。

1927年4月18日,黄江在莺岗街战斗失利后被捕,1928年10月6日在广州东较场英勇就义。

张云峰

张云峰（1900—1928），原名张铭书，出生于南海县显纲村一个贫苦农民家庭。1924年初，张云峰到佛山镇姐夫开设的猪肉店当工人，积极投身工人运动，不久，加入中国共产党。同年冬，佛山屠宰（猪肉）工会成立，张云峰任屠宰工会书记。1925年春佛山工人代表会成立，被选为工代会执行委员兼秘书。1925年六七月间，显纲村农会成立大会上，张云峰用打麻油在村中农会会址对面墙上写"努力奋斗"四个大字，鼓励农会会员们为革命不懈斗争。1926年9月，与陈应刚作为佛山工代会代表被选为佛山农工商学联合会委员。

张云峰

四一五反革命政变后，张云峰在莺岗街战斗失利后被捕。1928年10月6日，张云峰在广州东较场英勇就义，年仅28岁。在就义前两小时，他提笔给母亲和被捕前一个多月才结婚的妻子叶浣娥写下一封绝笔书："母亲、浣娥：还有二点钟，我就要受死刑了，我是笑的死，不是哭的死，请你不用悲伤，当我成了佛。只觉得对你们不住，未报天高地厚之恩，所以为憾矣。苦命的母亲，请浣娥扶持扶持，好了，永诀了，来生再见罢。"绝笔书充分表现出一名共产党员视死如归的英雄气概。

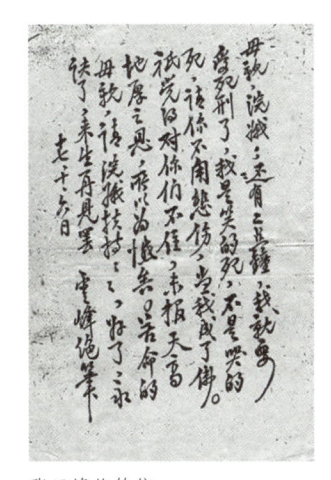

张云峰绝笔信

19 农民赤卫军攻打普君圩

四一五反革命政变发生后,中共佛山支部遭到严重破坏,佛山处于白色恐怖之中。为反击国民党当局叛变革命和实行屠杀政策,配合广州起义,中共南海县委员会组织成立南海农民赤卫军第一团和第二团,负责攻占石围塘火车站、南海县大沥圩和佛山镇,以控制广三铁路、巩固广州外围。

1927年12月11日,广州起义爆发。南海农民赤卫军第二团团长吴勤得知消息后,派人前往南海县平洲林岳,邀请在此地活动的共产党员梁复燃等到蟛岗研究攻打佛山事宜。梁复燃12日下午到达蟛岗时,吴勤身边只有一支一二十人的队伍,未能联系上原计划一起行动的山紫、敦厚、山垵等地的队伍及在大沥圩的赤卫军第一团。吴勤等人认为佛山的大门普君圩只有一支三四十人的国民党地方武装驻守,比较容易对付,就决定首先攻打普君圩,再会合其他支援队伍向佛山镇内进攻。12日傍晚,由团长吴勤率领的南海农民赤卫军第二团一部20人左右,从蟛岗出发,一举攻下佛山镇外围的石出山碉楼,后兵分两路挺进至位于普君圩牛肉巷口的五街公所。吴勤指挥队伍分散在外掩护,只身先从天桥进入公所,梁复燃指挥在外的队伍开火接应,迅速冲进公所消灭敌人,缴获一批武器弹药,并占领普君圩。后因其他队伍在各地遭反动武装围攻,南海农民赤卫军第二团得不到支援,无法向佛山镇内进攻,决定立即撤离普君圩。

20 中共佛山市委成立

四一五反革命政变后，虽然中共佛山支部遭受严重破坏，但仍有共产党员不屈不挠，前赴后继在佛山秘密活动。1927年夏秋间，中共广东省委建立了中共佛山市委员会。至1927年11月，中共佛山市委领导20多个工会。1928年3月2日，中共广东省委要求佛山市委组织秘密工会，在市郊恢复农会，领导工人开展经济斗争，并脱离反动的广东省总工会；在各行各业迅速建立支部，积极发展党员。1928年5月至6月27日，中共佛山市委由7人组成。市委书记李安，常委李安、李明、梁梯航，委员傅耀眉、黄苏、陈乐三、陈永明。市委属下按职业成立9个党支部：街道支部、邮电支部、磨谷支部、米业支部、炭业支部、织造支部、建筑业支部、警卫队警察街坊自卫团支部、山紫支部，共有党员46名。

1928年6月27日，根据省委指示，南海临时县委并入佛山市委，扩大市委组织，成立新的佛山市委。佛山市委隶属广东省委。市委委员11人：谢颂雅、陈普铭、廖祥芬、林锵云（以上是原南海临时县委成员）、李安、李明、梁梯航、傅耀眉、陈永明（以上是原佛山市委成员），增选了杜坚耀、黄强武2人。常委5人：陈普铭、林锵云、李安、李明、梁梯航。书记由省委指定。市委直辖下属组织，除原佛山市委下属9个党支部外，还包括原属南海县的罗格乡支部、堤田支部、张槎乡支部、朗边乡支部、陈溪乡支部、滘口乡支部、盐步乡支部以及两个特别支部，共18个党支部。至1928年8

月,有共产党员100多人。合并后的佛山市委曾在恢复工会、农会和发展党组织方面做了一些工作,如指导炭业支部向瓜业、草席业发展党员;邮电支部向起落货工人发展党员,山紫乡支部向五约发展党员;在工人中利用同仁大会进行宣传,指出工人的痛苦和政治状况,纠正工人群众中的等待思想,从大会中找出勇敢的工人组织自救团,并组织工人反对反动工会抽月费和压迫会员的斗争;在农民中发展农会支部,组织农民开展反桑地租的斗争,并从斗争中找出勇敢分子组织护耕队;等等。8月14日,中共广东省委去信佛山市委,对佛山市委进行再次整顿改组,由梁梯航为负责人,加强纪律,强调了保密工作。

21　血染红花岗

1927年8月起，陈铁军受党的派遣，装扮成周文雍的妻子，参与筹备广州起义。广州起义失败后，1928年1月，二人再度回到广州，重建党的机关。期间陈铁军携妹妹陈铁儿回佛山为党筹集活动经费。同年2月2日，由于叛徒告密，周文雍和陈铁军不幸被捕。在狱中，周文雍坚贞不屈，顽强斗争，当敌人拿来纸笔强迫他自首时，他奋笔疾书，痛斥反动派的无耻和罪恶。在囚禁他的第十一监狱的墙上，写下了一首壮烈的诗："头可断，肢可折，革命精神不可灭。志士头颅为党落，好汉身躯为群裂。"周文雍钢铁般的革命意志，使敌人无计可施，决定开庭判决。周文雍又利用法庭同敌人展开了针锋相对的斗争，宣传革命道理。当敌人宣判他和陈铁军死刑时，他俩神态自若，视死如归，周文雍提出要与陈铁军照一幅合影，作为给党和同志们的永别留念。1928年2月6日（农历正月十五）下午，敌人把周文雍、陈铁军押到红花岗刑场，他们沿途慷慨激昂地高呼口号，高唱《国际歌》，英勇就义。周文雍牺牲时年仅23岁，陈铁军牺牲时仅24岁。

陈铁军

陈铁军（1904—1928），原名陈燮君，生于佛山镇善庆坊6号（现东瑞路东华轩内），出身佛山归侨富商家庭。1918年，进入坤贤私塾读书，1920年进入季华女子学校就读。1922年春，进入广州

陈铁军

坤维女子中学读书,与区梦觉等进步同学组织"读书会""时事研究社",学习革命理论。1924年秋,陈铁军考入广东大学(中山大学的前身)文学院学习,与区夏民、区梦觉成为亲密战友。1925年6月投身省港大罢工,参加广东青年团的外围组织"新学生社"。1926年4月经区梦觉介绍加入中国共产党,入党后改名为铁军,表示铁定心肠跟党走。先后担任中共中山大学支部委员、中共两广区委妇女委员和广东妇女解放协会秘书长等职务。

1927年4月15日,广州发生四一五反革命政变。当日清晨,反动军警包围中山大学,陈铁军得到情报,爬墙头、攀大树,逃出中山大学。她从城内跑到西关,通知因难产正在广州柔济妇产院住院的邓颖超离开广州,脱离危险。同年8月,与中共广州市工委书记周文雍假扮夫妻从香港到广州建立秘密领导机关,筹备广州起义。12月11日参加广州起义,后撤到香港。

1928年2月2日,由于叛徒告密,周文雍和陈铁军不幸被捕。1928年2月6日英勇就义。

2009年,陈铁军被评选为"100位为新中国成立作出突出贡献的英雄模范人物"。

陈铁儿

陈铁儿(1908—1932),原名陈燮元,陈铁军胞妹。少年就读于佛山季华女子学校、广州坤维女子中学,接受新文化、新思想教育。后在陈铁军的教育引导下走上革命道路,协助其在广州开展地下革命活动。1927年加入中国共产党,并改名为铁儿。1927年八七会议后,协助周文雍与陈铁军做广州起义交通联系工作,组织女工秘密运送武器。同年12月参加广州起义,负责宣传发动工作。广州起义失败后不久,与周文雍、陈铁军重返广州开展地下斗争。后周文雍和陈铁军不幸被捕,陈铁儿被邻居掩护逃脱追捕,到香港担任省委机关机要通讯员,继续从事革命活动。1929年与革命者林素一结婚,次年诞下一名男婴,男婴出生不久被送往林素一老家梅县乡下。1931年底,怀有身孕的陈铁儿与丈夫林素一被港英当局逮捕,后被引渡回广州。由于当时陈铁儿怀有身孕,林素一被先行处决。1932年3月,陈铁儿在狱中产下一女婴,女婴又被反动当局用药毒杀。接连遭受丈夫、女儿被杀害的打击,面对敌人的严刑逼供,陈铁儿始终坚韧不屈。4月11日,陈铁儿在广州红花岗英勇就义,年仅24岁。

陈铁军(右)和陈铁儿的合影

《刑场上的婚礼》

1928年2月6日,革命志士周文雍、陈铁军夫妇英勇就义于广州红花岗。1962年2月17日,周恩来总理在中南海紫光阁接见话剧、歌剧和儿童剧作家张义生时,动情地讲述了革命先烈周文雍和陈铁军的"刑场婚礼"故事,说"这是人间最纯真最高尚的爱情"。

《刑场上的婚礼》电影先后得到邓颖超、聂荣臻、徐向前的大力支持。筹拍

1928年周文雍和陈铁军临刑前的合影

时，聂荣臻1978—1979年曾先后四次在家中接见编剧张义生和导演蔡元元，亲自向影片创作人员介绍周文雍、陈铁军两人的特征和斗争事迹，要求他们拍好这部影片。在1978年3月28日的一次接见中，聂荣臻说："广州起义失败后，我在香港报纸上看到他们两人被杀的事情，报纸上还有他们俩赴刑前的合影照片。我把照片剪下来，藏在身上，一直到长征路上，因为天天打仗到处奔走，最后才丢失，但我一直没有忘记这件事。""你们的剧本提纲我看了，剧本名字我想过还是叫《刑场上的婚礼》比较好，观众一看就明白了。"1980年，长春电影制片厂拍摄的电影《刑场上的婚礼》正式上映。男女主人公——周文雍、陈铁军两位年轻革命者的爱情故事开始被大众熟知。

陈铁军故居

陈铁军故居，位于现东瑞路东华轩内，为大革命时期陈铁军、陈铁儿烈士青少年时居住和活动过的旧址，是陈铁军的父亲陈邦楠所修建。该故居占地面积约260平方米，为清代民居建筑，原为二进院落四合院式布局，后被仍在此居住的烈士后代整修改动过。室内

陈铁军故居

尚保存陈铁军住过的卧室和使用过的红木家具，以及文房用具、印章，亲手刺绣的丝巾和手迹等。陈铁军故居于1998年被公布为佛山市文物保护单位，2022年被公布为广东省文物保护单位。2014年经全面修缮后，作为爱国主义教育场所免费对外开放。

铁军公园

铁军公园位于汾江西路，江湾立交桥畔，总面积13000平方米，于1991年7月1日奠基，同年10月1日建成。铁军公园设计新颖，环境优美又不失庄严。公园正门，是一个近1000平方米的铁军广场，陈铁军烈士的全身塑像高高耸立在广场中央，供人瞻仰。在公园西北角，有一座占地250平方米的陈铁军烈士纪念馆，馆内有介绍陈铁军烈士事迹的展览以及陈铁军生前用过的实物等。2000年，铁军公园被公布为广东省爱国主义教育基地。2019年，铁军公园被授予佛山市首个省级保密教育示范基地牌匾，这是全省首个以公园形式面向公众开展保密教育的平台。

铁军公园

佛山市铁军小学

佛山市铁军小学是一所全日制实验小学。学校前身是进步青年郭鉴冰等人于1920年创办的季华两等女子学校。1958年,季华学校与佛山市第二小学合并,沿用佛山市第二小学校名,被定为佛山市重点小学。为纪念革命烈士陈铁军,1991年7月1日,佛山市人民政府决定将学校更名为佛山市铁军小学。2000年10月,佛山市人民政府投资建新校,2002年8月底迁址至季华五路永新南街3号。2012年由佛山市万科置业有限公司承建新校,2013年3月29日迁址至同济东路后龙三街16号。

2014年2月,佛山市铁军小学被公布为禅城区青少年德育教育基地。2023年初,佛山市铁军小学被全国红军小学建设工程理事会批准命名为"中国工农红军佛山陈铁军红军小学"。校内建有铁军园、陈铁军烈士事迹陈列室、校史室、红军文化走廊等校园红色文化阵地。

佛山市铁军小学

22 革命低潮时期坚持斗争

为贯彻中共六大精神，1928年11月16日至24日，中共广东省委在香港召开第二次扩大会议。会议认为广东的革命形势和全国一样，处于两个革命高潮之间。

同年11、12月间，中共广东省委在佛山镇（时称南海县佛山特别区）重建中共南海县委，县委书记刘乃诒。1929年2月28日，国民党反动军警在佛山镇接龙街信义烟店围捕了省委巡视员梁祖贻、刘乃诒等10多位共产党员，南海县（佛山）的党组织再次遭到破坏。省委闻讯，决定组织营救，不料4日后，梁祖贻和刘乃诒即在广州红花岗被杀害。梁祖贻"性情刚毅，遇事勇为"，刘乃诒"性好动而又勇敢异常"。在白色恐怖中，两人深入群众进行艰苦的革命动员工作，不畏牺牲，多次向省委的报告中提到"被捕就死，一概不供"的决心。他们在狱中经受国民党严刑拷打，始终大义凛然，不屈不挠，显示革命者视死如归的英勇气概。在国民党反动派的疯狂搜捕下，大部分共产党员不得不先后离开佛山镇分散隐蔽，除中共佛山市委外，南海县境内的党组织和工农群众组织基本停止活动，革命处于低潮。

但是，在革命低潮的艰苦岁月中，佛山市建筑、理发、陶瓷等行业工人，仍先后举行过多次反剥削、反压迫的罢工斗争。如莲花汽车公司工人罢工、锣木厂工人罢工等，同时，广州外县工委也派出共产党员到佛山活动，为在佛山重建中共地方组织、开展抗日救亡活动作准备。

23 抗日救亡运动兴起

1931年九一八事变后,广州市部分青年学生到南海县、佛山镇等地开展抗日救亡宣传活动,在佛山募捐,支援东北人民的抗日斗争。佛山镇居民、商号纷纷捐款支援。1935年,为声援一二·九爱国学生运动,南海一中的进步师生纷纷上街示威游行,到附近农村开展抗日救亡活动。佛山华英中学部分师生,每逢星期六都到叠滘乡宣传抗日,还开办7间群众夜校,向群众宣传爱国主义思想,激发人民群众抗日救国的热情。参加夜校学习的农村青年近千人。他们还通过演唱抗日救亡歌曲,上演戏剧,发动群众参加抗日救亡活动。当时,由于中共佛山地方组织还未恢复,国民党的党政当局对群众运动采取镇压政策,因而佛山的抗日救亡活动比较零散,参加的人数不多,规模也不大。

七七事变后,蒋介石集团的势力逐步向广东发展,与余汉谋、曾养甫、钟天心等广东地方势力发生矛盾。余汉谋等人为了顺应抗日的民心,同时也为了保存和扩张各自的实力,防止蒋介石集团的势力在广东的增长,遂打出抗日旗号,以争取抗日民主力量的支持,因此成立了一些抗日救亡群众团体,对抗日救亡采取了比较开明的态度。这在客观上为中国共产党在群众中广泛开展抗日救亡工作,推动广东抗日救亡活动的发展提供了有利的政治条件。中共广东党组织派出大批党员和进步青年参加国民党广东各派势力组织的抗日群众团体,利用公开和合法的名义,团结和领导群众开展抗日救亡运动。

1937年冬，余汉谋成立的广东民众御侮救亡会下属的民众运动工作团第一团和第二团来到佛山。该团的共产党员梁钟琛、宋实和周冷等人采取各种形式发动群众，开展抗日救亡活动。随之，黄侠生、陈火生在佛山福禄路成立救亡呼声社佛山分社，成员数百人，团结了一大批有民族气节的市民和青年知识分子。中共佛山特别支部以救亡呼声社佛山分社为阵地，宣传中国共产党的抗日主张和抗日政策，广泛发动群众参加抗日备战。

光明读书会

1937年4月，广州中山大学的中共地下党员陈业昌、冯作圣等到佛山镇南海师范学校组织光明读书会。参加读书会的学生有张国平、黎日清、陈燕柳、霍赐冰、梁妹、许伊、苏干华、范凤珠等人。主要学习《大众哲学》《唯物辩证法》《论持久战》及《新华日报》《妇女生活》等进步书报杂志，组织听形势报告或讨论读书心得，进行理论研究、时事分析和学唱抗战歌曲等。

全面抗战爆发后，陈业昌、冯作圣等人带领读书会成员抄写抗战歌曲，绘制中国地图。周末白天上街向群众宣讲时事新闻，晚上分别到佛山三品楼、天海楼和翠眉楼前向群众宣传抗日思想，教唱抗战歌曲。1938年初，读书会成员进一步串连南海师范各班的进步同学，参加南海县佛山镇抗日宣传队，在南海师范、普君圩口及佛山各大酒楼茶室张贴墙报标语，到树德小学礼堂、莲花路基督教赉恩堂宣讲抗战形势，上演话剧，动员群众参加抗日救亡活动，成为当时佛山镇较有影响力的抗日救亡群众团体。

天海楼

天海楼——光明读书会抗日救亡活动旧址位于升平路66号。天海楼是光明读书会动员群众参加抗日救亡活动的重要场所之一。光明读书会组织抗日宣传活动的一年多,受教育群众约有8000人,是当时佛山镇内较有影响力的抗日救亡群众组织。天海楼始建于1913年,最早名为倚南楼,为一栋四层高的木板楼。1919年改名为胜如楼,1937年改为天海茶楼。1972年改建后重新开业,取名佛山饭店。1979年改称天海酒家。现时占地面积约2300平方米,建筑面积约5000平方米,左边为四层高酒楼,右边为六层高旅业楼。

天海楼

救亡呼声社佛山分社

1937年8月14日，救亡呼声社在广州成立。同年冬，在佛山镇福禄路组织成立救亡呼声社佛山分社，社长黄侠生，文书陈火生，成员主要是文化界的青年、学生和工人、农民、妇女及政府职员等。1938年8月，中共佛山特别支部成立后，以救亡呼声社佛山分社为阵地，通过出版《救亡呼声》专栏墙报，向青年学生、手工业工人和佛山各界民众广泛宣传中国共产党的抗日救亡主张和方针政策，发动青年、群众参加抗日救亡活动。从1937年秋冬至1938年10月间，在救亡呼声社佛山分社推动下，佛山镇各界先后举行3次抗日示威游行、3次抗日歌咏会。

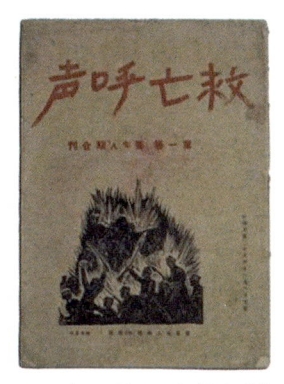

1931年11月1日出版的《救亡呼声》

1938年10月12日，日军在大亚湾登陆，广州、佛山形势危急。10月14日，根据省委关于保存干部、撤离广州、分散各地开展党的工作和青运工作的指示，中共南顺工作委员会委员林锵云在佛山火车站前向中共佛山特别支部成员陈火生、何君侠传达提出广州一旦沦陷，就把进步青年组织起来打游击战。中共佛山特别支部随即以救亡呼声社佛山分社为主，成立救亡呼声社佛山分社战时工作大队，成员约200人，继续坚持抗日救亡宣传活动。

24　佛山民众的抗日备战

七七事变后,在廖承志和中共南方工委的指导下,吴勤从香港回广州,被国民党当局委任为广东省民众抗日自卫团统率委员会上校巡视(督导)员,在广州郊区普训壮丁,编练民众抗日自卫队。其间,吴勤曾回到佛山镇,与钱维方等人一起积极投身佛山的抗战活动。吴勤、钱维方首先在佛山鸿胜体育会开办杀敌大刀训练班、学习战时救伤护理方法的防护团。当时,广州国民体育会武术教练黄啸侠亲自编写《抗日大刀法》教材,以国民体育会的名义发动群众练武卫国,组织抗日大刀队,并向参加抗日的民众与士兵传授罗汉门刀法绝技。钱维方参照编了一套大刀手法,亲自主教,鸿胜体育会有100多人参加学习。他还派鸿胜体育会董事陈艺林、唐栋臣到南海师范及附小等十多间学校教授大刀法。防护团有30多人,组成一个中队,由陈艺林任队长,周逸天、谭亮汉等中医师教授紧急治伤法,广州红十字会派员前来教授担架术和在郊外练习野战救伤技法等。

与此同时,吴勤、钱维方还在南海县山紫村组织了一支农民抗日自卫队,积极在四乡收集枪支筹集武器,准备武装抗日,鸿胜体育会有30多人参加。然而,这一举动触动了国民党南海县政府的敏感神经。县政府限令钱维方3天内离境。1937年12月,钱维方被迫离开佛山镇,吴勤继续主持佛山鸿胜体育会会务,使鸿胜体育会会员增加到三四百人。

鸿胜体育会

1937年农历六月二十四日"关帝诞",鸿胜体育会正式成立,会址设在普君北路,选出林杏、余少甫、陈艺林、汤锡、周逸天、胡云绰、叶均伟、梁添、陈君颐、唐栋臣、夏培佳为董事,推夏培佳为董事长。这批董事中,除陈君颐、唐栋臣外,其余多是陈盛、钱维芳、汤锡的徒弟。会内设国术部、球类部、游艺部、音乐部、理财部等。国术部由汤锡主教,梁添和陈艺林做助教,每晚教授愿意学习技击的会员的拳术。

鸿胜馆弟子在演示大刀杀敌术

25 中共佛山特别支部

1938年8月,中共佛山特别支部建立,支部书记陈火生,组织委员苏干华,宣传委员何君侠,党支部受中共南顺工委领导,工委委员林锵云负责联系佛山党支部。党支部的任务一是开展抗日宣传活动,二是发展组织、吸收党员。10月,中共党组织以救亡呼声社的名义,组织起一个以进步青年为对象的救亡呼声社"战时工作大队"。下设3个中队,黄侠生兼任大队长,何君侠任副大队长兼第一中队长,陈火生任第二中队长。

中共佛山特别支部通过精神粮食供应社向青年介绍革命书刊,开展谈心活动,宣讲中共的抗日主张,讲解党的知识和党的奋斗目标,积极发展党员。经过一段时间的思想教育工作,一些条件成熟的进步青年、手工业工人被吸收入党。广州沦陷后,中共佛山特别支部随救亡呼声社佛山分社战时工作大队撤到广宁,又吸收杜路、杜国彪、何筱蕴等知识青年加入中国共产党。佛山特别支部撤到广宁后,一度改选了支部成员,书记陈火生,组织委员何君侠,宣传委员何若愚。1939年初,佛山特别支部停止活动。

陈火生

陈火生(1908—1945),又名陈浩然,广西怀集县连麦苍墩人。1927年入读韶关师范学校。1928年初受聘在怀集中学任教,期间在连麦组织"麦乌堡农民协会",任农会执委。同年8月,与梁钟琛一起加入中国共产党。1931年至1933年，在广宁以教师身份掩护开展党的地下活动。1934年后，改名陈火生，以香港《大公报》记者的身份在香港、梧州、南宁等地进行抗日救亡宣传。1938年经梁钟琛介绍到广东抗日救亡呼声社佛山分社工作，任文书。同年8月，任中共佛山特别支部书记。1939年三四月间参加广东省委在南雄举办的训练班结业，被派到第七战区挺进第四纵队工作，1942年冬撤离。1945年间，在一次日军飞机轰炸三水芦苞地区时中弹牺牲，年仅37岁。

陈火生

精神粮食供应社

以第二次国共两党合作为基础的抗日民族统一战线建立以后，国民政府暂时放宽对进步书刊的查禁。1938年初，爱国人士何若愚、黄月夫妇从广州回佛山，在佛山镇锦华路（现北香园）开办了一家小型书店，出售进步书刊，取名为"精神粮食供应社"。该书店除供应学校课本外，还出售《新华日报》《大众哲学》以及斯大林、毛泽东、高尔基、鲁迅和邹韬奋等人的著作。何若愚负责从广州采购课本和书刊，黄月及其侄女何筱蕴负责出售。当时，该书店在佛山及

精神粮食供应社旧址

附近一带地区影响很大,许多进步青年、爱国人士慕名前来购买或阅读书刊。

共产党员陈火生和何君侠经常到书店活动。经何若愚介绍,结识常来书店阅读和购买进步书刊的进步青年招曙、杜鉴垣(杜路)、杜国彪等,对他们进行教育谈心,宣传马克思主义思想和中国共产党的抗日主张。中共佛山特别支部成立后,该书店成了党支部的联络站。由于何若愚、黄月等人参加救亡呼声佛山分社战时工作大队,在1938年10月广州沦陷当日凌晨随队撤往广宁,精神粮食供应社停办。

26　广游二支队和珠江纵队成立

　　1938年春,吴勤以广东省民众武装自卫团统率委员会上校督导员的身份,到广州市郊崇文二十四乡(现广州芳村)开展抗日救亡活动,组织市郊农民抗日武装。不久,吴勤又返回佛山,与钱维方等在佛山鸿胜体育馆开办杀敌大刀训练班,在南海县山紫村组织起一支农民抗日自卫中队,筹集武器,准备武装抗日。

　　1938年10月,广州、佛山相继沦陷,吴勤按中共省委和廖承志的指示,在广州郊区组织起一支五六十人的抗日义勇队。广州沦陷

吴勤抗日义勇军伏击日军战斗遗址

刚几天,他率队在南海平洲夏滘村附近河面截击日军2艘运输船,毙伤日军10多名,缴获大米数百包,赈济难民,打响珠江敌后武装抗日的第一枪。佛山民众以各种形式自发反抗日军残暴统治和掠夺。

同年11月,抗日义勇队袭击广(州)三(水)铁路南海县境内的小塘车站,破坏交通,阻止日军西进。为使抗日义勇队取得合法地位和武器给养,吴勤与撤退到广宁的国民党广州市长曾养甫联系,12月,抗日义勇队被改编为广州市区游击第二支队(简称"广游二支队"),吴勤为司令。吴勤组织的广游二支队真正成为中国共产党领导下的一支人民抗日武装,珠江地区的抗战进入新的阶段。他执行中国共产党的抗日民族统一战线政策,成立"抗日俊杰同志社",至1939年6月,有分社10余处,1000余人,遍及南海、番禺、顺德等县。广游二支队在连年抗日战争中粉碎敌人10多次进攻,取得多次胜利。后因敌我力量悬殊,转移到顺德西海地区坚持敌后斗争,后发展成为珠江纵队。

《抗战旬刊》

《抗战旬刊》是广游二支队的队报,1939年10月创刊。该报主要是宣传中共的抗战主张和广游二支队与"俊杰社"的抗日活动。1942年4月改名为《正义报》,1944年1月恢复《抗战旬刊》名称,与《正义报》同时发行。1945年广游二支队编入珠江纵队后,《抗战旬刊》即停刊。

李广海

李广海(1894—1972),少时熟读中医经典著作,青年时随父亲临床诊治。1915年父亲去世后,李广海将父亲开设的"平恕堂"医馆改名为"李广海跌打医馆"(后改名为"李广海医馆"),继承父业，并扩大经营跌打药。李广海不但通晓内科、外科和妇科，更擅长医治筋伤骨折、枪炮弹伤及烫火伤，在珠三角一带颇有名气。抗日战争时期，不少游击队员在抗击日伪顽军的战斗中受伤。从1939年起，李广海冒着生命危险，利用医馆前的小河涌，秘密收治广游二支队的伤病员。他不仅免费提供药物和食宿，还专门找到一间小屋安置部分伤势较重的游击队员，以便上门诊治。抗日战争后期，珠江纵队第二支队支队长郑少康多次给李广海写信，介绍在战斗中负伤的战友到医馆治疗，李广海全部免费收治。受伤的游击队员在李广海的悉心治疗下得以康复并重返战场，李广海的爱国义举受到抗日军民的赞扬，李广海医馆实际上成为珠江人民抗日武装的后方医护所。1953年，李广海响应国家号召加入联合诊所。1956年参与组建佛山市中医院，创办中医院骨伤科，先后任副院长、院长。1972年病逝，享年78岁。

李广海

李广海医馆

　　李广海医馆位于文华北路平政桥畔沙涌坊。李广海医馆为清末民初建筑，坐东南向西北，由两座砖木结构单层平房组成。1939年起秘密收治广游二支队伤病员，其后医馆被侵华日军强占。1941年起李广海迁往福宁路一带继续行医。抗日战争胜利后，医馆被房管部门接管，作为环市卫生所、饭堂、托儿所等。由于建筑过于残破，较难辨别原来格局。2015年，禅城区政府对李广海医馆进行修缮，建筑面积300平方米，占地面积400平方米，并划入禅城区博物馆管理。医馆展厅面积53平方米，共展出照片105张、实物85件

李广海医馆旧址

（套），通过场景复原、图片实物展览的形式，重现李广海的医学人生和当时行医的场面。2006年，李广海医馆被公布为佛山市文物保护单位。

27 隐蔽战线的斗争

抗日战争胜利后，全国人民渴望和平安定，建设新的国家。但是，国民党反动派却不顾人民的意愿和中国共产党的呼吁，疯狂抢夺人民抗战的胜利果实，加紧策划挑起内战。国民党反动派广东当局也加紧部署对广东人民抗日武装和抗日民主根据地的清剿。1945年9月，国民党南海县流亡政府返回佛山，迁入福宁路黄家祠办公，策划进攻抗日民主根据地。

1946年2月，中共广州市委员会派杜路为南海县特派员。当时，国民党军正在南、三、番、顺、中各县进行清乡"围剿"。6月，国民党正规部队调走，该地区由国民党县、区、乡政权、保警和地主恶霸所统治。杜路根据党的"隐蔽精干，长期埋伏，积蓄力量，以待时机"的方针，在十分困难的条件下设法隐蔽，通过中共地下党员的关系，到里水沈村小学任教，经过一段时间的艰苦工作，先后接收了何远赤、陈坤仪（女）、朱慕湛（女）等7名隐蔽在南海县境内的中共地下党员的组织关系，恢复了党的活动。接着，杜路以农村为重点，在县内各乡村积极筹备恢复党的组织，发展革命力量；同时，采用单线联系的方式，领导隐蔽在佛山镇国民政府机关、学校的中共地下党员，在各自的岗位上，利用工作之便，以合法的形式进行秘密活动。

1946年2月，隐蔽在佛山华英中学任教的中共地下党员何远赤与该校图书馆馆长黎子敏（后于1948年入党）一起，利用工作之便，订购《华商报》《自由世界》《文艺生活》《世界知识》以及中国和苏联的现代进步作品供学生阅读；组织文学研究会，举办学术讲座，出版墙报；并组织该校进步师生秘密传阅毛泽东的《论联合政府》和《正报》等。他们通过这些活动，加强与校内进步师生的联系，向进步师生灌输革命思想。

1946年2月底，在南海县妇委会任总干事的中央地下党员陈坤仪和任妇委会总务的中共地下党员朱慕湛，以其合法身份积极开展妇女工作。3月8日，南海县妇委会在佛山祖庙门前举行三八国际妇女节纪念大会。她们向参加大会的妇女介绍妇女节的意义，宣讲男女平等的道理，号召妇女起来争取民主，自由。她们还在佛山纺织女工中举办过五六期，约有百多人次参加的识字班，组织女工学文化，教育她们起来当家作主。后来，中共地下党组织获悉陈坤仪、朱慕湛二人已被南海县县长王皓明注意，于同年6月间把她们俩调离佛山。

当时佛山镇是南海县城，国民党反动势力很强大，工作开展十分艰难。杜路及时将南海县党的工作重点转向农村，后成立中共南三花工委。

杜路

杜路（1919—1998），又名杜鉴垣，南海县大沥白沙村人。1938年4月参加革命，同年8月加入中国共产党。抗战时期在国统区与沦陷区间的游击部队中从事秘密地下工作，组织成立中共地下支部。解放战争时期任中共南海县特派员、中共南三花工委书记。新中国成立后任南海县委常委等职务。1984年离休，1998年病逝。

杜路

28 佛山工人经济罢工斗争

1946年6月内战爆发后,国民党政府横征暴敛,滥发纸币,佛山物价飞涨,城镇工人入不敷出,生活困苦。在全国日益高涨的革命形势影响下,挣扎在饥饿线上的佛山工人自发开展"三反"(反饥饿、反内战、反迫害)运动和经济罢工斗争。佛山附近村民纷纷到城镇谋生,因而农业凋敝,农村经济枯竭。民族工商业日趋破产,佛山绸布业、药材行等许多行业纷纷倒闭,工人失业,劳动人民在饥饿死亡线上挣扎。中共珠江三角洲地区工作委员会于1948年2月成立后,确定"加强党与群众的联系,广泛发动各阶层人士求生存的统一战线",发展革命力量,为反对"三征"(征粮、征税、征兵)而斗争。

1946年7月至1949年9月,佛山各行业工人多次举行罢工活动,反对资本家解雇工人、克扣工资。佛山电话所、公永兴丝织厂和一品升茶楼员工,为反对资方无理裁员而先后举行罢工,迫使资方恢复了部分员工的工作。锦纶丝织厂千余工人举行罢工和示威请愿,抗议资方淡月停业、降低工资,经过4天斗争,迫使资方复业。其中,公记隆丝织厂工人联合起来开展反饥饿罢工斗争长达59天,这是佛山工人"三反"运动中时间较长的一次罢工斗争,有力配合了全省各地的"反饥饿、反内战、反迫害"爱国民主运动,也为迎接佛山解放打下思想基础。

29 南海一中的地下活动

1947年2月，在南海一中任训育主任的中共地下党员潘佛章，利用学生会开展工作。当时，三青团（即中国三民主义青年团）在南海一中成立分队，想办墙报来扩大影响。潘佛章以训育主任身份抵制三青团的活动，并指出学生活动应在学生会的领导下进行。

同年，广州中山大学"三反"运动遭到国民党当局的镇压，在广州中山大学读书的中共地下党员邓强（邓锡勋）、关照禧（关天启），以及中山大学爱国民主协会（1949年改称广州"地下学联"）成员潘焕棠、曾善辉以及一些进步同学陆续到南海一中任教。他们与从外地来的中共地下党员郑永光、冯平（冯国侯）、张文（张秀珍）等一起，通过在校内发动学生组织读书会、歌咏队，演出进步歌剧，举办形势座谈会等活动，启发学生的思想觉悟，团结了一批进步师生。

1949年夏，潘焕棠、曾善辉等广州"地下学联"成员和进步学生，会同华英中学的进步学生，在佛山办起六七间民众夜校，为劳动人民的子女义务教学。他们还在南海一中先后发展何克勤、傅瑛琦、胡引玲等进步学生参加"地下学联"，并接受党组织的布置，联合华英中学进步学生，登记校产，安排护校，迎接解放。

七八月间，潘焕棠因身份暴露撤走。中共广州地下党组织派共产党员周如林负责与南海一中联系。9月，邓强带领南海一中个别进步学生到新会百顷参加革命工作。不久，周如林在广州被捕。为防止意外，中共广州地下党组织于10月初把南海一中的地下学联成员和进步教师撤走，分别转移到广州市郊区和香港继续从事革命活动。

地下学联

1947年3月29日，中共广州特派员在中山大学组建爱国民主协会（简称"爱协"），作为中共的外围秘密组织。至同年5月，会员发展到80人。同年5月31日，在地下党组织的领导下，"爱协"组织中山大学及部分广州高校学生共3000多人参加的"反饥饿、反内战、反迫害"示威游行运动，但游行队伍遭到国民党暴徒的袭击。残酷的镇压促使群众更加觉醒，党组织从中山大学抽调6名党员到广东文理学院、法商学院、岭南大学等大专院校及广雅中学、知用中学等建立和发展"爱协"组织，至同年下半年，"爱协"组织范围已扩

1949年部分中山大学地下学联成员与进步学生合影

大到全市，故改名为广州爱国民主协会，中等学校建立的组织改名为广州学生联合会工作协会。

1949年2月1日至5日，中共中央华南分局群委在香港召开华南学生代表大会，成立华南学生联合会。广州爱国民主协会及广州学生联合工作协会统一更名为广州学生联合会（广州"地下学联"），作为团体会员加入华南学生联合会。广州"地下学联"从建立开始，就没有设置独立的组织系统和领导机构，而是采取单线联系的方式。至1949年10月广州解放前夕，地下学联共发展成员约1400人，分布于广州几十所大中学校以及国民党政府机关、新闻机构等单位。

30　佛山解放

1949年10月1日,中华人民共和国中央人民政府成立。翌日,根据中共中央华南分局赣州会议部署,中国人民解放军分右、左、中三路南下广东,打响广东战役。10月14日,广州解放。当晚,为切断国民党溃退部队西窜广西的逃路,中国人民解放军第二野战军第四兵团一部,向广州西南方向前进,其第十五军先头部队自广州西郊转向佛山,于10月15日凌晨进占佛山火车站后,又继续向西南方向追歼逃敌。

与此同时,中国人民解放军第44军131师进驻广州爱群大厦后,得知佛山敌军预谋炸毁火车站、发电厂、

1949年10月15日解放军进入佛山

1949年10月15日佛山华英中学学生欢迎解放军进城

碾米厂和东郊库房等公共设施，于10月14日连夜渡珠江，兵分3路自东至南包围佛山：一路沿广（州）三（水）铁路疾进，占领佛山光华发电厂；一路沿着佛（山）平（洲）公路从南海县平洲经军桥进入佛山；一路沿广（州）佛（山）公路经南海县大沥到达佛山火车站，过中山桥占领高基看守所，包围佛山镇公所。15日8时许，第131师393团团部和通讯连进驻筷子路岭南坊，随后131师师部机关进驻中山桥南的国华酒店，并在佛山升起第一面五星红旗，南海县佛山镇宣告解放。翌日凌晨2时，被人民解放军包围在佛山镇公所大院里的国民党保安团约300人全部缴械投降。

光华电厂挂起电灯迎接解放军进城

1949年10月14日晚，光华电厂工人自发全部都集中在电厂"护厂"。深夜，一名便衣带着一群军人模样的人拍门，说是中国人民解放军先头部队，要求见电厂负责人。由于国民党败退时曾强拉老百姓充当夫役，当时工人们都不敢开门，双方只好隔着工厂铁门对话。

经过一番交谈，他们才得知是人民解放军将要进入佛山，要求下半夜不要停电，并要求派工人在火车站一线加装路灯照明，以方便人民解放军入城。电厂负责人立马同意不停电，并派一队工人在几名解放军战士的保护下，连夜打灯笼到火车站一带加装路灯照明。

10月15日凌晨3时，人民解放军大部队沿铁路赶到发电厂，很快与企图炸厂的国民党保安团接上火，保安团不敌溃散，少数被俘，当场缴获炸药雷管6大箱，枪支20多支。之后，人民解放军不分昼夜地驻守发电厂10多天，保证了该厂的安全。

叁

蝶变新生

本篇主要介绍佛山中心城区核心街区——祖庙街道在1949年10月解放至1978年底中共十一届三中全会召开前的社会发展状况。

这一时期中国共产党的主要历史任务是领导全国人民建立社会主义制度和建设社会主义国家。其间，佛山经历了珠江专区、粤中行政区、佛山专区、佛山地区行政区域的调整变化。

佛山解放后，古镇改设市建制，成立广州军事管制委员会佛山分会以及佛山市委、市人民政府，开展民主建政、剿匪肃特、统一财经、调整工商、恢复和发展生产、民主改革等工作。荡涤旧社会留下的污泥浊水，佛山社会面貌焕然一新。经多次行政区域调整划分，佛山市市区面积不断扩展，至1958年9月形成祖庙、普君、升平、永安4个办事处。

新中国成立时，佛山各地经济社会基础十分薄弱，百废待兴，百业待举。摆在党和人民面前的是如何发展生产、开展经济建设、管理城市等很多亟待解决的困难，面临着诸多考验。佛山各级地方党组织和人民政府贯彻执行党中央方针政策和中共中央华南分局决策部署，通过稳定物价、统一财政金融、土地改革、镇压反革命、"三反"、"五反"等措施，巩固了新生人民政权，使国民经济得以恢复，人民生活得以好转。按照党中央提出的从新民主主义向社会主义过渡的总路线精神，佛山逐步开展工业化建设和对农业、手工业、资本主义工商业的社会主义改造，确立了社会主义制度。同时，"一五"计划的提前完成，初步改变了落后的工农业面貌。

1 建立人民民主政权

1949年10月1日，中华人民共和国成立。10月15日，佛山解放。10月29日，南海县佛山镇从南海县划出设市，成立中国人民解放军广州军事管制委员会佛山分会（简称"佛山军管会"），开展建立新政权的各项工作。10月31日，佛山市人民政府宣告成立。至此，佛山市诞生历史上第一个人民民主政权，开始接收旧政权，开展清匪反霸、恢复和发展生产等各项工作。

11月25日，佛山市政府开始接管佛山镇公所各个系统；公安局接管国民党南海县党部、警察局、监狱和消防系统；财经组接管税务、银行、工商业；交通企业组接管电讯、电话、邮局系统和车船交通行业及医院；文教组接管学校、文化机关、电影院、广播电台和报馆；民运组接管工运工作，改造黄色工会。与此同时，警备司令部负责维护社会治安，收缴匪特武器和护航；支前指挥部负责管理市、县粮队、粮站及一切支前工作。由于各部门的党员、干部努力工作，又得到广大人民群众的大力支持，接管工作进行顺利。

在中国人民解放军的协助下，佛山军管会领导开展清匪反霸工作，共消灭匪特2000多名，缴获各种枪支1100支，瓦解10股敌人，计有"大天二"吴桓、罗勤等，惯匪何坤、麦发、郭雍、邓福、邓巧等，还有特务组织联义社、中和党及14个军统站，流氓组织众义社以及黄色工会，为人民政权的建立铺平了道路。

1949年12月20日，佛山军管会、佛山市人民政府、南海县支前

1949年12月20日，庆祝佛山解放大会在中山公园精武会馆前举行

1949年12月20日庆祝佛山解放大会上，军管会主任谭甫仁接过锦旗

1949年12月20日庆祝佛山解放大会后，举行2万多人参加的巡游

指挥部在中山公园联合举行各界人民庆祝佛山解放大会。会后，2万多人参加盛况空前的大巡游，场面十分壮观，全城人民沉浸在庆祝解放的欢乐氛围中。巡游队伍沿着中山路、升平路、锦华路、公正路、福贤路的路线巡游，最后到普君圩才解散。

1950年3月，随着佛山市人民政府机构逐步完善，佛山军管会将行政权力移交佛山市人民政府。

1950年7月，佛山重新划归南海县管辖，称"南海县佛山镇"。1951年6月，经中央人民政府批准，佛山改镇设市。

谭亮斌

谭亮斌是新中国成立后佛山第一任市委书记。1917年出生于顺德县塘基坊一个丝织工人家庭。1930年6月到泰国曼谷做工。1937年5月参加泰共地下党领导的工人抗日联合会，曾任主任，积极从事抗日活动。1939年4月经抗日联合会介绍回国参加抗日，8月到延安，11月加入中国共产党。先后在抗大、中央工校、马列主义学院学习。此后，曾任陕甘宁边区总工会政务秘书和宣传科长、中央海外研究班泰国研究组组长，又在中央党校、华中党校任教育干事等职。1949年10月随部队接管佛山，任佛山军管会副主任、佛山市委书记兼南海县委书记，为佛山的政权建设、党务工作及经济恢复等作出了贡献。

方孟

方孟是新中国成立后佛山第一任市长。1917年出生于台山县，大学文化。1935年参加革命，曾任全国学生救国联合会常委，华中局苏北文化协会科长，华中局上海地下交通站站长，淮南路东专员公署教育处科长、副处长，安东省人民政府干部科长，江西省八一革命大学二部副主任等职务。1949年11月调到佛山,任佛山市人民政府市长,1951年6月底调离。

佛山军管会

佛山军管会是具有临时过渡性质的人民民主专政的最初形式,是佛山军事管制期间的最高权力机关,统一管制全市军事、政治、经济、文化等事宜。佛山军管于1949年10月29日成立,中国人民解放军第四十四军政治部主任谭甫仁任主任,谭亮斌和姚仲康任副主任,刘永源、罗有荣、方孟等任委员。佛山军管会下设市政府、公安局、财经组、交通企业组、文教组、民运组、秘书室、警备司令部、支前指挥部9个职能部门,负责接收旧政权工作。1950年3月,中共中央华南分局决定撤销佛山军管会,其行使的行政权力移交给佛山市人民政府,其主管的剿匪工作则移交给佛山市公安局负责。佛山军管会从成立到撤销的4个多月时间,对稳定佛山政治局面、整顿社会治安等方面作出重大贡献。

佛山军管会接管的渡口航运船

佛山军管会接管车行时召开的车商及职工大会

佛山大酒店

1923年，旅美华侨邝泗回国购买了佛山镇汾流街的京布行会馆。后由于佛山开辟马路，将汾流街辟为永安路。邝泗鉴于佛山还没有一间比较高级的旅店，于是将布行会馆改建为五层大楼，定名为"佛山大酒店"，是当时的地标性建筑。1933年3月16日《越华报》刊登广告称："本酒店建筑堂皇宏伟，楼高五层，空气充足，内部设备完整，诚佛山市所创举也。"1933年3月19日开幕，兼做结婚宴会礼堂。抗日战争时期，曾被日本侵略军作为军部。抗战胜利后，继续经营。1949年，改为成记佛山大酒店复业，一直到中华人民共和国成立。佛山解放后，佛山军管会设在此处。之后，该酒店曾作为佛山有线广播站、佛山文化馆等单位的办公地。1987年，落实侨房政策，产权归属邝泗家族。2022年被定为佛山市历史建筑。

佛山大酒店旧址

2 整顿金融秩序

佛山解放前夕，人民群众对于国民党政府发行的金圆券、银圆券完全失去信心，大量港币趁虚而入，市场计价支付皆以港币为单位，港币不仅合法，而且是唯一的通货。不法投机商兴风作浪，利用黑市和港币投机炒卖，加剧了金融市场的混乱。新生的人民政权诞生后，在经济战线也展开了紧张斗争。

1949年12月31日，佛山军管会发布命令，规定全市各私营银号、钱庄、金铺、专营侨汇及侨批业者，自1950年1月1日起至1月15日止，一律到中国人民银行佛山办事处进行登记，同时规定各公营或私营企业、学校、机关、社团、商户及市民的一切来往账务、债权、契约、合同等，一律以人民币为本位，禁止用外币结算。强调顶风违法者一经查获，以扰乱金融罪论处。从此，全市金融机构统归国家管理，私人钱庄、金铺等相继歇业、转行，不复存在。通过强有力的经济措施和行政手段，在较短时间内抑制了通货膨胀，实现了市场物价回落并保持基本稳定，提高了党的声誉和威望，赢得了人民群众对新生政权的信赖和支持。

统一使用人民币

1950年2月3日，佛山军管会明令银元及外币一律由中国人民银行佛山办事处挂牌兑换，禁止流通，坚决打击炒卖金银外币活动，规定人民币为唯一合法货币；港币及一切外币持有者，限于同年2月

10日前到中国人民银行佛山办事处兑换。命令发布后，地下钱庄、金融投机贩子、黑市炒卖金银外币活动仍暗流涌动，依然猖獗。在扫荡地下钱庄、打击黑市炒卖活动中，佛山军管会查出伪造人民币的窝藏点，查获假人民币5563张，进一步巩固人民币的信誉。人民币在市场畅通使用，金融形势趋于稳定。

1948年12月至1955年5月发行流通的第一套人民币

中国人民银行南海县佛山办事处

佛山军管会成立后，即派出军代表李立钧、林宗元等人进驻原国民政府广东银行佛山办事处（升平路133号），经过两个多月的筹备，1949年12月17日，新建立的中国人民银行佛山办事处正式营业，李立钧任主任，留用原来的工作人员10名，设文书、会计、业务及出纳4个专业组，由佛山军管会拨款500元为开业经费。佛山第一家人民金融机构就此成立。

为配合佛山军管会整顿金融秩序，1950年1—3月，中国人民银行佛山办事处迅速建立以人民银行为主的新的金融秩序，摧毁国民政府的旧金融秩序，严厉打击外币，使人民币迅速占领市场。1950年共发行人民币980.8万元；打击取缔不法金融投机的地下钱庄、找换档（剃刀门楣），结束旧有钱庄，统一把金融经营收归国家管理；积极推销发行人民胜利折实公债，共推销13万多分，超额完成

任务；逐步开展银行业务，办理存款、汇款及征收税款，至1950年4月，共代收中央税款3070819万元（旧人民币）。1950年3月24日，由李立钧代表正式签字接管原国民政府广东银行佛山办事处。4月，改称中国人民银行南海县支行，设立中央金库南海县支库与南海县发行库。同年底，市场全部流通人民币。

中国人民银行南海县佛山办事处旧址

3　统一财经管理

1950年2月13日至25日，中央财经委员会在北京召开第一次全国财经会议，决定节约支出，整顿收入，统一管理全国财政经济工作。3月3日，中央人民政府政务院据此作出《关于统一国家财政经济工作的决定》，主要内容是：统一全国财政收入、统一全国物资调度、统一全国现金管理，构建起以集中统一为基础的统收统支的财经管理体制。

1950年3月3日政务院颁布《关于统一国家财政经济工作的决定》

佛山市从1950年5月1日起执行中央关于统收统支的财政体制。地方征收的一切收入逐级上缴中央，地方所需支出全部由中央逐级拨款，年终结余全部上缴中央，国家的财权和财力都集中在中央。5月9日，广东省人民政府行政会议通过《广东省各专署（市）、县统一财政收支暂行办法》，省财政厅据此制订了一系列具体的规定和制度，地方财政工作以"统一、多收、少付"为原则。"多收"即争取在税收、公粮、清仓中增加收入；"少付"即抓紧事业费开支，节约其他办公费、生活费，做到先急后缓，先前方（抗美援朝）后后方，先军队后地方。1950年佛山市的财政收入任务为268.19万元（按下达的23万担大米每担11.66元折算），实际完成377万元。

自1951年1月1日起，国家制订"统一领导、分级管理"的财经管理体制，即中央级、大行政区级、省级三级财政，佛山市财政列入省级财政内。1952年全年收入为157.9万元，均全部上缴。财政支出方面，1952年市支出范围包括建设事业费、文化教育、农林水利、社会救济、卫生事业费，以及上缴省地支出、企业投资、其他支出、财务费等，共支出121万元。

国民经济恢复任务完成后，进入有计划的经济建设时期，从1953年起，实行中央、省、县（市）三级"划分收支、分级管理"体制，重新划分了各自的财政收支范围。

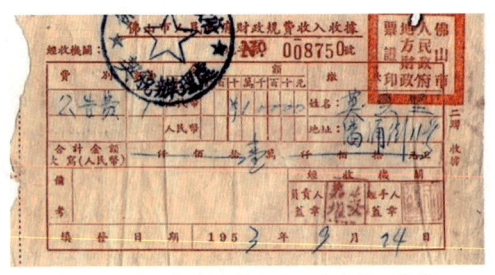

1953年9月24日，广东省佛山市公告费收入收据

人民胜利折实公债

　　人民胜利折实公债是为解决新中国的财政困难，由中央人民政府于1950年发行的面值与物价指数挂钩的债券。1950年3月发行第一期，同年5月发行第二期。人民胜利折实公债的发行额以分值为单位，分值的计算标准是：每分包括大米6市斤、面粉1.5市斤、白细布4尺、煤炭16斤，按全国六大城市（上海、天津、汉口、西安、广州、重庆）的批发价加权平均计算分值。债券的面额为1分、10分、100分和500分四种。

　　上级分配佛山市第一期的认购数是13万分，实际超额完成。第二期的认购任务是13万分，也完成了认购任务。人民胜利折实公债年息为5厘，从1951年开始抽签还本付息。1953年全部还清。此次公债不能作为货币流通，不能向银行抵押。

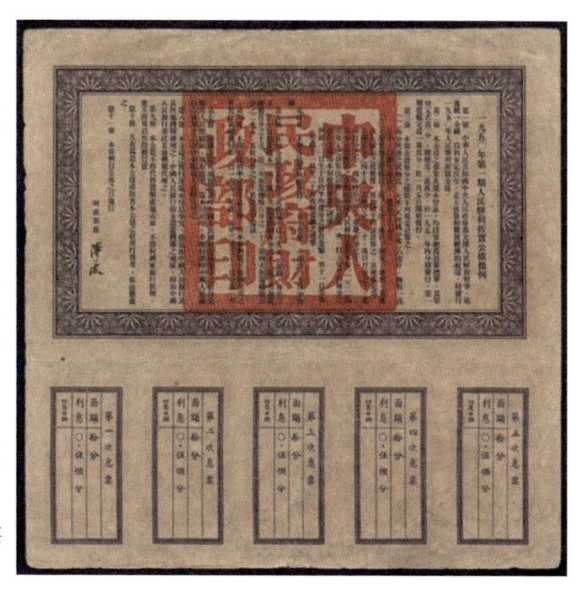

1950年发行的人民胜利折实公债

4 稳定市场物价

1949年11月至1950年2月，由于投机商哄抬物价，佛山出现了两次涨价风潮，粮价暴涨318%。粮价暴涨也带来了副产品和其他百货价格的暴涨，猪肉、白糖、鸡蛋、食盐、布匹、煤油等价格大幅攀升。1950年3月，佛山市政府贯彻执行中央财经委员会《关于抛售物资，发行公债，回笼货币，稳定物价的指示》，并逐步采取以下措施争取财政收支平衡和稳定市场物价。一是加强财政的统一领导，严格落实财政管理制度。国营工商企业实行集中统一的财务管理体制，所有利润收支、固定资产折旧基金全部交入中央金库。行政事业财务管理实行包干供给制，即以实物为基础以货币支付的一种经费供给办法。二是建立和扩大国营企业，尽快确立国营经济。1950年4月，成立粮食、棉布、百货、贸易四大国营公司，同时建立职工消费合作社，以领导市场、掌握物资、平抑物价。随后相继成立花纱、医药、水产、食品等公司，国营经济迅速扩大和增长，1951年市场批发零售业务逐步掌握在国营商业手里，一些私商转为经销或者代销。三是加强市场管理。1951年3月10日颁布《佛山市纱布棉织品产购销管理办法》，成立佛山镇纱布棉织品产、购、销管理委员会。4月21日实施《佛山市谷米市场暂行管理办法》和《佛山市谷米市场暂行管理办法实施细则》，成立谷米市场管理处（1953年6月改称粮食交易所），规定粮食买卖一律在交易所成交，并规定私商经营粮食批差率为8.5%。同月，佛山市对粮食采取直接向产区收购、大力抛售粮食等措施，以打击米商的投机活动，接着成立粮食托销门市部，实行粮食托销业务，稳定粮价。1952年对纱布行业实行加工订货，并及时调整私营工商业价格。

佛山市政府采取了一系列以制止通货膨胀、稳定物价为重点的有效措施，结束了物价飞涨的动荡局面，为国民经济恢复创造了条件。佛山市在国民经济恢复时期的三年多时间，工农业生产的发展速度较快，带来了市场商品供应的改善。1952年，全市商品零售额为3117万元，比1950年增长11.4%。零售物价总指数1950年为100%，1951年为101%，1952年下降为98.8%。

佛山市百货公司

佛山市百货公司的前身为珠江区百货公司南海支公司，是佛山最早的四大国营商业公司之一。1950年7月14日在升平路8号开业，职工46人，开业资金75000多万元（旧币），主营布匹、日用品、鞋袜、糖果、火水（煤油）等，货源主要从石岐、广州调拨，以供应佛山为主。公司设有人秘、业务、财会三股，直辖一个批发、零售兼营的综合性商店。1951年6月，因佛山正式由镇改市建制，公司更名为广东省百货公司佛山市商店，经营范围广、品种多，机构随之扩大，辖有3个零售商店以及百货、针织、糖果烟酒、五金交电化工、石油、药品6个批发部。业务涉及两县一市（南海县、三水县、佛山市），在九江、乐从、官窑、平洲、盐步、西南、芦苞等圩镇设有下伸点，开展订购包销工作，指导纸伞、毛巾、铜箔、文具、杂货等小商店、小厂联营，提高产销能力，稳定物价。

1954年，公司行政增设人事及物价两股，业务上加强批发和地方产品的收购工作。1955年改称佛山市百货公司。当时的主要任务除了稳定市场、平抑物价外，还要领导、改造私商。行业开始分专划细，先后分出五交化、糖烟酒、药品、文化用品、纺织品等公司。1956年完成全行业公私合营后，组建公私合营百货商店，一度专搞零售。1957年公司并入市商业局直属的日用百货经理部，国营商店与公私合营商店也随之合并，对外仍统一称佛山市百货公司，设有针棉、百货、文化、陶瓷日杂、医药等批发部，零售增设升平百货商店。

建立供销社促进物资流通

1951年，佛山市委、佛山市政府根据实际情况，组织成立财经领导小组、工业部、税务部、工商科等机构，加强对经济工作的领导。先后建立城市供销合作社和3个分社、农村供销合作社和1个分社、1个收购站。在恢复生产期间，市委、市政府通过组织和开展生产自救，扩大就业以发展生产，促进市场兴旺，改变工商业贸易不景气的状况。1952年，佛山铸造行业生产铸件313吨，生产总量比1949年增长50%。铸造业的恢复和发展，打出了生产自救的漂亮仗，为佛山自救创出了经验。

1951年11月，在佛山公园（即现中山公园）召开佛南三（佛山、南海、三水）物资交流大会；1952年派出国营代表和私营代表，参加在广州召开的华南物资交流大会；1953年在市文化宫召开佛山市第一次物资交流大会。三次交流大会的成功举办，激活了物资流通。市委、市政府采取一系列有效措施，使供销合作社业务兴旺，流通渠道畅通，生产发展，佛山市经济全盘变活，出现了"淡季不淡，旺季更旺"的新景象。

5　支援抗美援朝

1950年6月，朝鲜战争爆发。中共中央根据朝鲜政府的请求和出于国家安全的考虑，作出了"抗美援朝，保家卫国"的战略决策。10月，中国人民志愿军入朝作战。与此同时，全国展开了一场轰轰烈烈的抗美援朝的群众运动，直至1953年朝鲜战争结束。

1950年10月，中国人民抗美援朝总会成立后，各地相继建立了分会。佛山镇抗美援朝分会于1950年底成立。在历时三年的抗美援朝、保家卫国运动中，佛山首先在人民群众中加强宣传教育工作，提高人民群众对抗美援朝、保家卫国运动重大意义的认识。1950年12月，佛山镇委主持召开的第二届工人代表会议，确定中心工作任务是开展抗美援朝、保家卫国运动，积极搞好生产，以及整顿好基层工会。同月召开的佛山镇第二届各界人民代表会议第一次会议上，确定抗美援朝、保家卫国运动作为中心工作，要求各级党组织和政府认真抓好，做好宣传发动，使运动深入人心，并成立了"佛山镇中苏友好协会委员会"和"佛山镇人民保卫世界和平反美侵略委员会"。

在抗美援朝、保家卫国运动中，佛山市委根据当时人民群众的思想认识，决定在广大群众中树立抗美、反美的思想观念和抗美必胜的信心。为了清除群众崇美、亲美、恐美的思想观念，佛山市委组织抗美援朝宣传教育工作队到干部群众中开展"三视""三不""三拥"活动。"三视"就是教育群众认识美国妄图霸占世界、侵略朝鲜的罪行，认清美帝是纸老虎的本质，使人民群众仇视、鄙视、蔑视美帝；"三不"，就是不替美帝服务、不买美国货、不听美国之音；"三拥"，就是拥军、拥政、拥护土地改革。开展"三视""三不""三拥"活动在当时得到广大群众的积极响应，对抗美援朝运动起到有力的推动作用。

广大市民在市委的宣传教育下，对抗美援朝的重要意义有了深刻的认识，积极参加抗美援朝的捐献运动。在佛山，工人阶级起到很好的带头作用。全市在业工人15000多人，为捐献"佛山工人号"飞机1架，共捐现款3.9万多元、黄金1两3钱、金戒指6只、价值港币95万元的铂金戒指1枚和价值1000元美金的钻石戒指1枚。佛山三轮车工人将每月2日定为义务踏三轮车日，捐出当天的全部收入。佛山工商界也不甘人后，认捐了"佛山工商号"飞机1架。

抗美援朝捐献运动在各行各业中深入开展起来，形成了一个个高潮。有的行业进行义演，有的行业进行义卖，把所得收入全部捐献到抗美援朝中。

6　开展土地改革

1950年6月30日,中央人民政府公布《中华人民共和国土地改革法》。当年冬季,一场大规模的土地改革运动在农村开始广泛展开。中共中央提出的土地改革的总路线和总政策是:依靠贫农、雇农,团结中农,中立富农,有步骤地有分别地消灭封建剥削制度,发展农业生产;土地改革的基本内容,是没收地主的土地分给无地少地的农民,把封建剥削的土地所有制改变为农民的土地所有制。

佛山土地改革运动经历了发动群众、划分阶级成分、没收和分配土地、复查总结等阶段。为了深入发动群众,搞好土地改革运动,1952年下半年,佛山市委派出土改工作队深入各乡村,发动农民群众。由于土改运动前期建立了农会和开展了减租退押,进入全面土改阶段组织农民向封建地主阶级开展斗争的工作进展得比较顺利。土改工作队进村召开农民大会,宣传土改的目的和重要意义,号召农民行动起来积极投身土改运动;通过调查、访问,到农民家宣传土改政策、路线,向农民宣讲"我们辛苦种田为什么还是穷?地主不劳动,却吃好穿好",让农民认清贫穷的根源。经过三番五次的教育,农民的觉悟提高了。

佛山市在土改斗争果实分配过程中,贯彻了依靠贫雇农、落实政策、发扬民主、打通思想的原则,对土地、耕牛、农具、余粮等强调满足贫雇农;家具、衣服要适当照顾其他劳动人民以免贫雇农孤立。以敦厚乡为例,土地分配是按1950年各种田地产量评估,分

1950年6月30日颁布《中华人民共和国土地改革法》

得田地（折算为产量）粮食产量为：雇农平均每人420公斤，最高875.5公斤，最低402.5公斤；贫农平均每人380公斤，最高646.5公斤，最低377.5公斤；中农平均每人308.5公斤，最高每人464.5公斤，最低281.5公斤。余粮分配为：雇农每人平均分得157公斤；贫农每人平均分得101.5公斤；中农每人平均分得53公斤；工人、小贩平均每人分得51公斤。而耕牛及其他农具的分配基本上既能满足贫雇农，也能照顾到其他劳动人民。

  佛山市土地改革仅用一个多月的时间就完成了划分阶级成分、没收和分配土地的工作。土地改革的成功，极大地解放了生产力，有力地促进了农村经济的恢复和发展，为争取国家财经情况的根本好转及社会主义改造和建设奠定了坚实的基础。

7 以工代赈开展城市建设

1950年6月24日，佛山市政府召开第一次筹备救济失业工人会议，讨论制订发动工人生产自救、以工代赈开展市政建设等工人失业救济办法，并成立"佛山市救济失业工人委员会"，市长方孟兼任委员会主任。同日，文正桥修建工程完成，该项工程耗资1360.8万元（旧币）。

7月4日至8月21日，佛山组织失业工人修筑公正路、锦华路，共修筑面积5812平方米。从1950年至1957年，佛山利用有限资金，组织失业工人以工代赈，继翻铺公正路、锦华路等破旧马路后，新开辟了新堤路、文沙路、祖庙路及富民路，修铺马路9.5公里，面积8.47万平方米，新开辟马路3.58公里，面积4万平方米，道路工程总投资52.3万元。

1953年，佛山发动青年义务劳动和利用工赈队施工力量，清理靠近汾江河边的瓦渣地，辟建中山公园新区。1954年填补修筑人民体育场。1956年在祖庙西侧辟建祖庙公园，占地面积7000平方米。此外，加固修复新涌桥、中山桥，重建莲花路尾桥，新建镇北街、普君西两座市场，还清挖沟渠、修建汲水埗头和码头等，土木建筑投资达到30万元，路灯、公园等投资达8万元。

文正桥（人民桥）

文正桥位于永安路北口右侧，横跨佛山涌，是新中国成立后佛山第一项市政工程。该桥始建于1946年，为叠滘一带乡民自发筹

佛山之心　祖庙印记

文正桥（人民桥）现状

建的木质小桥，取名"中正桥"，并曾用收过桥费和发动义捐方式为改建铁桥筹集资金。1949年该桥桥身出现倾倒之势。1950年6月24日，佛山市政府组织修复竣工，改名"文正桥"。1957年和1961年先后两次修建。1961年修建工程量较大，拆去旧桥面，换新桥面加铺沥青，桥墩用木排架，于1962年1月竣工，但仍不能行汽车。1973至1974年间拆桥重建，定名"人民桥"。新桥为钢筋混凝土双曲拱结构，灌注桩基础。桥宽12.24米，中间行车道宽8米，两旁行人道各宽2.12米，桥长46米，桥跨32米，可通汽车。1990年该桥再次扩建。

公正路

公正路前身为潘涌大街，是佛山明清时期最繁华的街道之一。那时街道商贾林立，都秉承公买公卖的原则，于是"公正市"在佛山坊间流传开。

由于佛山镇以街和巷作为交通要道，至20世纪30年代初期，街道依然十分狭窄。1931年，佛山开辟马路，修复城市建筑，潘涌大街改建成一条300多米的市政马路，这条街北起锦华路，南至莲花路，名字改为"公正路"。晚清至民国时期，公正路成为佛山镇绸缎布庄、金铺、玉器饰品、百货洋杂等行业最为集中的地方，其中仅金铺一条街，大大小小有四十多家首饰店，比较有名的有兴贤堂、西成、安成、黄广成、佑和隆、巨昌等商号。公正路两旁建有骑楼风格建筑，故又称骑楼街。

1950年7月4日，政府组织失业工人1000多人，修筑公正路、锦华路，砂土或三合土路面，两车道，没有功能区分，8月21日竣工，共修筑面积5812平方米。公正路的商业在金融整顿和工商业调整中有了一些改变，最显著的是众多的金铺销声匿迹，以营销绸布、鞋为主，销售面食、糖糕、扣、土布、袜子等商品。到了20世纪八九十年代，公正路商业依然十分活跃，新增医药用品、社会服务等行业，主要的国营商业有华南糖烟酒副食品商场、庆丰纺织品店、新民药店等27家纯商业、饮食业、服务业商店。

佛山市人民体育场

1954年，佛山市人民体育场建成，面积为4万多平方米，内有完整的400米跑道、足球场以及篮球场、游泳池等。1956年，在佛山市人民体育场内成立了佛山专区体育专修班，设体操、游泳、篮球、田径、足球等项目。

佛山市人民体育场牌坊

佛山市体育运动学校

　　市体委也组织了学生进行课余体育训练，专区体委委托市体委具体分管体训班的训练工作。1957年，体校进行乒乓球、足球、体操、田径训练。来自市内的各中、小学生采取半训半读形式进行训练，后发展成文化学习、训练、食、宿四集中的独立办校形式。1983年，实行市领导县体制后，体校改为市中心业余体校。1984年9月，成立筹备运动学校领导小组，进行运动学校的筹建工作。1985年3月，正式成立佛山市体育运动学校（属中等专业学校），9月1日开学。

8 扩建中山公园

新中国成立后,佛山市人民政府多次拨款对佛山第一个市民公园——始建于1930年的中山公园进行修缮、扩建,发动群众义务劳动清园、植树、挖湖。经过不断地扩建和改建,中山公园的面积现已达到32公顷,形成了以广阔水景和丰富绿化为特色的园林景观。园内分南门广场区、历史文化区、老年活动区、草坪区、湖区、儿童游乐区、动物观赏区、观赏休憩区等。

2023年,禅城区推动文化地标串珠成链,打造标志性"岭南文脉轴线",中山公园成为"岭南文脉轴线"上的重要景点。

中山公园牌坊

秀丽湖牌坊

秀丽湖牌坊

中山公园秀丽湖牌坊跟佛山祖庙牌坊有深厚渊源。两者建于明代，原为栅下崇庆里"参军李公祠"的建筑物，是两个建筑形式和结构完全相同的牌坊。李参军，即李舜儒，是佛山名人李待问之兄，因公祠内同时祭祀李待问，故有两个相同的牌坊。1960年，两个牌坊一个被迁建至祖庙，一个被迁建至中山公园。牌坊为四柱三间三楼式木石混合结构，绿琉璃庑殿顶，所雕纹饰简练古朴；屋顶还有龙珠、鳌鱼、陶塑花鸟瓦脊等装饰，古风犹存。1998年被公布为佛山市文物保护单位。

群英阁

群英阁始建于1959年，是公园内最大的仿古建筑。20世纪70年代，"群英阁"茶楼落成并开业，是当时佛山的著名茶楼之一。90年代末，因污染周边湖水、白蚁蛀蚀建筑等问题，停止对外开放。2018年，群英阁、长廊等仿古建筑开展修复，修葺后的群英阁作为展览馆重新对外开放。

中山桥

　　1929年8月21日，由大亚建筑公司承建的中山桥在施工5个月后建成，是日举行落成典礼。该桥长40.08米，行车道宽6米，两侧人行道各1米，桥身由钢筋混凝土筑成，每个桥墩用排桩7根，有桥孔5个，中间一段桥面用木制成，可以启闭，方便轮船通过。桥的承重力为15吨，限制重量10吨。一年半后可启闭段因机器失灵不能开合。1947年重修，用工字铁代替桥墩的木桩，更换桥面。1961年进行加固。1976—1977年重建。重建后的中山桥，为钢筋混凝土桁架拱结构，预制拱肋分3段拼装，桥面宽18米，中间行车道12米，两边人行道各3米，桥跨42.5米，桥长50.12米，桥南端与南堤路成立体交叉，桥面接升平路，坡度为3%，桥面铺树脂沥青混凝土。

9 调整基础教育布局

佛山解放后，接管公办小学和国民党机关团体主办的小学7间：南海县立中山小学、中正小学，佛山镇立的镇二小、镇三小，大基保国民学校，劳工小学和机工小学。将中正小学改名市一小，镇二小改名市二小，镇三小改名市三小（中山小学并入），机工小学改名市五小。接管南海县立第一中学1间，改名为佛山中学。

1952年3月，根据教育部《关于处理接受美国津贴的教会学校及其他教育机关的指示》精神，佛山市政府接管华英中学的同时，陆续对教会办的华英、树德、公理、灵光四所小学进行改革、裁并，将华英小学改名市八小。1953年裁撤学生过少的公理和灵光小学，分别并入西华小学和敏求小学，经费不足由人民政府补助。1958年树德小学改名棉四厂小学（1971年改名市二十八小学）。

1952年9月，根据教育部《关于接办私立中小学的指示》，佛山大力开展中小学校的接管、整顿，同时对办学条件相对较差的学校进行调整、合并，此项工作于1954年基本结束。至1955年，佛山市区有公立小学10所、私立小学20所、民办小学2所，学生9497人；有公立中学3所，分别为市第一中学、市第二中学、市第三中学。基础教育布局趋于合理，并得到了较为全面的恢复，学生在德、智、体、美各方面的质量均有了较快的提高。

佛山中学

佛山中学前身是南海中学（即南海县立第一中学），1949年11月由佛山军管会接管后，更名佛山中学。1951年春，解散了恶霸把持的私立莲华中学，将该校师生全部转并到佛山中学。1952年3月，根据教育部《关于处理接受美国津贴的教会学校及其他教育机关的指示》精神，佛山市政府接管华英中学，并将华英中学与佛山中学合并，加强领导，充实师资，校址设在文沙路华英中学旧址。1954年因在龙船湾原莲花中学旧址上兴办了佛山市二中，于是将佛山中学改名为佛山市第一中学。1957年，佛山市第一中学被定为省、地、市三级重点中学。

佛山市第一中学

佛山联合中学

1952年7月，佛山市政府根据"整顿巩固、重点发展、提高质量、稳步前进"的方针，将学生不多、经费难以筹措，并共同请求人民政府接办的私立经纬中学、元甲中学与西樵中学合并成为联合中学，定名为佛山联合中学，校址设在经纬中学（1945年成立，前身为佛山书院），实行民办公助。1956年，学校改为公办，更名为佛山市第三中学。

1952年7月成立的佛山联合中学校门

10 粤中行署迁址佛山

1954年6月1日，粤中行政公署由江门市迁入佛山市（此后管辖区域虽有变动，驻地均在佛山市）大福路10号。佛山市发展成为粤中行政区及其后的佛山专（地）区政治、经济、文化中心。

粤中行署辖中山、顺德、南海、三水、番禺、东莞、宝安、增城、博罗、龙门、珠海、新会、高明、鹤山、封开、怀集、高要、广宁、四会、新兴、罗定、云浮、郁南、德庆24个县及江门、佛山、石岐3个市。1956年粤中行政公署撤销，设佛山专员公署，辖中山、珠海、番禺、顺德、南海、三水、新会、鹤山、高明、台山、开平、恩平、花县13个县和佛山、江门、石岐3个市。1963年撤销石岐市后，辖中山、珠海、番禺、顺德、南海、三水、高鹤（高明与鹤山合并）、新会、台山、开平、恩平、斗门12个县和佛山、江门2个市。1975年，番禺县划归广州市。1979年11月，珠海市从佛山划出。

佛山市红星影剧院（红星戏院）

1954年4月，红星戏院在福宁路建成，占地面积1500平方米，有观众席1500座，舞台高10米，宽16米，深12米，是当时珠三角最大的影院，佛山首座玻璃幕墙建筑、以宽银幕为卖点的影院。1963年，该院被评为广东省文化系统先进单位。1969—1987年，该院是全省粤剧演出的重要基地。1984年，戏院安装中央空调设备，并实行影剧、康乐服务综合经营，逐步向多功能的综合型的文化娱乐场所发展，并改名为红星影剧院。2001年6月，因年久失修，红星影剧院停止放映业务。2009年，随着祖庙东华里片区拆迁改造，红星影剧院退出历史舞台，成为佛山人的历史记忆。

1954年12月15日的红星戏院

粤中行署第一人民医院

1953年11月11日，粤中行署接管教会医院——英国循道会循道医院，改名为粤中行署第一人民医院（地址文昌沙）。由热带病学专家伍学宗继任院长，增派梁志坚任第二院长，并设立小儿科、妇产科、检验科等基础科室。1955年更名佛山专区第一人民医院。1955年至1958年，增派骨干医生37人、护士4人到北京、上海、广州等城市先进科室进修，同时不断改善和提升医疗条件水平。

1951年10月，医院响应党的号召，派出一支9人抗美援朝医疗队，奔赴指定地点——河南省漯河地区郾城县志愿军后方医院为抗美援朝志愿军伤病员服务。1957年，卫生部副部长钱信忠给医院来信称誉"你们佛山专区第一人民医院确为全国地区医院之冠"。1959年，医院正式被评为全国十二家办得好的专区医院之一。1960年妇产科护士长周永润赴北京出席全国首届护理学术会议，受到周恩来总理的亲切接见。1983年佛山地区实行地、市合并，医院更名为佛山市人民医院。1984年3月，更名为佛山市第一人民医院。1991年，医院被评为广东省首家三级甲等医院。1992年，佛山市委、佛

1953年11月成立的粤中行署第一人民医院

山市政府决定在城南新区兴建一座现代化大型综合性医院。1993年1月，新医院工程奠基。1997年，一座被誉为"中国医院现代化建设起点"的大型现代化医院在城南崛起。1998年6月，新医院全面启用，医院实现历史上第三次全面搬迁。

11 贯彻党的"一化三改"总路线

党在过渡时期"一化三改"的总路线和总任务是：要在一个相当长的时期内，逐步实现国家的社会主义工业化，并逐步实现国家对农业、对手工业和对资本主义工商业的社会主义改造。

为贯彻落实党在过渡时期"一化三改"的总路线和总任务，1954年6月29日至7月5日，佛山市第一届人民代表大会第一次会议召开。出席会议的代表128人。

会议确定佛山市今后任务是：继续深入开展增产节约运动，发展生产；积极领导个体手工业生产，稳定发展互助合作组；广泛开展农业互助合作运动，重点试办农业生产合作社；有计划扩大国营商业，贯彻为生产、为人民服务方针；引导私营工商业积极经营，走社会主义道路。

随着国民经济第一个五年建设计划的制订实施，至1956年底，佛山基本完成对农业、手工业和资本主义工商业的有系统的社会主义改造。

红棉丝织厂

佛山解放后，不少资本家抽逃资金避税，或个别干脆弃厂逃往香港，丝绸工业面临严峻形势。为恢复丝绸业的生产，佛山组织企业工人搞生产自救；对缺资金原料的工厂，则由中国人民银行贷款、中国蚕丝公司拨出土丝支持生产，帮助丝绸工业渡过难关。此

佛山市红棉丝织厂生产车间

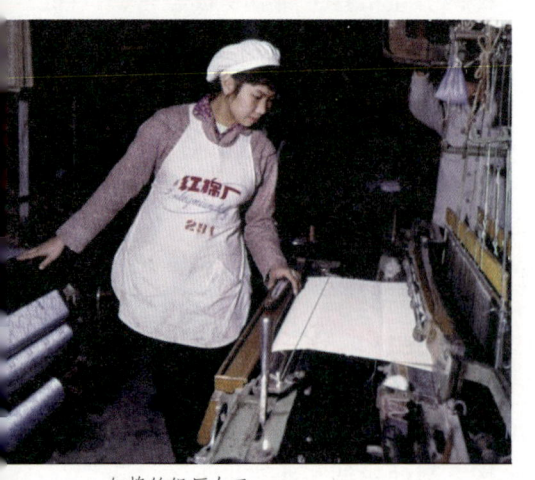

红棉丝织厂女工

后，佛山利用有限国有资金，逐步对丝绸行业实行加工订货、收购、统购统销，组织公私合营企业和生产合作社，建立和发展国营丝绸企业。

1951年，佛山地委、市委投资与纱绸、晒莨的私营工厂合股，组建公私合营红棉纱绸股份有限公司。1951年9月，珠江专员公署与佛山市委联合投资，组建佛山市红棉丝织厂。1953年初，红棉纱绸股份有限公司转入红棉丝织厂，统一为佛山市公私合营红棉丝织厂。该厂是佛山第一家公私合营企业。1956年10月，红棉厂与公记隆丝织厂合并。1956年底，在市郊敦厚新建红棉厂进行机械化生产，成为广东省第一个机械化丝织工厂。1958年在亲仁路尾征地建新厂（汾江中路），更名为地方国营广东省红棉丝织厂。

公记隆丝织厂

公记隆丝织厂前身为南海西樵区佐记丝织厂。1938年迁顺德水藤,取厂名公记隆,注册"帆船"商标。1942年,公记隆丝织厂迁到佛山镇。当时只有50多台织机,两三年间发展成为设有正铺、工场的大规模企业:正铺设在衙前街,有花箱机33台;二工场设在华康西街头,有花箱机66台;三工场设在福宁街,有10多台花箱机。由于生意兴旺,在广州设立了纱绸庄,在佛山永安路设立了"成兴"纱绸庄,并开设了"成兴"晒莨场。

1953年12月,转为地方国营企业的公记隆丝织厂生产车间

佛山市搬运公司

1953年2月27日,以佛山搬运工会(1950年6月成立,属下有码头、什货、柴炭、大桥头、大基尾和上沙6个分会)为基础,整合民间自由组合的上沙、莲华、南堤、火车站、文昌沙、永安、大基尾、普君、公正和福禄等12个挑挽段,正式成立"佛山市人民政府搬运公司"。公司由市长何武兼任经理,共有干部职工610人(其中女工占总人数的37.5%),地址设在汾宁路,实行公司、站(股)、班组三级管理,以站为基本生产单位,共有文沙、上沙、大基尾以及一、二、三6个搬运站,按货源的分布特点编队,在生产管理上实行运输、调度、货源三统一。

公司成立后实行民主改革。首先,整顿搬运队伍,在工业企业内发动和教育群众,清理各种坏分子,废除封建把头的统治;其次,成立搬运公司管理委员会,经理兼任管理委员会主席、工会主席兼管理委员会副主席和21名工人代表组成,实行民主管理。1954年,市政府拨给公司两台汽车("布拉格""匈牙利"),载重量共6.5吨。1958年9月,市搬运公司、木帆船运输队、三轮车社、砖瓦运输队、放运组等单位合并,成立"佛山市运输公司",是佛山第一家地方国营企业。

12　振兴发展佛山中医药事业

为振兴和发展佛山中医药事业,1955年3月,佛山市首届中医代表会议召开。会议贯彻党的中医政策,交流和提高中医的医疗技术,打破宗派主义,推进中医药界的团结。冯德瑜、李广海、彭玉林、陈典周等佛山著名中医参加会议。

1955年3月佛山召开首届中医代表会议

佛山市中医院

新中国成立后,国家鼓励私人开诊的医生逐步走上合作化的道路,组织联合诊所。1951年7月,佛山市中医工会、西医工会合并成立中西医药联合委员会,在莲花路附近设一间联合诊所,由私人医生轮流应诊。至1954年,佛山市中、西医生已组成17间联合诊所。

1956年7月1日,以冯德瑜、李广海、彭玉林三位医生为首的汾

1956年的佛山市中医院

宁、健康、同仁3间联合诊所合并作为基础，并吸收市内一些颇有名气的开业医生参加，组成佛山市中医院，实行民办公助、自筹自给的建院方针，市政府卫生科拨款1.5万元。1958年，佛山市中医院从原快子路10号迁至亲仁路6号，建起新院舍。医院体制为集体所有制，管理体制为院务委员会领导下的院长负责制，全院职工49人，其中专业人员36人，设有内科、外科、正骨科、针灸科，并设有急诊室、治疗室、药房、检验室、X光室等业务用房，有病床20张，主要收治骨科、内科病人。

该院药房设简单炮制室、膏丹丸散室、配方室、提炼室4个部分，自行加工中药及配制银翘、桑菊等9个合剂提供临床使用。1957年提炼中药水剂达到60多种。1958年生产出中医院第一种治疗肝炎的"陈蒿汤"注射液。1969年，经省卫生厅和佛山市革委会批准，佛山市中医院改为公立单位，属全民所有制。

佛山市普君医院

佛山市普君医院是佛山市第二人民医院的前身。该医院始于1922年创建的吴满福跌打诊所，1957年吴满福、吴祖赐、吴国明等名医将普君、福贤两间联合诊所组合成普君医院，设中医部和西医部，为集体性联合医疗机构。1972年，普君医院挂牌成为全民所有制的佛山市人民医院。1978年，更名佛山市第一人民医院，增强西医力量，成为一间综合性医院。1983年，由于地、市行政区域合并，医院转归佛山市政府直接管理，更名为佛山市第二人民医院。

普君医院中医部当时颇负盛名，对医治关节脱臼、骨折等效果十分显著。著名举重运动员陈镜开，在某次打破世界纪录时，腰椎损伤，在首都北京医院经X光检查诊断为腰椎骨折，经治疗，效果不佳。曾请在北京工作的苏联专家会诊，苏联

1961年，普君医院工作人员在门诊楼前合照

专家建议手术治疗取出裂骨，但这样治愈后就不能再当运动员。陈镜开不同意做这种手术，于1961年到佛山普君医院就医。吴满福、吴祖赐精心治疗，以舒筋活络方法，每天给他中药内服、外敷及按摩，连续治疗六个月后痊愈出院。后陈镜开继续参加举重运动，并两次打破世界纪录。

一位澳大利亚华侨因为大腿骨折，在侨居地久治未愈，大腿肌肉已开始萎缩。当地医生建议截肢治疗。患者不愿截肢，于1961年特从澳大利亚回来佛山求医。由吴满福、吴祖赐给予精心治疗，经过四个月时间痊愈出院。患者非常高兴，回到澳大利亚后，还在当地登报鸣谢祖国良医。

13 动员归侨侨眷参加建设

1951年12月5日,佛山市归国华侨联谊会成立,并以升平、普君、祖庙、永安等街道办事处为单位建立归侨侨眷小组,宣传党的侨务政策。

第一个五年计划实施后,为组织归侨侨眷参加社会主义建设,1955年2月27日至3月1日,佛山召开第一次归国华侨联谊会会员大会,通过联谊会通则,组织归侨侨眷学习宣传党在过渡时期总路线。同年3月,市归国华侨联谊会在福禄路三友巷口会址内组织成立"侨眷生产自救组",组员18人,每人自筹资金30元入组,8月扩大为佛山市归侨侨眷缝纫刺绣生产合作社。同年又成立养蜂场安置部分归侨侨眷就业。

根据广东省第一次侨务工作会议精神,1956年4月29日,成立佛

快子路市华侨联合会堂旧址

山人民委员会华侨事务管理科，开展归侨侨眷参加生产合作和争取华侨回国投资工作。8月8日至10日，召开佛山市第二次归国华侨联谊会会员代表大会，南非华侨黎广沃及其女婿梁壮志任名誉主任，冯朴园任主任，迁址快子路48号。1956年8月，成立佛山市华侨投资支公司，当年吸收股金10.88万元，股东36人，其中黎广沃、梁壮志的投资占投资总额90%以上。1957年3月1日，市归国华侨联谊会更名佛山市归国华侨联合会。8月，市归国华侨联合会筹资25万元人民币（黎广沃占11万元）建成华侨造纸厂，安排了100名归侨、侨眷就业。1958年春，无息投资2100多元支援祖庙办事处兴办华侨化工厂。8月，集资5670元人民币办佛山市华侨中学（后因经费不足，该校合并于佛山市第四中学）。

此后，市归国华侨联合会在1959年、1963年连续两次召开侨代会，动员广大归侨、侨眷、港澳同胞家属与全市人民一起，积极参加社会主义建设。

佛山市华侨投资支公司

1956年1月11日，成立佛山市华侨投资支公司辅导委员会，由市财委、市人委民政科、市委统战部、市人民银行等单位有关人员组成，以加强投资辅导工作。1956年冬正式成立"广东省华侨投资佛山支公司"（简称"市华侨投资支公司"）。市华侨投资支公司开始设于市人民银行内，1957年与市人委侨务科合署办公，干部1人。当年3月即筹建华侨造纸厂，8月投产，初始生产草纸，后来发展到生产光纸及白版纸。全厂职工217人，其中华侨、侨眷职工100多人，占职工总数的46.08%；职工中，华侨股东51人，非股东49人。由于市华侨投资支公司属于国营侨资信托企业，吸收的资金由国家调配，股息有保证，华侨投资遍及印度尼西亚、南非、加拿大、新加坡、秘鲁和中国香港等地。1956年至1965年，市华侨投资支公司共吸收华侨股金85万元，用于新建、扩建企业的大小项目68个，其中用于支援农业生产的有26万元。1966年停止业务。

佛山市华侨机绣社

  佛山市华侨机绣社的前身是佛山市归侨侨眷缝纫刺绣生产合作社。1955年8月，在"侨眷生产自救组"的基础上成立佛山市归侨侨眷缝纫刺绣生产合作社，有社员75人，以生产刺绣枕芯、童枕为主，并从广州聘请师傅教授机绣法，开始机绣品生产，自产自销，此后年年能够超额完成国家经济建设公债的认购任务。1958年，佛山市归侨侨眷缝纫刺绣生产合作社与佛山市刺绣生产合作社合并，成立佛山市华侨机绣社，有社员110人，资金2万元，生产进一步发展，当年实现年产值20多万元。1961年，市华侨机绣社拆分为佛山市机绣社和佛山市刺绣社，机绣社的机绣品开始专业化生产，并逐步扩大为国内、国外两个市场。1969年机绣社又再次与刺绣社合并，取名佛山市绣品工艺厂，除生产机绣品外，还生产戏服、狮被、旗帜、印衫、帆布及人造革制品等，实现专业化生产与多元化生产结合、走内销与走外销结合，为工厂进一步健康发展奠定基础。

14 西佛线建成送电

　　1955年4月1日,西(村)佛(山)线正式建成送电。送电线路从广州西村发电厂至佛山中山路简易变电站(装4台单相400千伏安变压器,其中一台备用),全长21.2公里,定名西佛线,按35千伏设计和建设,以13.2千伏运行,接入中山路简易变电站,降压为2.3千伏后接入佛山市区电网。西佛线改变佛山依靠光华发电厂等小型电厂在本地域小范围供电的历史,成为正在建设的珠江三角洲地区整体供电网络的(简称"珠江电网")一部分。

　　1958年,佛山市区首项35千伏输变电工程诞生。在市郊敦厚建设35千伏变电站,安装1台3200千伏安变压器,同步将西佛线升压到35千伏,接入敦厚变电站,中山路变电站停止运行。市区配电网从2.3千伏升为6—10千伏,照明/动力电压从110/220伏升为220/380伏。西佛线将广州电网廉价电力送入佛山,刺激了地方工农业生产的发展,纺织、碾米、榨油和机械加工业从自备发电转用电网系统电力。

1954年4月,佛山市中山路简易的13.2千伏变电站

地方国营佛山电业营业所

1955年4月西佛线投产,成立"地方国营佛山电业营业所",负责佛山市区内一切供电业务,承担维护管理配电设施,开始了电力工业国有、国营。有着42年历史的私营光华电器股份有限公司结束经营,公司的发电机分别拨给增城、梅县和惠阳等地。

佛山市区首项35千伏输变电工程——敦厚变电站

1958年,佛山电业营业所并入佛山电机制造厂管理。1960年4月,佛山电业营业所从电机制造厂分出改称"佛山供电所",隶属佛山市工业局管理。同年6月,以供电所为基础建立佛山专区输变电工程公司,属专署机电局管理。1961年,输变电工程公司改称"佛山专区电业公司",划归专署水电局管理,从省电力技工学校招收30多名提前离校的学生充实公司的技术队伍。1962年,佛山专区建成广州芳村至佛山第一条110千伏输电线路,建成第一座110千伏变电站——佛山站,佛山电网全部纳入珠江电网。同年9月,广东省珠江电业局接管佛山电业,组建佛山供电所取代佛山专区电业公司。

15 粮油棉统购统销

统购统销制度是政府在农村实行农副产品计划征购，在城市实行定量配给政策。统购统销制度从粮食开始。1953年11月19日，中央人民政府政务院发出《关于实行粮食的计划收购和计划供应的命令》。12月17日，佛山市政府发布《佛山市粮食市场管理暂行办法》，决定翌日起实行粮食计划供应，本市居民按户发放购粮证，凭证不限量供应。1954年7月，市政府颁布《油料市场管理暂行办法》，对花生（油）、芝麻（油）、菜籽（油）等实行统购统销。9月16日，市政府又取消棉布自由市场，实行计划供应。统购统销发展成为包括粮食、油料、棉花、棉布等在内的一整套农副产品统购统销制度体系，并随之不断规范。

1955年7月14日，市人委制订《佛山市整顿粮食计划供应办法》，实行凭证定量供应，人均定量11.15公斤；7月25日，城镇居民实行"以人定等、以等定量"的市镇粮食供应办法，人均定量调整为11.6公斤。8月8日，国家粮食部通知在全国通用粮票、地方粮票、地方料票。10月起，全国通用粮票诞生，地方粮票相继问世。粮食票证制度至此正式确立，佛山粮食供应票证先后制发粮食"八证八票"，对粮食进行计划供应。

粮食"八证八票"

根据1955年9月5日国家粮食部颁布的《市镇粮食定量供应凭证使用暂行办法》和广东省粮食厅发布《广东省粮票暂行管理办法》，佛山市粮食供应票证先后制发"八证八票"。"八证"是佛山市居民粮油供应证、集体粮油供应证、饮食行业粮油供应证、工业用粮供应证、市镇居民粮食转移证、缺粮户粮食供应证、广东省常年流动人口粮油供应证和农村粮食供应转移证明。"八票"是全国通用粮票、广东省通用粮票、佛山市通用粮票、广东省流动专用粮票、佛山市旱粮票（搭配杂粮）、侨汇粮油票、佛山市油票和军用价购粮票。粮食票证是执行粮食定量供应的主要凭证，粮票是代表粮食的无价证券，凭其票面数量可购买同价等量的粮食。

佛山专区粮食局印刷"佛山专区购粮票"票面为壹市斤

16 挖掘保护佛山民间工艺

佛山手工艺品类繁多,技艺精湛。新中国成立后,市委、市政府重视恢复传统手工艺品的生产。1954年11月,粤中区党委、佛山市委决定对民间工艺美术遗产开展挖掘、整理、研究工作。1955年7月,佛山地委、佛山市委联合组织民间艺术(工艺美术)调查组,开展对佛山秋色、剪纸、年画、灯色等手工艺的普查、发掘、整理工作;同时组织手工艺人归队,开展对手工艺人状况的调查,访问老艺人,传达党和政府对老艺人的关怀和扶持民间艺术(工艺)的指示,鼓励老艺人积极创作、收集、挖掘和恢复佛山民间艺术。1956年9月,成立专业从事民间工艺美术研究机构——佛山民间艺术研究社。期间,佛山市委、佛山市政府积极引导手工艺行业的个人、企业走合作化道路,合营成立佛山市绉金厂、佛山市乐器工艺厂、佛山市制染色纸厂等。同时,调整、撤销、淘汰因内容、形式、工艺、技术、材料等陈旧落后而不适应时代需要的企业或手工艺品,人员转业到其他工业企业。至1962年,全市以生产传统手工艺品为主的企业有35家,生产20个大类100多个品种。为加强对工艺美术的管理,佛山市二轻局于1963年设立工艺美术股,配备专职干部,管理全市工艺美术企业与产品的生产、经营。

佛山民间艺术研究社

为抢救濒临失传的传统民间艺术制作技艺,如佛山秋色、剪纸、刺绣、门画等，并安置身怀绝技的民间艺人就业，1956年5月4日，市工业局筹备成立佛山秋色工艺社，是一个专业从事民间工艺美术研究的全民所有制机构。地点初设在佛山市福禄路原精武会馆，由省政协委员、市政协副主席、著名国画家陈士炯任社主任。9月，更名为佛山民间艺术研究社，社址迁升平路陈列室。1958年迁址佛山市祖庙路5号，吸收一批民间艺人或青年文艺爱好者参加，职工50余人。民间艺术研究社有秋色、灯色、剪纸和书画4个技艺基础部门，专门从事民间艺术或工艺的研究、创作，传统的产品只有小量生产、销售和专门用于参加展览以及接待外宾。

　　佛山民间艺术研究社组织了一批老艺人入社，有秋色艺人汤洪、林牛、梁次、叶秋等，剪纸艺人梁朗生，灯色艺人邓威、吴球，国画家陈士炯，书法家林君选，此外还有林汝、李卓、林申等。同时，通过组织技艺人员进行技艺培训，开展以师带徒，外出参观，体验生活和举办多种形式技艺表演及创作会，培养一批手工艺人。佛山民间艺术研究社也是展示佛山民间文化艺术的窗口和对外参观点。20世纪60年代，到佛山市视察和参观民间艺术研究社的国家领导人及著名的专家、学者、艺术家有朱德、董必武、陈毅、郭

佛山民间艺术研究社旧址

佛山民间艺术研究社

沫若、赵朴初等,对其在传承和发扬佛山民间工艺的成就给予很高评价,当时有"北有北京琉璃厂,南有佛山艺术社"的美誉。

佛山文化工艺社

1956年2月,由42名手工业者在松桂里成立佛山文娱玩具生产合作社,主要产品有狮头、狮鼓、二胡、秦琴、椰胡等传统工艺品及民族乐器。到1958年发展为佛山文化工艺社,增加了纸袋、纸花及纸扇、图章、笔墨、羽毛球、灯笼等文化工艺产品。1970年佛山文化工艺社合并到向阳机修厂,改名为塑料机械(乐器)厂,主要生产无梭喷气织机气缸、摇臂钻、注塑机,并保留部分乐器、狮头、狮鼓等传统产品。1975年5月从塑料机械厂分家,重新成立佛山市乐器厂。1980年,乐器厂开展"三来一补"业务,从市服装二厂接收了港商来料加工婴鞋,开始对外贸易,生产扩大。为适应市场的需要,1985年易名为佛山市乐器工艺厂。

17 提出轻工业城市建设规划

在国家工业化建设全面展开、社会主义三大改造接近尾声、全国正迎来建设社会主义的新局面的大历史背景下,1956年5月2日至10日,中共佛山市第一次党员代表大会召开,出席大会的正式代表207人,候补代表21人。

大会作出如下决议:第一,集中主要力量发展工业生产,要在7年内把佛山基本建成轻工业生产的城市。第二,反对右倾保守思想,全面地开展批评与自我批评。第三,增强党的团结,坚持集体领导原则,坚决反对个人崇拜和骄傲自满情绪。

罗汝澄

罗汝澄(1921—1971),香港新界人,高中毕业于香港大申中学。1940年,参加东江抗日游击队港九独立大队,任中队长、副大队长。1941年加入中国共产党,抗战胜利后任港九地下党委区委书记。1947年后,先后任惠东保护乡团、粤赣湘边纵一支队团长兼政委,县委书记,东江、珠江边纵主力团第一副团长。新中国成立后,历任西江军分区十五团第一副团长,广宁、四会

罗汝澄

县县长，江门市副市长、市长。

1956年，罗汝澄调任中共佛山地委委员兼中共佛山市委第一书记。在佛山任职期间，罗汝澄依靠群众制订了建设"轻工业之城、文化艺术之城、整洁美丽之城"的奋斗目标，并身体力行，参加清挖沟渠等清洁卫生劳动，对建设新佛山作出了贡献。1965年底，罗汝澄调任汕头市委书记。

海天酱油厂

海天酱油的历史，可追溯至清代中叶的佛山古酱园，距今已有300多年的历史。那时的佛山已是中国四大名镇之一，酱园业兴旺发达，其工艺讲究、口感醇厚的酿造方法领先同侪。酿制酱油的关键环节之一是晾晒。佛山位于北回归线之上，阳光充沛，具备地理优势。

1955年，佛山地区的25家古酱园合并重组，成为一家新的酱油厂。当时，"海天酱园"是25家酱园中历史最悠久、规模最宏大、产品品类最多、影响也最广的一家老字号酱园，遂将组建后的酱油厂命名为佛山市公私合营海天酱油厂，后又改名为佛山市珠江酱油厂。天时、地利、人和，佛山制酱业的"原始积累"提供高起点的发展平台，至2005年10月28日海天（高明）调味食品有限公司盛大落成，海天味业成全球最大的专业调味品生产和营销企业。

18 佛山市对外开放旅游

经国务院批准，1965年，佛山市对外开放，开展外事接待工作，并承接国际旅游服务。为发挥好游览城市功能，佛山市根据"既能反映佛山市的悠久历史，又能反映社会主义现代化建设成就"的原则，选择确定了一批对外开放参观点。主要有石湾美术陶瓷厂、石湾耐酸陶瓷厂、石湾瓷厂、广东省红棉丝织厂、公记隆丝织厂、水泵厂、利生利刀具社、沙塘居民委员会、朝阳居民委员会、妈庙居民委员会、军桥粪便垃圾无害化处理场、弼塘垃圾无害化处理场、张槎人民公社的沙口水闸和大布顶水库、佛山祖庙和中山公园秀丽湖、佛山市民间艺术研究社。1966年"文化大革命"开始后，很多对外开放参观点受到冲击，除美陶厂、红棉丝织厂及公记隆丝织厂外，其他对外开放参观点停止开放。

1971年以后，来访和旅游的外宾日增。为了满足外宾参观的需要，市革命委员会首先拨款修复祖庙和民间艺术研究社，并在1972年恢复开放。随后，及时恢复了原来的对外开放点。此外，还新增市半导体材料厂、农械厂、震动器厂、灯泡厂、丝绸印染厂、新光针织厂、制药二厂及永进居民委员会等为对外开放参观点。当时省接待部门称美陶厂、红棉厂、民间艺术研究社及祖庙为佛山"四件宝"。

佛山市华侨大厦

1962年11月17日，佛山市华侨大厦落成剪彩，400多人参加庆典活动。大厦于1958年筹建,1960年停建,1961年7月重新动工兴建。市政府筹资120多万元,省中旅社拨款20万元。大厦是一栋五层的苏联风格建筑,地处祖庙路,占地面积4848平方米,建筑面积13416.2平方米,是佛山首家最豪华的接待华侨、港澳同胞的综合性宾馆,也是20世纪60年代佛山市内最大的公共建筑和城市地标。落成剪彩后,经过一段时间的试业准备,于12月28日正式开业,接待华侨、港澳同胞。佛山市华侨旅行服务社也同时挂牌营业,初步建立起一支侨务接待队伍。佛山市华侨大厦(中旅社)在2005年改名为"佳宁娜大酒店"。2015年,华侨大厦旧址被列入佛山市禅城区(第一批)历史建筑保护名录。2017年,禅城区政府对大厦进行大规模修缮,并挂牌为"历史建筑"。

1962年11月华侨大厦落成

佛山佳宁娜大酒店(原为佛山华侨大厦)

19　佛山市图书馆

　　1957年9月15日，佛山市图书馆正式落成，馆址位于佛山市中山公园原精武会馆，馆藏18201册。后曾数次搬迁。1958年，佛山市图书馆迁址至佛山市升平路，藏书达到22300册，发放借书证1500个，借阅12700人次，建立图书流通站26个。1962年，佛山市图书馆迁址到永安路100号，至"文革"业务停止前，图书馆工作有较大发展，馆藏图书增至80000册。1972年7月图书馆恢复开放，至1981年4月均借址快子路市华侨联合会堂作馆。借书证最高发至3000个，年阅览人数3万多人次。

佛山市图书馆永安路100号旧址

佛山市图书馆迁址祖庙路

　　1981年5月4日，佛山市图书馆迁建于祖庙路19号，2014年12月6日，新馆在佛山新城正式开放，2017年8月1日，旧馆改造成佛山市图书馆祖庙路分馆开放。截至2020年12月，佛山市图书馆主馆和祖庙路分馆总建筑面积5.3万平方米；藏书326.20万册，其中，古籍4.4万余册，报纸、期刊6.62万册，音像制品6.03万件，数字资源总量252TB。佛山市图书馆集阅读推广、社会教育、信息共享、文化休闲为一体的城市文化客厅；是最佳绿色图书馆、全国文化先进单位、全国阅读推广先进单位；2018年5月被评定为国家一级图书馆。

20世纪90年代位于祖庙路的佛山市图书馆

20 试行商业企业民主管理改革

1957年10月,佛山在国营商业企业中试行以职工会议为主要组织形式的民主管理。职工享有参加企业管理的一定权利,以职工代表会议的组织形式予以保证。但职工对企业重大问题不完全享有审议权和决策权,企业领导干部也没有明确的监督权和选举权。民主管理内容分别是:在一般批发企业试行"两参一改"(干部参加劳动、职工参加管理、改革不合理的规章制度)和在零售企业实行"三参一改"(干部参加劳动、职工参加管理、群众参加监督、改革不合理的规章制度)。其中,升平百货商店在1958年率先试行"三参一改",后来在全市各企业推广。

1957年,在市商业局的领导下,在集体合作制商业企业中试行经营管理制度改革,开展"创社会主义商店、社会主义售货员"运动。运动中,集体合作商店做到主动、热情、有礼,一般的商店、门市部,设有茶水、书报、休息室等,并一改过去商品出门不换为包退包换;瓜菜合作商店替订货单位洗净、切好蔬菜送上门;国药店恢复代客煎药(只收回柴款)和深夜也卖药的传统;一些小食店还开设"不夜天"营业。

佛山升平百货商店

1956年私营商业改造完成后,原佛山市百货公司并入市商业局形成"政企合一"体制,设有针棉织品、副食百货、文化用品、陶瓷日杂、医药等批发部，零售增设升平百货商店。1957年3月，升平百货商店正式成立，营业面积375平方米，职工70人，分7个营业柜组，经营针棉织品、百货、文化用品、陶瓷日杂、副食等零售业务，货源以计划调拨为主，也搞计划外采购，是当时佛山市最大的商场。

1958年，升平百货商店学习"全国第一面商业红旗"北京市天桥商场经验，掀起"学天桥，赶天桥，超天桥"的劳动竞赛活动。期间，商店公布《服务公约》，订立《便民措施》，提倡礼貌服务。同年9月，省商业厅和市委共同派出工作组到商店创办优质服务"试验田"。全店干部、职工受到鼓舞，提出要办"七满意"商店，即"顾客来时满意、介绍商品时满意、买到商品与买不到商品也满意、参观时满意、离开店时满意、用起商品时满意、想起时满意"。后来，经市财贸部验收，正式命名升平百货商店为"七满意"商店，将一块大牌匾挂在商店门口。1959年荣获国务院授予"全国红旗商店"称号，声名远扬。发展到20世纪六七十年代，升平百货商店经过加强管理、加强建设，逐渐成为佛山档次最高、场地最好、商品最齐全的百货商场，是市民凭证排队购物的最佳去处。

1958年，升平百货商店成功通过"七满意商店"验收

21 发展机械制造业

新中国成立之初，佛山市只有小五金、机器修理等机械行业。1954年6月1日，永祥铸造厂和瑞太和、罗联昌、俭成、惠记机器厂五家私营企业合作筹建佛山机械厂，并于7月1日联合试制出一台缝纫机，开创佛山市机械行业首次制造整机纪录。1956年1月，市区机械行业11个厂家以及铸造业8个生产户全部并入佛山机械厂，实现全行业公私合营。

"一五"计划期间，佛山铸造工业承担着繁重的生产任务。根据市委、市政府提出的建设现代化工业之城和"手工变机械"的要求，在1957年末至1958年初，佛山机械厂按产品专业化的原则，依次调整为佛山水泵厂、佛山纺织机械厂、佛山动力机械厂和佛山农业机械厂，原来佛山机械厂的铸造车间归纺织机械厂，其余三家机械厂各自建了铸造车间。从1958年开始，佛山市机械行业开展以土代洋，改造旧设备，开发新产品的群众性技术革新活动，突出解决车床设备不足，产品结构落后的问题。

根据历史形成的产品渠道，社会上的铸件任务由纺织机械厂铸造车间承担。由于社会铸件需求日益增多，1958年，佛山纺织机械厂在厂内另建铸造车间，把原公私合营过来的生源镜厂、德记铸造厂的厂房设备划出来，于1959年3月16日成立佛山铸造厂，扩大铸造件生产。建厂第一年全厂生产铸铁件939吨，总产值123万元，实现利润11.25万元。通过技术革新和经济改组，至1959年佛山市已建立起水泵厂、纺机厂、电机厂、动力机械厂、农机厂等8个机械厂,初步形成一个具有一定规模的相对独立的新兴机械工业。职工已发展到7200多人,主要机床设备从132台增加到247台,已能成批生产车床、电动机、发电机、水轮机、工业和农业用水泵、贝氏转炉、丝织机等14种机械产品,可以配套提供排灌、水力发电、炼钢、炼铁等成套机械设备。

佛山市铸造厂

佛山市铸造厂是佛山机械制造业与铸造业的骨干专业企业之一。该厂成立于1959年3月16日,1960年各工序逐步采用简易机械取代低效繁重的手工操作。1964年生产出单件重量2.5吨、总重量13吨的支援香港用水的东江—深圳供水工程的大铸件。后陆续把机械研究所、佛山钢铁厂和佛山电机厂的铸铝小组、动力机械厂的铸造车间并入佛山铸造厂,使该厂人数从300人增至1966年的500人,年产铸件从2000吨增至1966年的3700吨。

1970年5月,该厂自行设计试制国内第一台"Z270型卧式自动无箱射压造型机",开启自动化生产。1973年初,又自行设计"FZZ415立式单工位自动无箱射压造型机",同年底调试成功。同年下半年,建成国内第一条立体布局水平分型与垂直分型结合的小型铸件无箱射压造型半自动化生产线,即"731线",实现大批量灰铁小型铸件机械化与半自动化生产。1974年,设计制造地环半自动铸造生产流水线,1975年该线投产后,铸件生产基本实现机械化半自动化生产。

22 "大跃进"和人民公社化运动

1958年5月党的八大二次会议通过社会主义建设总路线,"大跃进"运动全面开展起来。在"大跃进"运动迅猛发展的同时,农村掀起了人民公社化运动的高潮。1958年8月下旬至10月两个多月间,佛山专区全区实现人民公社化。地委、专署对人民公社的经济政策、分配制度等也作出规定,体现"一大二公"特点。各地还开办公共食堂和公社农场。

佛山专区经济社会建设在"大跃进"和人民公社化运动中出现过严重失误,但地方党委政府和人民群众艰苦奋斗、奋发图强,也取得了不少成就。地方工业中机械、水泥、纺织、化肥等行业有一定发展,兴办了一批华侨投资的工厂,兴修了一批水利水电工程;基本普及小学教育,部分县普及中学教育,新办若干体育学校、技术学校;兴办了高等教育。

毛泽东到佛山

"大跃进"和人民公社化运动兴起后,毛泽东和中共中央觉察到一些严重问题,从而倡导调查研究,力图纠正失误。1961年春,毛泽东直接组织和指导三个调查组,分赴广东、湖南、浙江农村开展调查,并在广东身体力行开展调查研究和民主决策活动。广东调查组深入新兴县里洞公社和南海县大沥公社等地调查后,向毛泽东递交了《广东农村人民公社几个生产队调查纪要》,如实陈述农村人民公社存在的平均主义问题。

1961年2月,毛泽东到达广州,调研农村人民公社有关问题,并准备召开"三南"会议和中央工作会议。由于日夜开会、看材料、听汇报,中办负责同志建议毛泽东到临近广州的佛山休息一下。毛泽东也想趁机了解地方情况。2月27日下午,毛泽东抵达佛山,住进了佛山地委第一招待所1201号房间。佛山地委第一书记杜瑞芝向毛泽东汇报工作。他将在工作中遇到的问题包括干群关系紧张、干部喜欢一言堂、群众怕得罪干部等,直言不讳说了出来,并反映群众和干部对吃大锅饭颇有意见,顺便将从群众中听到的顺口溜说了出来。当时,全国普遍实行以生产大队为基本核算单位的人民公社管理体制,各生产小队吃"大锅饭",干好干坏一个样。而南海县大沥公社沥西大队凤池生产小队在公社大队核算体制下搞起了包死产到生产小队的做法,激发了农民生产积极性。杜瑞芝也把相关情况向毛泽东作了汇报。杜瑞芝认为应鼓励农民发展多种经营,将公社生产向下包到生产小队,并给生产小队定下一个上交的产量标准,超过的部分都归生产小队所有,来拓宽农民收入。这样既可以让各生产小队之间产生一定的竞争性,也可以消除平均主义带来的消极影响。毛泽东听了很感兴趣。回到广州后,毛泽东对广东省委领导表示杜瑞芝提到的包产到生产小队的做法值得参考。2017年,该房间被佛山市委组织部公布为佛山市第一批党员教育基地。

佛山地委第一招待所1201号房间

23 开展爱国卫生运动

根据中共中央、国务院《关于除四害讲卫生的指示》，1958年初佛山市除害灭病领导小组成立，市委书记兼市长邓振南为领导小组组长、爱国卫生运动委员会主任，组织工作落实到街道办事处、居委会基层，采取"治本为主、标本结合、综合防治、分期实施、大搞群众运动"的方针，按照先急后缓、有计划有步骤地逐项开展爱国卫生运动。1958年1月起出动50万人次，前后52天，清疏了被称为佛山"龙须沟"的新涌（洛水涌），并在新涌两岸砌上石护坡，种了杨柳和白兰树。接着，又发动群众50万人次，投资16万元，用了60天时间，全面根治下水道86813米，初步建成了市区的下水道网。此后，又全面修铺了街面，使街道硬底化，还改造了160多座厕所，把烂地改建成小花园。此外结合进行大规模城市建设，建成汾江桥、开辟中山公园人工湖（秀丽湖），扩建祖庙公园，修建沙口水闸等。

东华里街坊打扫卫生

清理新涌（洛水涌）

新涌，又名洛水涌，是佛山近城的一条小河，全长8000多米，以前可以通农艇，为附近城乡交通运输水道之一。新涌也是佛山城区和农村的分界线，河岸一侧坐落着祖庙、孔庙、仁寿寺，另一侧是一大片农田、鱼塘。后因年久失修，近城一段（即现卫国路至祖庙路、大湾坊折入高基汇入汾江处一段）长约2000米，居民倾倒生活垃圾、淤泥、瓦砾、杂物，造成淤塞积水，臭气熏天，蚊虫丛生，被群众称为佛山"龙须沟"，附近有"有女不嫁大湾坊，十分容貌也熏黄"的民谣。

为了响应全国爱国卫生运动，1958年1月21日，佛山市委、市人委联合发出清挖新涌、搞好环境清洁卫生、消灭四害的通知。清挖新涌得到广大群众积极响应，成为佛山爱国卫生运动的开头炮。清理工作开始，先由城建部门测量标高、标阔，然后根据各单位、工厂、学校、驻军、街道居民的劳动情况，分段包干，限期完成验收。从1月24日至3月15日，全市干部、职工、市民，按系统、街道办事处分别组成24支队伍，出动50万人次，清理新涌。据不完全统计，在52天中共清挖疏通大小渠道86183米，花费16万元，清挖土方、垃圾42000立方米。同时还在新涌的祖庙段砌了石岸，种了柳树。同年2月，全省组织第一次城市爱国卫生运动检查评比，佛山市获得第二名。

1958年清挖后的洛水涌

根治下水道

1958年1月21日，佛山市动员全市人民苦战60天，根治下水道。市爱卫会按照"小街用石底明渠，大街用单管或双管陶管渠，主渠用砖墙砖拱的方渠"的设计标准进行施工，设计房屋图纸的排水方法，一律按此办理，否则不予审批。

佛山市全体人民苦战60天根治下水道誓师大会现场

松桂里居民积极参加根治下水道劳动

为解决经费问题，市委、市政府领导发动全市房屋出租者，捐献一个月房租款。许多人民代表、政协委员慷慨解囊，李广海、吴祖赐医生每人捐款1000元以上。其他医生也捐了不少，总共收到捐款30多万元。同时发动群众挖地脚砖，拆街头巷尾土地庙和风水闸门楼，共得到好砖100多万块和碎砖30多万担，还借用大新米机（粮食加工厂的一副机械,用了七天七夜的时间,建起了日产25吨—30吨的无熟料水泥厂(原料是没烧透的红砖,加少量的水泥和石灰),代替当时严重缺乏的水泥。城建部门派出20多名掌握全市下水道的标高、坡度、规格的技术工人,分配到各街道办事处,作为技术指导。市委、市政府在商业、工业和机关中抽调800多名干部职工作为基本队伍,组成十多支工作队,到各街道办事处与群众一道参加治理下水道工作。每天有7000多人参加修建下水道,用了两个月的时间和15万多元,填塞屋内渗井13000多个,修建渠23928米,小明渠36885米,住户连接渠约26000米,共计修治全市86000多米大小排水管道,初步形成了下水道网。在过程中,人们在明渠转暗渠处安装U型曲管,用作防蚊装置。此法被广东省卫生厅制成模型,参加在北京举办的全国卫生科研成果展览。

开挖中山公园秀丽湖

中山公园附近有一片洼地,是蚊虫的孳生地。1958年市委、市政府决定把它挖成人工湖。1959年1月17日,召开开辟中山公园人工湖万人誓师大会,动员全市人民按要求分担任务,按时按质量完成。接着开始挖湖,每天参加义务劳动的工人、干部学生及居民群众近一万人次,在没有机械设备、全部靠手工劳动的情况下,用了三个月时间,完成了全部土方工程,把洼地变成200多亩面积的人工湖。施工期间,广州市何济公制药厂青年女工向秀丽为扑灭火灾而英勇牺牲。为纪念这位光荣的工人阶级烈士,市委决定把这新挖成的人工湖命名为"秀丽湖"。

1959年秀丽湖改造开挖誓师大会

1959年佛山市民开挖秀丽湖

1959年佛山秀丽湖十一孔桥

20世纪60年代的中山公园秀丽湖

全国爱国卫生运动红旗市

  佛山市经过1958年、1959两年大搞卫生基本建设，消灭了大量蚊蝇孳生地，使全市"四害"密度大大下降，城市卫生面貌发生根本变化。在全省多次卫生检查评比中，佛山都名列前茅。1960年3月17日至20日，中央爱卫会在佛山召开全国城市爱国卫生运动现场会议，正式命名佛山市为"全国爱国卫生运动红旗市"。《红旗》杂志第七期刊登江林的文章《卫生红旗市——广东佛山》，珠江电影制片厂拍摄了《古镇春风》大型纪录片，向全国介绍佛山市爱国卫生运动经验。

邓小平视察"卫生模范街"居安里

1960年2月4日，时任国务院副总理的邓小平同志在陶铸、杜瑞芝、罗汝澄、宋荣贵等陪同下视察佛山卫生街道——居安里。一同前来还有中央领导人胡乔木、杨尚昆等共70人左右。他们从海南考察军事防线回来后，先到湛江，后到阳江，在佛山停留了半天，然后经佛山返回广州。

邓小平走进了一户又一户的老百姓家中参观，看到灶台和墙上都很干净，他就用手去摸一摸，然后笑着点了点头，但没有发表看法和意见。

邓小平一行还去了佛山祖庙和民间艺术研究社。邓小平走进祖庙后，就被祖庙屋脊和墙上那些色彩绚丽的木雕、砖雕和陶塑吸引了。参观完后，邓小平认为，祖庙很值得一看，要保护起来，要拍成电影，让全国老百姓都看得到。

24 大规模开展市政建设

按照市委"建设整洁美丽之城"的设想,从1957年开始至1958年底,市人委建设科制订了佛山历史上第一个城市总体规划,即"1958年城市总体规划",编制1∶5000的《佛山市总体规划图》一套及规划说明书一份,包括《佛山市初步规划图》《佛山市现状图》《社会主义新街坊平面规划》《工程分区示意图》等。规划提出,5年内将佛山市建设成为广东省陶瓷工业和丝织工业基地以及成为佛山地区的机械工业重点城市;建成区面积从6.7平方公里扩大到31平方公里,市区与石湾连成一片。

根据1958年城市总体规划,从1958年至1965年,佛山市共新建住宅8万平方米,小学校舍2万平方米;开辟了庆宁路东段、亲仁路、水巷路、锦豪西路、卫国路、松风路、建新路等马路,道路面积达178000平方米,总长增至22.87公里,这些马路与祖庙路、普君路、市东路、新堤路、南堤路、中山路和中山桥、江(门)佛(山)公路一起构成一条环市马路。市区内1000多条大街小巷中,除少数整齐石板路保留原状外,其余一律改为无熟料水泥路,80%的街道铺上沥青或水泥或灰沙、条石等。建成汾江桥,开辟了秀丽湖,扩建了祖庙公园。城市建成区绿化覆盖率8.8%,人均占有公共绿地2.12平方米。此外,还建成了沙口水闸以及一座日供水能力4000吨的自来水厂等公共工程。

修建汾江桥

汾江桥横跨汾江河，北面连接中山路、佛（山）罗（村）公路、广湛线佛山路段，靠近火车站，南面连接汾江中路，靠近佛山汽车站。建桥前靠横水渡渡运人和货物，广湛公路的汽车要绕道经中山桥穿过佛山城区。为了减轻中山桥的压力，佛山市政府于1960年4月拨款建汾江桥，至1961年12月建成通车。汾江桥是一座无铰拱结构，沉井基础桥梁，全桥用水泥混凝土捣制。桥跨43.96米，长60米，桥面宽15米，中间行车道宽9米，两旁人行道各宽3米。当时，中山桥至汾江桥河段两岸，原是泥堤坝，岸旁搭了不少茅屋，还设有鱼栏贩卖鲜鱼，既不美观，又污染水源。于是，将内街平整路面时多出来的石板，全部铺砌在汾江两岸，清除了岸边的小茅屋，使汾江河两岸整齐清洁。

20世纪70年代的佛山汾江桥

扩建祖庙公园

1956年,广东省政府拨款1万元,对祖庙庙内作一次全面清理,清除历年积垢,并由佛山市人民政府在8月4日发布公告,制订开放、参观规则加以保护。同时平整修建祖庙西侧空地,开辟为祖庙公园,于1957年竣工。当时占地面积约7000平方米,把祖庙、孔庙划归祖庙公园,并将祖庙的出入口由崇敬门改为端肃门。

20世纪60年代的祖庙公园正门

1958年,祖庙公园扩至38000平方米,1960年正式开放。公园门口的牌坊是由李氏宗祠移过来的。公园内还移来佛山有名的艺术文物——郡马祠的明代砖雕牌楼和清代石雕"双龙柱"及麒麟社的麒麟石雕等。1958年石湾陶塑艺人为祖庙公园创作烧制了两条飞舞腾翔于波涛云气之间的彩龙,造型生动而富有石湾陶塑传统特色,安装在由岭南坊移来的园内照壁上。1962年,祖庙被列为广东省重点文物保护单位,同时成立佛山市博物馆。1968年,双龙壁被砸碎(1981年8月再重新烧制安装)。1974年在公园内新建1座两层楼的博物馆。面积约800平方米,作为陈列、收藏文物和各种文物展览之用。园内全面绿化,各种花木5400多株,此外还有3株百年以上古树。

整修祖庙路

为改善祖庙周边交通环境，1956年开辟了莲花路至祖庙公园段，长760米，面积7600平方米，为红泥结砖碎路面，投资20000元。1958年9月开辟了祖庙公园到惠宁路段，全长1.4公里，宽20米，面积29000平方米，投资45791元。1961年1月，铺装祖庙路从莲花路至凿石街口段为水泥混凝土路面，长1000米，面积9051平方米。1973年8月4日，佛山市革委会在中山公园灯光球场召开全市的整顿市容卫生、社会治安、交通秩序大会，再次发起填埋新涌和拓宽祖庙路活动。1976年，祖庙路建成，扩宽了莲花路至卫国路路段，设计为双向4车道，全长1350米，行车道宽15米，面积20250平方米；两边行人道各宽5.2米，面积12840平方米，铺设沥青路面，自此，祖庙路成为真正意义上的马路。当时路两旁种植了白兰树，每到白兰花盛开的季节，一路飘香，因此祖庙路也被称作"香花路"。

1961年建成的祖庙路一段

25　比学赶帮超的立功竞赛运动

20世纪60年代前期，随着中共中央发出"自力更生"号召和"工业学大庆""农业学大寨""全国人民学解放军"运动的开展，一场以赶上和超过国内外先进水平、以劳动竞赛为主要形式的比学赶帮超群众运动在工业生产建设中普遍兴起。

1964年1月，市委召开全体委员会议，传达广东省委关于当前形势问题的报告。8日至12日，召开全市机关、工业、财贸、文教和城市公社干部981人参加的会议，传达上海市先进经验和省、地委关于当前形势问题的指示。14日晚，又召开全市工交企业一老（老工人）、二长（工会、生产组长）、三员（党、团、工会会员）和全市干部6000多人参加的传达动员大会，深入开展比、学、赶、帮的"五好"（政治思想好、经常学习好、完成任务好、遵守纪律好、团结互助好）竞赛运动，进一步推广先进生产经验、大搞技术革新，把增产节约运动推向新阶段。2月，市召开农业先进代表会议，总结1963年农业生产经验，开展比、学、赶、帮运动。1965年，市委又提出开展"学大寨、学潮汕、学新会"比学赶帮超的立功竞赛运动。1965年9月，市召开贫下中农代表和农业先进单位代表会议，这是"土改"后贫下中农的第一次盛会。参加这次会议的郊区贫下中农代表957人，有农业先进单位代表174人。会上讨论了郊区1966—1970年五年农业发展规划，成立了贫农、下中农协会委员会。会议内容是加强农村政治思想工作，动员组织贫下中农团结起来，发扬当家作主的精神，"抓革命、促生产"，开展比、学、赶、帮、超运动，为建设社会主义新农村而奋斗。

在市委部署下，全市工交企业、手工业大抓技术革新和技术表演，开展一帮一、一对红活动，组织职工学习先进经验，解决生产上"老大难"问题。市农业机械企业职工开展以"三高一低"为中心的"四级""六好"劳动竞赛。

佛山市开展以提高产品质量为中心的猛赶全国先进水平活动，并建立包括企业、科研机构、物资部门的生产技术协作网。比学赶帮超运动作为一种劳动竞赛形式，对于发展生产力、提高经济技术水平和管理水平等具有促进作用。人民群众在党的领导下，投身于热火朝天的劳动生产，展现了十分可贵的团结奋斗、无私奉献的精神面貌。

佛山市农业机械厂

1965年，佛山市农业机械企业职工开展以"三高一低"（高产、高质、高工效、低消耗）为中心的"四级"（厂、车间、小组、个人）、"六好"（支援农业、产量、质量、成本节约、技术革命、安全生产）劳动竞赛，制定增产节约目标，促进产品质量提高。1976年，佛山市农业机械厂改名佛山市柴油机厂。

26　全国第一台红外线气体分析仪

1966年初，省化工厅、省机械厅、省科委向佛山市下达研制红外线气体分析仪的科研任务。1969年1月15日，佛山市气体分析仪器车间试制成功我国第一台红外线气体分析仪，填补我国氮肥机械工业的一个空白。

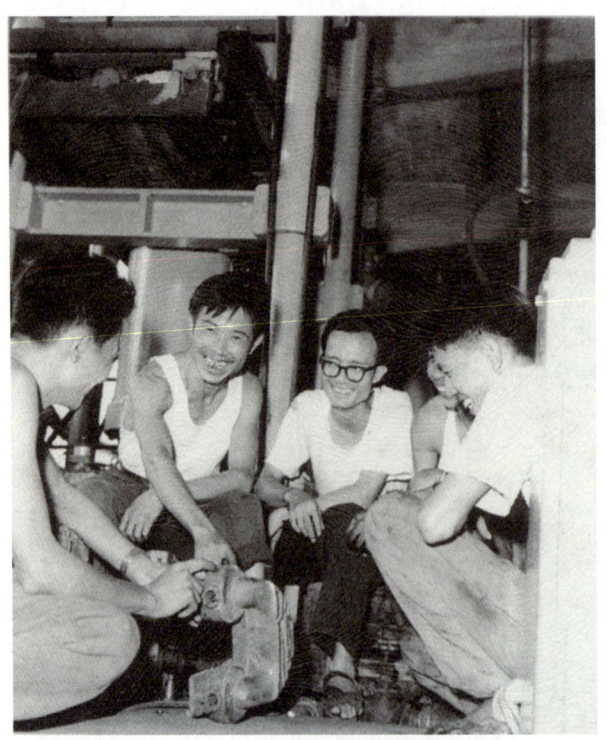

工程师在车间与工友们一起研究技术革新

佛山市气体分析仪器厂

佛山市气体分析仪器厂成立于1970年3月,拥有国际水平的无尘超净化红外检测装配车间。同年,国家第一机械工业部拨款120万元在建新路新建厂房17641平方米,购买测试仪器和相关设备,扩大生产规模。在广东省、佛山市科委相关主管部门的技术支持下,佛山市分析仪器厂成功研制出12类分析仪器以及其他的科研成果,填补国内空白。1978年,研制成果GuH-201型红外脉冲定氧仪荣获全国科学大会奖;1979年,FP6内燃机废气综合分析装置荣获广东省科学成果三等奖;1983年,FXP-1型汽车排气分析仪获国家经委颁发的优秀新产品"金龙奖";1984年,MEXA-324T汽车排气分析仪获交通部四新产品"金杯奖"。佛山市分析仪器厂是全国6个重点分析仪器厂之一。

27 全国第一台大型水环真空泵

1967年,佛山水泵厂试制成功第一台2YK-110大型水环真空泵,填补了我国大型水环真空泵的空白。1975年,开始自行研制国内新发展的SK系列水环真空泵并获得成功。

佛山水泵厂

1958年10月,原佛山机械厂改名为佛山水泵厂。1966年,佛山水泵厂购进多触头振动造型机连载运铸型浇注小车连成地环式生产线。1979年,佛山水泵厂的3BA-9离心清水泵获国家优质产品奖银质奖。该厂以生产工业泵为主,是机械工业部和全国水泵行业重点企业之一,也是全国定点生产水环式真

20世纪70年代佛山水泵厂生产车间

空泵厂家之一。1980年后，该厂通过技术设备引进、消化、创新和提高，使80%的产品达到先进工业国家70年代的水平，产品远销东南亚和大洋洲。该厂自行设计的SK系列和引进联邦德国西门子公司技术而创造SE系列水环式真空泵，是国家大型煤炭、电力等工业部门的重要配套设备。XA型离心泵以其效率高、重量轻、体积小而跻身于海外市场。1985年成为国家首批机电产品出口扩权单位之一。

28 佛山市第一台9英寸黑白电视机

1973年5月，佛山半导体器件厂研制成功采用晶体管电路的9英寸黑白电视机。同年9月，生产31部正式面市，命名"佛山牌"。同年12月，半导体器材厂并入佛山无线电五厂，组成佛山市第一家电视机生产专业厂。1974年5月1日，首

"金鹿牌"黑白电视机

批FD-501型9英寸黑白电视机投放市场，受到消费者欢迎。1975年8月，改进型的FD-502型9英寸黑白电视机试制成功，全年共生产784台。1976年4月，2000平方米的电视机装配大楼建成投入使用，生产逐步走上正轨。同年底，FD-521型"金鹿牌"12英寸黑白电视机试制成功，批量投产。1977年7月，FD-903型9英寸黑白电视机改型成功。同年，首次建立电视机的生产工艺流程卡制度。经过一年多的努力，无线电五厂9英寸和12英寸黑白电视机一次合格率平均达到80%，翻修率和生产成本显著下降。1978年9月，FD-521和FD-523型"金鹿牌"12英寸黑白电视机通过定型，正式投产。其中FD-523型"金鹿牌"12英寸黑白电视机受到广东省广播大会表扬嘉奖。同月又成功研制14英寸黑白电视机，1979年通过鉴定。

佛山市无线电五厂

　　佛山市无线电五厂位于人民西路，地方国有企业。1969年12月，佛山市珠江酱油厂组建电子排（车间），对外加挂佛山市无线电五厂厂名。1973年5月，佛山市无线电五厂从佛山市珠江酱油厂分出来独立经营，将珠江酱油厂位于升平路5号的制醋工场划归佛山市无线电五厂作厂房，成为一家独立经营的电子整机生产企业。同年10月，佛山市半导体器件厂的电视机生产线及100名技术人员、工人调入佛山市无线电五厂，从此，该厂成为一家电视机生产专业企业。改革开放后，该厂生产的"金鹿牌"黑白电视机、"东宝牌"彩色电视机在国内有较高的知名度，比较畅销，曾连续多年进入全国电子百强企业行列。1986年7月，佛山市无线电五厂位于人民西路11号的新厂房落成。该厂电视机生产能力达到年产彩色电视机15万台、黑白电视机20万台，成为国家电子工业部58家电视机定点生产企业之一。

无线电五厂电视生产线

电风扇制造生产

1974年10月，佛山市制伞厂开始生产台式风扇，厂址在永安路，这是佛山市区家用电器制造业的开端。当时生产设备仅有两台小型冲床和简陋的绕线机、落线机，风扇的网罩、叶片、铸件都是外购件，工艺落后，当年产量80台。1975年以"佛山牌"为注册商标，开始批量生产，自制了多轴钻、精密滚齿机、主轴自动加调直机、碰焊机等一批专用设备，使工艺与技术设备达到小批量生产的要求。1978年6月改为"飞鹿牌"。

"飞鹿牌"台式风扇

其时，佛山市五金电机厂已经开始生产吊风扇。制伞厂的电风扇车间与刀剪厂、第二开关厂、五金电机厂、二轻机械厂先后合并，于1980年7月组成电风扇总厂，开始台式、吊式风扇专业化生产：台扇规格为400毫米、350毫米；吊扇规格为1400毫米、1050毫米。自1981年该厂开始自行设计、制造台扇总装流水线、吊扇装配流水线、喷漆流水线后，台扇、吊扇的产量得到提高，从1980年的6万台增至1981年的14.17万台。1982年，电风扇总厂被轻工业部定为生产电风扇专业厂。

29　佛山市第一部"130"型汽车

1973—1975年,佛山市交通系统开展制造"130"型汽车大会战。其中,佛山市第二运输公司承担汽车前桥总成的制造任务。通过市交通系统干部、工人团结奋战,终于研制生产出一批"130"型汽车,为发展交通运输事业作出重要贡献。

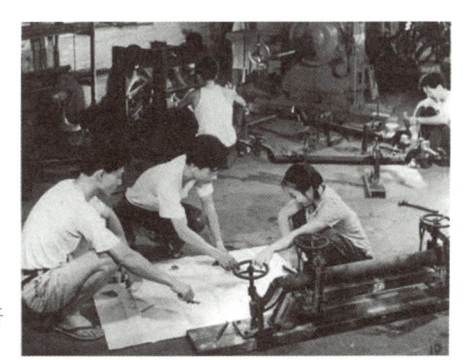

市二运公司技术人员在讨论研制生产汽车前桥总成

"130"型汽车

佛山市第二运输公司

　　佛山市第二运输公司于1969年12月26日成立，由升平、祖庙、永安、普君4个公社的运输队合并组成，专业从事汽车装卸搬运、起重、安装。由市交通局领导，下设一分公司、二分公司、三分公司、港口作业区、拉丝厂及迅发企业总公司。公司设在人民路65号。公司担负市区郊区和邻近县市为主的中短途物资集散装卸以及土方工程任务，是一个以运为主，多种经营的经济实体。公司成立初期，有职工598人，小板车374部，大板车8部，脚踏三轮车175部，手扶拖拉机10台。1970年9月，试制成第一台码头吊机，接着制成6台吊机，安装1条流槽。1972年，试制成三轮简易汽车19台，基本上实现了码头装卸机械化。1973年，试制成汾江Ⅰ型轻便三轮机动车，并投入批量生产。同时，组织技术人员参加"佛山130"汽车大会战，承担汽车前桥总成的制造任务。1977年5月，研制成第一台液压式自卸简易车，把19台简易车改成2吨液压自卸车。连续多年获市交通系统的质量先进奖和质量第一奖。1983年7月，公司进行全面整顿。1984年，被省交通厅评为企业整顿成绩显著单位。1985年，开始实行经济承包责任制。

30 开展"三来一补"外贸业务

"三来一补",即来料加工、来样加工、来件装配和补偿贸易的合称。1978年6月,佛山市绣品工艺厂与香港源盛有限公司签订对外加工装配协议,利用位于市区白燕街的厂房、设备,进行来料加工钱包、皮手袋。7月,国务院颁发《开展对外加工装配业务试行办法》。10月25日,佛山市委成立佛山市外贸工作领导小组,利用毗邻港澳、直接面向市场,开展境外来料加工业务,引进先进技术设备等工作。当年签订对外加工装配贸易协议6个,利用外资31万美元,其形式主要有:技术进口、产品偿还;设备、原材料进口,加工费补偿;等价商品补偿,即不以本企业生产的产品,而以双方商定的其他等值产品进行补偿。

1979年3月,进一步成立佛山市对外技术引进办公室,在对外加工装配中,引进一批设备,对老企业设施进行革新、改造。结合工业调整,把凡是"关、停、转、并"的企业,能够承受对外加工装配业务的,均优先安排。在布局上,把市区部分工厂产品转给郊区生产,腾出厂房、设备、劳动力接受外来装配业务。至1980年底,全市利用外资投产101个项目,职工3850人。

"三来一补"贸易形式,具有灵活多样、简单易行、见效快的特点,不仅可以在资金不足的情况下,引进设备,提高技术;还可以利用外商的销售能力,开拓国际市场。改革开放后,"三来一补"迅速成为佛山利用外资,扩大对外贸易的重要形式。

佛山市绣品工艺厂

佛山市绣品工艺厂是佛山市第一家对外加工装配企业。

1978年7月,作为集体所有制企业的佛山市绣品工艺厂先行一步,率先开展对外加工装配业务,为港商生产皮制手套、手袋等,且不断变换产品规格,花样常新,出口产品不断丰富,有戏服、头盔、罗伞、神功品、会景品、枕套、靠垫等。

在发展对外加工装配业务中,该厂受启发借鉴外商产品长处,改进自己的产品,组织技术人员和工人认真研究,改进产品质量和产品样式,1979年试制产品30多种,在广州商品出口交易会展出后,大部分与外商成交。同时,该厂试行企业内部制度改革,实行计件工资制,改变以前"计件工资,超产奖励和一拉平"三混合的分配制度,大大发挥工人生产的积极性,提高了生产效率,出口规模不断扩大。

为加速发展和开发新产品,从1980年11月1日起,该厂将原戏服、旗帜、狮被、印衫等产品划给市工艺美术研究所生产经营;将帆布及人造皮革制品生产划出成立市花艺提包厂,成为全市四家生产各种出口包袋的厂家之一。自此,佛山绣品工艺厂的生产走上更加专业化的健康发展道路。

肆

革潮
改春

本篇主要介绍佛山中心城区核心街区——祖庙街道从1978年12月中共十一届三中全会召开至2006年5月禅城区行政区划调整之前的社会发展状况。

党的十一届三中全会召开后，祖庙街道按照佛山市委、佛山市政府提出"将佛山市建设成为轻纺工业发达、科学文化繁荣、内外经济活跃、整洁文明的社会主义现代化城市"的规划设想，解放思想，以经济建设为中心，大力推进工业经济发展，参与扩大开放，发展外向型经济。工业经济从建区初期的小作坊式经济，发展成为以机电为主，轻工、化工、纺织为辅，工业门类比较齐全的规模经济。一批知名品牌异军突起，一批商业中心聚集发展。改革春潮滋润大地，蓬勃生机欣欣向荣。

1981年，曾在"文革"中改名"向阳"的祖庙街道复名。1984年，祖庙街道属新设的汾江区管辖。1987年，汾江区改名为城区。2001年7月18日，祖庙街道建立了佛山市第一个街道党工委。2003年1月，经国务院批准，原城区、石湾区及南海区南庄镇合组禅城区，作为禅城区核心区的原城区六个街道实行"合六为三"的行政区划调整：原城门头街道、祖庙街道合并为祖庙街道；原永安街道、升平街道合并为升平街道；原同济街道、普君街道合并为普君街道。三个街道的党工委、办事处坚持以人为本的科学发展观，引导科技创新，坚持走新型工业化道路，推进各项民生事业和环境卫生事业稳步发展。

1 改革农副产品购销体制

1978年8月,佛山地区革委会批转地区财办、计委《关于大力发展三类农副产品、增加社队收入的报告》,将原由地区平衡衔接的"三类农副产品"共110个品种的价格管理权下放给经营单位。佛山市区首先对蔬菜、塘鱼等价格进行改革,蔬菜实行部分大宗品种幅度议价成交、小品种自由议价购销;对国家收购计划外的塘鱼实行产销见面、随行就市、按质论价、议价成交,推动城乡集市贸易恢复和大批"三类农副产品"上市交易。

1979年,国家对塘鱼、生猪、稻谷、三鸟、大蕉等价格偏低的农副产品收购价格进行大幅度调整,一年内农副产品收购价格总水平提高26.3%。同年11月1日,佛山革委会通知提高猪肉、牛肉、羊肉、禽、蛋、水产品、蔬菜等8种主要副食品的销售价格,解决农副产品价格倒挂问题;同时为保障市民生活水平不降低,给予城镇职工每人每月5元的物价补贴。

此后,按照"调放结合,以调为主"的方针,根据省统一部署,改革农副产品购销体制,逐步扩大议购议销的品种和范围,放开农副产品定价。1980年1月,根据省政府颁布《关于农副产品采购若干问题的决定》,将原来实行统购派购国家定价的118种一、二类农副产品减少为47种,三类农副产品购销价格放开,实行市场调节。9月20日,省政府制定《关于疏通商品流通渠道,促进商品生产、搞活市场的十二项措施》,从1981年起将原统购派购和计划收购范围47种农副产品缩减为25种,其余农副产品均改为三类,实行议购议销。到1984年底,塘鱼、猪肉、禽蛋、蔬菜购销价格全面放开,农副产品统购派购品种除关系国计民生较大的粮油、烟草、黄(红)麻等5种农副产品外,其余全部放开,自由上市。广东省政府自1985年1月1日起统一对城镇居民每人每月发放10元—20元的补贴,改革稳步推进,取得明显成效。价格改革和搞活城乡商品流通成为佛山经济体制改革的突破口。

恢复市区农贸市场

1978年8月20日,恢复开放市区的普君、莲花、南堤3个农副产品贸易市场,允许"三类农副产品"自由交易。10月1日,将环市公社通济桥种苗市场迁至白燕街农贸市场。10月9日,佛山地区财贸办批转地区工商局《关于进一步贯彻落实市场管理政策的报告》,全面放开集市贸易,允许社会集体和个人在集贸市场出售符合国家规定的农副产品。不少佛山郊区及邻县社队集体和个人自发聚集到市区一些传统地点进行农副产品和家庭副业产品交易,形成了上沙、大基尾、文昌3个露天的农贸市场。当年市区农贸市场成交额上升到464万元,比1977年增长156万元。由于交易场地多建设于20世纪50年代,年久失修破烂不堪,以及交易品种单一受限制等原因,恢复开放的农贸市场仅仅是简单的"肉菜市场"。

1979年后,佛山市积极筹划农贸市场建设。1980年,集资61.5万元,新建华安、山紫2个农副产品综合市场。1981年,批准增设燎原路、莲花路2个临时农贸市场,改建南堤、普君、纪纲3个肉菜市场。同时,坚持"治而不乱、管而不死"的原则,解放思想、放宽政策、加强管理、改善服务,集市贸易更加兴旺活跃。1980年市区集市贸易成交额激增到1105万元,1981年高达1205万元,1982年更达到1786万元，保持淡季不淡，旺季更旺，上市品种不断增多。1983年地市合并后，为贯彻国务院颁布的《城乡集市贸易管理办法》，疏通商品流通渠道，进一步办好管活市区集市贸易，利用收取的市

20世纪90年代的同济市场

场管理费和银行贷款，投资903.56万元，兴建莲花、山紫、建设、祖庙路夜市等综合市场。到1985年，佛山市区基本形成了大、中、小结合，永久和简易结合，综合和专业结合的集贸网络，以适应商品生产发展的需要。

2 佛山市粤剧团

1979年3月1日,佛山市委将市文工团改名为佛山市粤剧团,隶属市文化局,主要从事粤剧的创作、演出和研究,团址为新风路36号。演出的主要剧目有《春草闯堂》《徐九经升官记》《三看御妹刘金定》《抢驸马》《汉宫秋月》等。除《汉宫秋月》外,其余剧目由广东省电视台拍制成电视片。《春草闯堂》一剧先后演出400多场而历演不衰。《三看御妹刘金定》一剧,以电视戏曲片形式参加了1985年全国戏剧作品评比,获戏曲作品三等奖,该团先后于1984年和1985年两次到香港、澳门作商业性演出,获得好评。

1985年7月,佛山市粤剧团与佛山地区粤剧团合并成立佛山市琼花粤剧团,1986年9月,改名佛山市粤剧团。演出的主要剧目有《抢驸马》《人面桃花》《吕布与貂蝉》《夜吊白芙蓉》等,主要演员有陈大卫、邵朝阳、凌东明、余海燕等。1989年3月该团停办。

佛山青年粤剧团

佛山青年粤剧团成立于1957年8月1日,原名"佛山专区青年粤剧团",1959—1961年曾合并于佛山专区粤剧院。期间,参加1960年广东省青年演员大会演,演出《双张飞》《荡舟》《百里奚会妻》等剧目获得嘉奖,出席同年的全国群英会,获得民间艺术团体先进单位光荣称号。1962—1965年,组建佛山专区青年粤剧团一、二团,后合并恢复佛山专区青年粤剧团。其中,青年粤剧团一团于

1962年6月在广州汇报演出现代剧《四只肥鸡》，得到来粤视察的周恩来总理的赞扬与合影留念。"文化大革命"期间，佛山专区青年粤剧团停止活动，1979年重新组建佛山地区青年粤剧团，1983年9月改名佛山青年粤剧团。

佛山青年粤剧团历经多次改革和转变而日臻成熟。先后涌现了一批优秀演员，彭炽权、曾慧、黄伟坤、林佩珍、李淑勤、琼霞、朱振华、季华升等，演出的《顺治与董鄂妃》《铁血红伶》《丽人怨》《佛山黄飞鸿》《奇情记》等优秀剧目为观众所喜爱。其中新编历史传奇剧《顺治与董鄂妃》参加1993年第三届中国戏剧节获得剧目奖、优秀表演奖等7个奖项。2003年，在"琼花焕彩粤剧文化周"期间推出梁耀安与李淑勤主演的新编古装剧《小周后》。2004年，李淑勤凭此剧获第二十一届中国戏剧"梅花奖"，再一次成为粤剧界的亮点。2005年整合佛山青年粤剧团、佛山话剧团、佛山市演出公司、佛山影剧院、珠江音像出版社等成立琼花艺术剧院，由佛山电视台统一管理。2011年又整合佛山市青年粤剧团、佛山话剧团为佛山粤剧传习所（佛山粤剧院）。

广东（佛山）粤剧博物馆开馆

2003年6月21日，位于兆祥公园内兆祥黄公祠（福宁路95号）的国内首家大型粤剧博物馆——佛山粤剧博物馆开馆。粤剧博物馆占地面积近3000平方米，展示面积2000多平方米，馆内陈列分史、艺、人三大部分共13个展区，展出明清至当代的粤剧剧本、木鱼书、海报、戏桥、戏服、乐器以及早期的粤剧电影、唱片、剧照、名伶书画等珍贵文物3000余件，展示了粤剧文化丰富的内涵和独有的魅力。2002年被公布为广东省文物保护单位。2004年4月，经省文化部门批准，佛山粤剧博物馆正式挂牌并升格为广东粤剧博物馆。

该建筑被联合国教科文组织授予2005年"联合国亚太地区文化遗产保护奖荣誉奖"。

2003年6月21日广东(佛山)粤剧博物馆开幕式上的粤剧表演

3　创建佛山广播电视大学

佛山广播电视大学创建于1979年9月,是中央广播电视大学属下的一所以远距离教学为主的开放性高等学校。1983年建立的佛山职工大学是经广东省政府批准、教育部备案的一所成人高等学校。两校于1984年5月合署办公,实行一套班子管两所学校的体制。

学校贯彻党的全面发展教育方针,实行统一招生,主要招收在职工人、干部,也招收社会知识青年(广播电视大学还招收应届高中毕业生),实行自费走读(或委培代培),不包分配择优推荐录

佛山广播电视大学

用的原则,学制分三年、两年两种,学习形式有全日制、基本业余和业余等。职工大学以面授为主,辅以电化教学;广播电视大学则以电视、录像、录音为主要教学手段,结合面授辅导,部分专业增设自学课程。

扫盲运动

在1978年3月召开的全国科学大会的推动下,1978—1979年,佛山市开展了大规模的扫盲运动。当时,全市12周岁至40周岁中的文盲、半文盲有1万人左右,占全市少青壮年总数的10%。1979年5月9日,市革委会发出《关于扫盲、业余教育的意见》,建立了一支1000多人的扫盲队伍,办起了592个扫盲班,组织了18961人参加学习,有10091人脱盲。1979年经省、地的检查验收,佛山市成为全省第一个基本完成扫盲任务的中等城市,扫盲率达到90%以上。自此,佛山市大规模扫盲工作任务基本完成。到1981年统计市区少青壮年71294人,非文盲人数达到98.8%;郊区少青壮年119557人,非文盲人数占97.6%。

4　鼓励个体经济发展

中共十一届三中全会后,佛山市个体工商业得到恢复和发展。1979年有个体工商户72户。1980年7月15日,佛山市颁发《关于发展集体和个体商业服务的若干规定》。同年10月,批准市工商局设立个体工商业管理科,加强对个体户的管理和教育,个体工商业户发展到434户,1981年发展至684户。1982年,佛山对市区个体工商业户进行全面整顿和换证工作,取缔无证经营。经过整顿和换证,市区共有个体工商业户764户,从业人员879人。到1983年发展至1335户,从业人员1664人。重点是发展手工业和修理服务业,基本达到了行业配套,布局合理。

1983年11月,广东省工商行政管理局在佛山召开全省第一次个体工商业管理工作会议,交流个体工商业管理经验和安排今后工作任务。此后,佛山市工商局坚持国家、集体、个体一齐上的方针,发展多种经济形式和多种经营方式,先后制订《佛山市个体工商业发证、管理改革、放权松绑的办法》、《佛山市城乡个体工商业户暂行管理规定》(九条)、《关于加强对城乡个体工商业户教育管理的通告》(十条),实行管理、教育、服务相结合,加强对个体工商业户的管理教育,大力扶持其发展。

佛山市个体劳动者协会成立

佛山市个体劳动者协会成立于1982年5月21日,是广东第一家、全国第二家成立的地市级个体劳动者协会。1989年，佛山市个体劳动者协会经市民政局登记为非社团法人组织。2001年3月，改为社会团体法人，行政上受市工商行政管理局领导。

佛山市个体劳动者协会会员主要为个体商业、服务业、手工业劳动者。设委员会负责协会日常工作。委员会由会员代表大会选举产生，设秘书长，由市工商局派出干部担任。成立初期，下设升平、祖庙、永安、普君、石湾、郊区六个分会，有会员766户，从业人员869人。至2002年，下设南海、三水、高明、城区、石湾5个县级分会（顺德成立协会），57个基层协会，1个行业协会，1个青年组织，2个妇女组织，13个党支部，3个团支部，157名工作人员，会员99233户，从业232597人。

佛山市个体劳动者协会宗旨为"急会员之所忧，谋会员之所求，解会员之所难"，实行"自我教育、自我管理、自我服务"原则。20世纪80年代开展"光彩之星""青年文明号"活动；20世纪90年代开展"户户讲道德，店店无假货""文明经营户"活动，引领个体劳动者文明经商，守法经营，劳动致富；引导会员参与各种社会公益活动，慰问困难会员，扶贫助学，资助特困残疾户，受到社会各界好评。

5 佛山影剧院改建开业

佛山影剧院前身为建于清末民初的丹桂戏院,地点在大湾。1913年迁朝阳街,改名清平戏院。1945年更名为佛山大戏院。1968年改为东风剧场。1980年4月23日迁建于祖庙路22号正式开业,是当时佛山市文化、娱乐的重要活动场所。开幕当日,澳门知名人士何贤、马万祺等171名港澳同胞及华侨应邀参加开幕典礼。

佛山影剧院占地面积1.1万平方米,按照专业影院标准设计,剧场设1430个豪华软座席,安装英国进口SRD数码音响和超大银幕,是集演出、电影、舞台舞美制作策划及饮食、娱乐于一体的多功能综合性剧院。

20世纪90年代的佛山影剧院

琼花大剧院

琼花大剧院（即佛山影剧院）坐落在佛山祖庙路最繁华路段上，建于1980年，占地面积11000平方米，由国家权威设计师按照专业剧院标准设计而建造。1999年被评定为省特级电影院。2005年更名为琼花大剧院。

琼花大剧院原是中共佛山市委宣传部直属事业单位，实行企业管理。2005年根据市委、市政府的决定，成立佛山传媒集团后，由佛山传媒集团下属的佛山电视台统一管理，是集演出、电影、舞台舞美制作策划及饮食、娱乐于一体的多功能综合性剧院。

当年，为迎接第七届亚洲艺术节和亚洲文化部长论坛的重大演出活动，市委、市政府投资3000万元资金对剧院空调设备、灯光音响、舞台吊杆、场内声学处理、贵宾厅、化妆室及周边环境进行全面改造。改造后，舞台面积达1800平方米、台口宽16米、舞台高25米、台深31米，电动数字控制景杆60条、观众座位1303个，其中155个为超宽行距的高级豪华VIP座。剧院声音层次分明，定位准确，在场内声学装饰材料的配合下，音场效果达到了国内一流剧院的水平。

2021年琼花大剧院

6 实施"以水养水"公共供水政策

1977年6月25日,佛山市自来水厂改名为佛山市自来水公司,地址在建新路65号。1980年1月1日,自来水公司实施"以水养水"的政策,企业自收自支,每年所得的利润除应缴税款外,主要用作扩大自来水生产的建设费用。同年4月,自来水公司试行自来水安装定额超产提成工资的办法,使自来水安装工效提高了近4倍。1981年,自来水公司在市区安装了3英寸(7.62厘米)以上水管15000米,2½英寸(6.35厘米)以下水管76650米,新装总表4500个,使市区自来水普及率从70%提高到90%,成为佛山市区供水史上自来水普及率提高得最快的一年。佛山供水管网也发生了新的变化,市区初步形成了环状供水管网,市郊输水干管不断向农村延伸。市郊环市区经过4年自来水普及工作,到1983年用上自来水,成为广东全省农村第一个全部用上自来水的区。

佛山市自来水公司水厂扩建工程

佛山市自来水公司实行"以水养水",自来水建设资金由企业自筹、自支,使企业能针对供水事业存在的问题,按"轻重缓轻"次序有计划和合理地安排基建项目和投资。1982年2月,佛山市自来水公司采取借贷与自筹相结合的办法,共得资金1200多万元,解决了水厂扩建资金不足的困难。水厂扩建工程于1983年8月5日在石湾供水车间西侧东平河北岸河滩上破土动工。工程占地12300平方米,

佛山市自来水厂的机器设备

供水规模12万吨，扩建工程分两期完成。第一期日产6万吨供水工程于1985年5月试行运转，同年7月3日投产；第二期日产6万吨供水工程在1986年3月全面竣工。原定4年的扩建周期，只用了2年零7个月的时间。佛山12万吨／日供水扩建工程投产后，相当于新建了一座中型水厂，提高到日产20万吨供水，解决了全市供水能力不足的问题。到1986年底，佛山供水管网已发展到186公里（7.62厘米以上水管）。

7 永红大队实行社员退休制度

佛山市环市公社永红大队从1980年11月份开始实行退休制度，凡达到大队规定的农业工龄以上，年满60岁的男社员，55岁的女社员，申请退休的，每人每月可以领退休金35元；如果一次性领取，每人可以领退休金4447.2元。到12月底止，全大队办理退休按月领取退休金的社员有77人，一次性领取退休金的社员有116人。许多社员拿到退休金后，高兴地说："农民也有退休金，社会主义就是好。"1987年1月，佛山市石湾区环市镇永红管理区在管理区、生产队两级组建股份合作社。股份社实行股东代表大会和董事会制度，成为佛山市第一个农村股份合作社，是农村改革的大胆尝试。

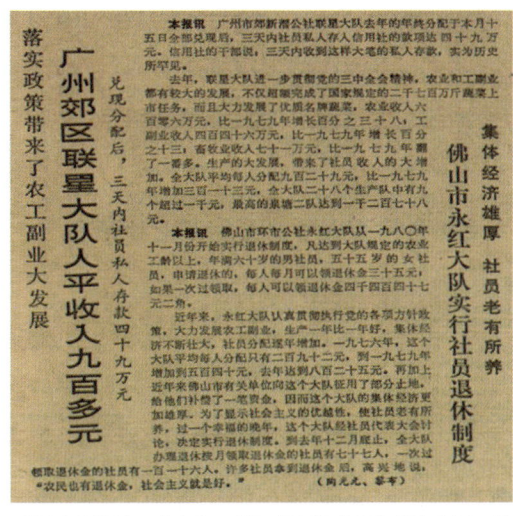

1981年1月22日《南方日报》第1版《集体经济雄厚 社员老有所养——佛山市永红大队实行社员退休制度》

8 建设轻纺之城

1980年6月28日至7月2日召开的中国共产党佛山市第四次代表大会,提出佛山市以发展轻纺工业为主,建设成为"轻纺工业发达、科学文化繁荣、内外经济活跃、整洁文明的社会主义现代化城市"的远大目标和五年工作任务。在同年8月28日至9月4日召开的佛山市第七届人民代表大会第一次会议上,再次提出经过十年、二十年的劳动,把佛山建设成为轻纺工业发达、科学文化繁荣、内外经济活跃、整洁文明的社会主义现代化城市。

佛山市化纤厂

为满足纺织工业发展对化纤原料急剧增长的需要,1981年1月1日,市政府决定将农药原料厂与化纤研究所试验厂合并,改为佛山市化纤厂,属市纺织局领导。9月1日,成立佛山市化纤厂扩建指挥部,以原农药原料厂6.5万平方米的厂区为基础扩建新厂。1983年7月30日竣工。1984

佛山市化纤厂

年3月19日投料试车,生产出1.58毫米×38毫米的棉型短纤维合格品5.4029吨,实现一次投料试车成功。1984年3月至1985年,市政府确定新上年产6万吨聚酯切片生产线、年产1万吨涤纶长丝生产线、年产1.5万吨涤纶短纤维生产线,并在1984年3月7日成立佛山市化纤工程指挥部。1985年1月10日,成立佛山市化纤工业公司,为独立核算、自负盈亏的经济实体,生产厂及配套企业有佛山聚酯切片厂、佛山涤纶长丝厂、佛山化纤合成纤维厂、佛山化纤公用工程公司、佛山化纤综合服务公司等。

9 调整工业消费品购销价格

按照先农副产品、后工业品，先消费品、后生产资料的原则，佛山市从1980年开始调整一、二、三类日用工业品的分类管理范围，逐步放开小百货、小文具、小五金等小商品的价格。1980年10月，广东省政府颁布的《关于日用工业品购销问题的试行办法》，一类、二类日用工业品由原来95种缩小为51种；三类日用工业品大部分下放市（县、区）管理，根据不同情况采取计划价、浮动价和议价议销，并允许工业部门按国家的物价政策自销产品。1982年11月19日，省第一批向各市（县、区）下放200种小商品价格管理，工商企业产销直接见面，协商定价。1983年5月，三类日用工业品（除列名管理的外共计510种小商品）价格，一律放开由企业定价。1984年10月，省政府发出《关于放宽自用工业品购销管理范围的通知》，除食糖、食盐、煤油、民用煤炭、卷烟等22种商品外，其他日用工业品均作为非计划管理商品，可由商业部门向工业部门选购或由工业部门自行销售。接着，又调整一大批关系到千家万户的日用工业消费品的价格。1985年4月，放开缝纫机、国产手表、电风扇、收音机"老四件"价格。1986年9月，按照国家的统一部署，放开自行车、黑白电视机、电冰箱、洗衣机、收录机、80支以上纯纱及织物、中长纤维布7种工业消费品价格，实行企业定价。此时，统购统销和计划收购的日用工业品仅剩10余种。

燎原路小工业品市场

燎原路小工业品市场是佛山市第一个日用工业品市场。

1983年3月,广东省政府发出《关于进一步搞活城乡日用工业品市场的通知》,要求各地改革日用工业品城乡分割的流通体制,开设日用工业品商品市场。同年10月21日,经佛山市政府同意,由市工商局、城建局和有关部门共同规划兴建的燎原路小工业品市场正式开放。这是原佛山市最早开放的以个体摊档经营为主的小工业品市场,与此后的百花总汇、乐园商业街和福禄路、建设路灯光夜市一起成为20世纪80年代佛山市区的五个日用工业品市场之一。

10 实施佛山市城市总体规划

1981年2月24日，广东省政府批复同意《佛山市1980年至1990年城市总体规划》。该规划确定佛山城市性质为"轻纺工业发达、科学文化繁荣、内外经济活跃、整洁文明的社会主义现代化城市"。全市面积77.4平方公里，人口26.27万人，规划在市区的西、南部开发新区，有步骤、分阶段开展大规模的城市建设，到1985年，全市总人口29.2万人，其中市区21万人；建成区面积16.9平方公里，其中，工业总用地面积5.44平方公里。

从1979年至1986年，各类土建投资达到8.7亿元，建成区面积从9.7平方公里扩大到16.9平方公里，建成各类建筑物面积310万平方米，其中开辟了同济新村、汾江新村等9个住宅新区，新建住宅建筑面积185万平方米，按照工业功能分区，先后迁建、新建、扩建了50间工厂，共征地1.4平方公里，建成75.5万平方米厂房，兴建了佛山影剧院、旋宫酒店、兴华商场、南国酒家、青少年文化宫、科学馆、职工大学、城区游泳中心、玫瑰商场、体育馆及佛山乐园等大型公共建筑50万平方米，建成了汾江中路、汾江南路及汾江西路等20多条主干道，新建、改建行车道面积达48.4万平方米；建成了佛山大桥和过境公路。城市基础设施趋向完善合理，进一步改善了建设条件、投资环境和生活环境，有效地促进了经济建设发展。

汾江路

汾江路是20世纪80年代市区最长、最直、最美的主干大道。汾江南路南段于1983年开辟，长约1公里，路宽43米，行车道宽15米，铺25厘米厚的250号水泥混凝土；慢车道每边6米，铺15厘米厚的250号水泥混凝土；行人道每边6米，绿化带每边2米。路面工程投资79.53万元，绿化带装上铸铁花牌，各种管线均埋设于地下。施工从5月开始，至9月完工。汾江南路北段和汾江中路由原过境公路改建而成，1985年2月28日破土封路，至8月5日竣工通车。路长1700米，宽43米，三板五带结构，人行道用彩色预制块铺砌。路面工程投资223万元。汾江中路的绿化带成功地采用了大株移植，做到"当年建路、当年绿化、当年成荫"。

佛山宾馆

1981年6月18日，佛山宾馆（加挂"佛山中国国际旅行社"牌子）开业，华侨、港澳同胞100多人参加开业典礼。该宾馆位于汾江南路，由香港真美旅游贸易有限公司投资282万美元，与佛山中国国际旅行社合作兴建。1979年3月开建，1981年初竣工，是一座具有岭南特色的园林宾馆。总建筑面积13320平方米，总投资1776万多元，是中国国际旅行社佛山支社的接待机构，建有贵宾房、标准房190间，382个床位；大小宴会厅14个，餐位1100个。大堂设有酒吧、咖啡厅、西餐厅，右侧有商场、电信中心，配有电话、电传、图文传真、影印、英文打字等公共服务，还有高、中档的大小会议厅、礼品商场、美容室、康乐中心、交通票务、舞厅、游泳池等娱乐设施。1989年9月20日被旅游局评定为首批"三星旅游涉外饭店"，1996年7月8日晋升"四星旅游涉外饭店"。2000年在"全国旅游涉外

佛山宾馆

饭店营业收入前一百名排序"中名列第38名。2008年12月10日更名为"佛山皇冠假日酒店"。

佛山乐园

  1986年10月，由城区旅游总公司与香港新东置业有限公司合资兴建的佛山乐园全面建成开业。该乐园位于城区体育路和汾江南路之间，1984年兴建，1985年2月部分营业，占地6万平方米，是一个设施较现代的游乐园。园内主要设施有小火车、碰碰车、微型汽车、摩天轮、小飞机、电子游戏机等。1986年12月12日，时任全国政协主席邓颖超为佛山乐园题写园名。1987年6月，中国人民解放军广州空军部队向佛山乐园赠送一架退役歼-5型先锋号歼击机作长期展出。

佛山乐园

　　作为该乐园一部分的大型彩色音乐喷泉在1986年5月1日建成开放，内设可容纳800多人的两层歌舞大厅和多个卡拉OK贵宾房。歌舞大厅将灯光、音响和喷泉结合成欧陆式浪漫风情和现代科学技术浑然一体的艺术殿堂，是中国第一座电脑控制彩色音乐喷泉以及东南亚最大的室内音乐喷泉。

11 国有商业企业改革

1979年起,佛山市区国营商业企业按照"改革、开放、搞活"的方针,试行扩大企业自主权,采取多种改革措施,引入市场机制,打破"统一领导,分级管理"的盈亏由地方政府包干"吃大锅饭"弊端。1981年起,市区国有商业各个专业公司进行一系列改革:冲破行业和批零分割的界限,实行一业为主、综合经营;开办货栈,开展议价购销活动;冲破地区封锁,开通城乡渠道,按自然流向组织商品流通;调整营销方式,改善购物环境,方便消费者购买;发展横向联系,开拓国际市场。传统的"祖庙商圈""升平商圈"实现现代转型。

佛山兴华商场

1982年12月25日,位于佛山市区祖庙路、经过商业体制改革后组建的佛山地区最大商业企业——佛山兴华商场正式开业,在内地率先引入"Shopping Mall(超大规模购物中心)"概念,首创集购物、餐饮、休闲、娱乐于一体的购物中心运营模式,吸引全国商场纷纷效仿。兴华商场主楼建筑面积10800平方米,分六层,一至五楼是营业场地,营业面积9600平方米,有中央空调设备。

1989年,兴华商场大胆实行开架式敞开经营,打破传统沿墙排列、单调的一线式柜台组合,根据商店位置、商品特点,设计不同几何图形组合货架和艺术陈列,让顾客可以直接触摸和感受商品,

1982年12月25日，兴华商场开业

任意选择，强调商品感染力的美陈设计也开始萌芽。全国大多数商场纷纷效仿，包括广州南方大厦在内的省内外知名商场均到兴华商场进行考察、学习，被时任商业部的领导称为"国内零售方式上的一场革命"。

佛山升平商场

升平商场位于升平路，建成于1957年，原名为升平百货商店。1979年，升平百货商店有员工100多人，经营面积900平方米，7个营业柜组，经营品种约1000个、年营业额1000万元，20世纪80年代，升平百货商店逐步开拓业务，扩大经营范围，实行零售批发并举，按专业分类销售，营业柜台增到16个，经营品种扩大到84类、近1万个品种、形成以百货和针织服装为主的综合性商店。经过1980、

1983、1985年三次改建扩大，经营面积增加到1650平方米，员工600多人，1985年营业额上升至4359万元。1981—1989年，先后7次获国家部级授予的全国商业先进单位、全国先进集体、全国文明经营示范单位称号，5次获省委、省政府授予全省模范集体、先进集体称号。1991年，斥资3600万元，在原址改建成13层高、13800平方米大厦，易名为升平商场。1992年，组建为升平商业企业集团，不断对外发展、扩大经营规模。

升平商场

1994年，开办升平商贸城，经营面积1.4万多平方米，设有糖烟酒、交电、化涤、五金、机电等12个批发分公司。1995年起，陆续开办升平商贸文沙商场、升平季华货仓商场、江门市舟平百货商场、南海九江升平太和超市、高明升平商场、祖庙路升平百货丽园商场。2002年，升平商业企业集团网点经营面积共有6.5万平方米，营业额2.2亿元，其中升平商场营业额为4800万元。

12　扩大企业自主权试点

国有企业改革是城市经济体制改革的中心环节。围绕增强企业活力，1980年11月8日，广东省政府发出《关于在国营工业企业中进行"自负盈亏"试点的通知》，决定在广州缝纫机工业公司、广州自行车工业公司、广州绢麻厂、韶关齿轮厂、佛山棉织二厂、佛山无线电一厂、江门塑料厂、江门南方食品厂和高州县（即"八厂一县"）国营工业企业进行独立核算、国家征税、自负盈亏试点。1980年，8家试点企业完成工业总产值3.8578亿元。1981年2月16日，省政府批转省经委《关于八厂一县开展"独立核算、国家征税、自负盈亏"试点工作情况的报告》，肯定前段试点工作，要求继续把试点搞好。1983年1月起，国务院决定在全国范围内实行两步"利改税"改革，1984年完成。1984年7月17日，广东省实行"以税代利，自负盈亏"的8家试点工业企业3年试点期满，试点期延长3年。这8家企业在3年试点期内经济效益显著，其中有佛山无线电一厂等6家企业实现利润翻一番。

佛山市无线电一厂

佛山市无线电一厂位于佛山市城区建新路，地方国有企业。1969年2月，由佛山市无线电元件一厂、佛山市无线电元件二厂、佛山市无线电元件三厂、佛山市无线电元件四厂，佛山市半导体材料厂等5家电子企业合并，组建佛山市无线电一厂。1970年2月，以生产半导体收音机、直流继电器、波段开关的一车间、四车间为基础，组建佛山市无线电一厂，生产电子整机产品，职工380人。

该厂20世纪70年代生产半导体收音机、电子仪器，80年代生产收录机、组合音响、彩色电视机，90年代生产录像机、CD唱机、VCD视盘机，是佛山电子工业的重点企业之一，曾连续多年进入全国

佛山市无线电一厂生产大楼外景

电子百强企业行列。生产的"钻石牌"组合音响是国内知名的音响产品，"钻石牌"FL-888型组合音响获1988年广东省首届音响质量评比一等奖，获广东省优质产品称号。1988年，生产组合音响8.92万台，产量在全国排行前列。1992年10月，"钻石牌"组合音响的"钻石"商标被评为广东省著名商标。

20世纪90年代初期，佛山市无线电一厂已经虚盈实亏。至1996年8月，负债3.6亿元，潜亏1.9亿元，已资不抵债。经1997年7月15日国务院企业改革工作联席会议批准，佛山无线电一厂进行破产拍卖，是我国较早申请破产拍卖的国有企业。

13　开展"五讲四美三热爱"活动

　　1981年3月13日,佛山市委宣传部与市总工会、共青团、妇联、教育局、文化局、卫生局、公安局等8个单位联合发出《关于开展"五讲"、"四美"活动,加强社会主义文明建设》倡议书。3月28日,市委召开动员大会,在全市开展"五讲"(讲文明、讲礼貌、讲卫生、讲秩序、讲道德)、"四美"(心灵美、语言美、行为美、环境美)为主要内容的文明礼貌活动。

　　1981年4月28日,市委批转市总工会《关于在全市职工中开展"红五月"立功竞赛的请示报告》,在职工群众中广泛开展"五讲""四美""三创"(创安全生产、产品质量、经济效果好)竞赛活动。此前,市妇联在1980年宣传、贯彻新婚姻法,以市区东方居委会、郊区敦厚大队作试点,保障婚姻自由、促进家庭和睦,建设新型家庭。11月,市委批转市妇联《关于开展文明和睦家庭活动的请示报告》,在全市推广东方居委会、敦厚大队等试点经验,开展文明和睦家庭评比,进一步恢复和发扬社会主义道德风尚,当年全市评出文明和睦家庭16户。1981年,文明和睦家庭评比与"五讲""四美"活动结合进行,全市评出文明和睦家庭38户。

　　1982年2月23日,市委发出《关于动员全市人民积极开展"全民文明礼貌月"活动的通知》,正式规定每年三月为"全民文明礼貌月"。3月1日,市委在市影剧院召开"全民礼貌月"活动动员大会,要求通过开展"全民礼貌月"活动,切实解决本市的"脏、乱、差"问题。3月24日，市委召开"佛山市全民文明礼貌月"总结表彰大会，表彰文明建设先进单位50个，并一致通过由市工会、团委、妇联共同制定的《佛山人民文明公约》。结合开展"全民文明礼貌月"活动，佛山市区以清洁卫生为突破口，开展除"三害"（即灭蚊蝇、除垃圾、治污水）活动，改善市容环境卫生。9月19日，广东省政府发出《关于加强城市卫生管理工作的通知》，在全省开展"城市学佛山、城镇学水东"的爱国卫生运动。

佛山城区沙塘居委会老人在祖庙路设立市容卫生监督岗

1983年，根据中央要求，"五讲""四美"活动进一步扩展为"五讲四美三热爱"活动。同年10月18日，佛山市委还专门成立"五讲四美三热爱"活动委员会及其办公室。

14 三次获评全国"田径之乡"称号

1973年起,佛山市的体育工作确定以田径为重点进行发展。经过十年发展,1983年2月,佛山市被国家体委命名为全国第一批"田径之乡"。佛山市有关领导参加了同年5月13日至18日在南京召开的命名表彰大会。

1986年4月,国家体委在佛山市召开第二届全国"田径之乡"命名大会,佛山市汾江区榜上有名。同年,汾江区更名为城区,区委、区政府把"田径之乡"建设纳入区的"七五"发展计划和政府的议事日程。1990年12月,在第三届全国"田径之乡"授奖命名大会上,佛山市城区再次获此殊荣。田径竞技运动确定为佛山市竞技体育重点项目。2000年,佛山市体育运动学校被国家体育总局首批命名为"全国高水平田径后备人才培训基地"。

佛山市体育馆

改革开放之初的佛山尚未有体育馆,仅有初具规模的新广场体育场、简陋的人民体育场等。1985年,佛山市政府投资598万元,在市区卫国路灯光球场地址建成佛山市首座体育馆。馆呈正方形,占地面积14608平方米,建筑面积7908平方米,总跨度58.5米,总高度22.28米。馆内设有4000个固定观众席,比赛场地铺高级地板,装有高级音响设备,东西看台上方设电子队名牌和电子记分牌。首层设贵宾接待室、乒乓球室,二层设会议室及办公机构等。可承接国内

1985年的佛山市体育馆

外高水平体育竞赛和高档次文艺演出。1987年，市政府拨款309万元在佛山体育馆（主馆）地域内南侧建成一座建筑面积5070平方米的训练比赛馆（副馆）。馆呈长方形，首层设有乒乓球馆、滚轴溜冰馆，二层设有篮球场和12个羽毛球场，中间为七层设有22间套房的招待所和可供100人使用的会议室。所有训练比赛场地均为优质地板铺设。1985年8月22日至25日，佛山体育馆举办了第六届世界杯乒乓球锦标赛及第六届中华人民共和国全国运动会乒乓球比赛。

15 华侨华人和港澳同胞支持佛山建设

改革开放后,华侨华人和港澳同胞积极参与佛山建设。1984年1月6日至7日,佛山召开首次归侨、侨眷以及港澳同胞家属代表大会,179人参会,正式成立佛山市归侨、侨眷联合会。汾江区(城区)成立后,1985年1月12日,成立区归国华侨联合会,1985年12月至1986年,普君、祖庙、升平、永安、城门头、同济等街道办事处相继召开第一次归侨侨眷代表大会,成立侨联分会,以居委会为核心,设立侨联小组,在社区开展各项侨务工作。华侨华人和港澳同胞投资经济建设,兴办公益事业,积极为家乡发展作出贡献。

佛山旋宫酒店开业

1984年5月6日,由佛山市工贸总公司与澳门知名人士马万祺、何贤合作经营佛山旋宫酒店开业。佛山旋宫酒店位于祖庙路1号。因顶层有旋转餐厅而命名,是内地继南京"金陵酒店"后兴建的第二家有旋转餐厅的综合性现代大酒店。酒店占地面积1200平方米,建筑面积1.19万平方米,楼高69

1984年5月6日建成开业的旋宫酒店

米，共18层。首层是接待大厅、商务中心、酒吧和咖啡厅；2层至4层是大小豪华餐厅；5层为出品部；6层至15层有高级客房102间，内设电视、录像、音响、程控电话、冰箱和烟火感应系统等；18层为旋转餐厅，可鸟瞰城区风光。旋宫酒店是佛山市开展对外友好交往和经济往来的重要接待场所之一。

复办佛山元甲学校

1988年11月20日，佛山元甲学校举行复办剪彩仪式，霍英东夫妇等参加剪彩仪式。元甲学校位于祖庙街道圣堂北街20号。1925年为纪念爱国武术家霍元甲而创办。开办初期，校址设在永安路西便巷布行会馆内。其后两次停办，多次迁址、更名、调整，至1958年取消校名。1985年，市政府决定复办，并得到霍英东、马万祺、何厚铧等港澳知名爱国人士及社会各界捐助。1986年8月30日元甲学校破土奠基，1987年9月1日落成开学，是一所全日制小学。全校建筑面积7200多平方米，主体建筑有五层教学大楼，四层的综合楼，四层的体育馆各一座，田径运动场地面积4700平方米。1999年，元甲学校被评为省一级学校。

1988年落成的佛山元甲学校

16　取消粮油票流通

　　1984年7月1日，佛山城区取消饮食业用粮平价供应，不收顾客粮票，价格放开。1985年4月，国务院决定取消粮油统购，改为合同定购和议价购销，粮油流通实行计划机制与市场机制并行和价格上的计划价格与市场价格并存的粮油销售"双轨制"。佛山农民在完成定购任务时，可以交粮，也可以按市价高于"倒三七"比例价（30%按原统购价，70%按原超购价）的差价交代金，由粮食部门用差价代金向市场收购议价粮食抵顶合同定购任务。随后几年，佛山城区相继取消酿酒、酱油等行业的用粮平价供应，改为议价供应，不收粮票。

　　1988年1月1日，佛山市粮食局发出《关于佛山市城区粮油市场管理的通告》，余粮余油一律在农副产品市场出售，实行议购议销，不得使用粮票，不得以粮换粮油等。同年4月1日，根据省的统一部署，佛山全市取消食油定购任务和计划定量供应，放开食油销售，价格随行就市，全面实行市场调节。食油市场供应充裕，社会上经营食用油的商业大户增加，全市大中型批发零售贸易企

佛山市流动粮票（壹市两）

业开始销售食用植物油等，粮食部门销售食用油随之减少。

根据国务院"分区决策、分省推进"的方式，1992年4月1日，广东省进一步改革粮食购销管理体制，实行粮食购销、价格和经营"三放开"，结束粮食统购统销和价格"双轨制"，取消粮票，城乡粮食销售价格，由粮食企业参照市场价格自行制订。粮食企业加快经营机制转换，1992年7月，城区粮油供应公司利用国营粮食机构信誉好的优势，将本部及下属11家粮站和米面批发部、粮油贸易部统一并为"国营嘉惠连锁商场"，组建成立佛山粮食系统第一家货仓式连锁店，实行标识、规格、价格、核算、进货、服务"六统一"。

1993年4月1日起，按照国务院《关于加快粮食流通体制改革的通知》精神，取消了粮票和油票，实行粮油商品敞开供应。从此，粮票、油票等各种票证退出市场流通，票证时代彻底终结。

国营嘉惠连锁

嘉惠粮油连锁的前身是佛山市城镇粮食管理所，后易名为佛山市城区粮油供应公司。20世纪70年代中后期，佛山国有粮店仅有10家。1984年9月实行"四定一包"经营责任制，打破"吃大锅饭"的旧体制，建立企业独立核算、自负盈亏、自我发展、自我约束的经营机制。1989年佛山市城镇粮所也改名为城区粮油供应公司。1991年嘉裕商场率先开创敞开式多种经营，效益显著，被商业部和共青团中央命名为"全国经营文明示范单位"。1992年7月，佛山市城区粮油供应公司借鉴国内成功企业的经验，选择6家粮站作自选式连锁店，统一命名为"国营嘉惠商场"。1993年8月1日公司将11家粮店、米面批发部、粮油贸易部、公司本部正式组建成立佛山市粮食系统第一家货仓式连锁店，店名仍是"国营嘉惠商场"。嘉惠商场

佛山嘉惠粮油点

实行"六统一"的经营方式，统一标识、统一进货、统一价格、统一核算、统一规格、统一服务。1998年4月，佛山市城区粮油供应公司并入佛山市粮食公司，1999年1月，率先让4间粮站试行"优化组合、自负盈亏"的承包办法，同年4月，全面实行粮站全员风险抵押集体承包经营，打破"吃大锅饭"的弊端，多劳多得，职工月收入保底不低于社会最低保障线。2003年底，禅城区粮食局成立，2004年6月，佛山市粮食公司等三家公司重组合并成立禅城区粮油企业集团公司，归属区粮食局管理。集团公司接管18家粮店后，按照"有进有退、有所为有所不为"的原则，将原有18家国字号粮店整合为10家嘉惠粮油连锁店。2005年初，在全省率先推行放心粮油店，建成嘉惠粮油连锁网络，作为公司推进"放心粮油"工程建设的服务社会窗口，成为佛山乃至广东省范围内规模最大、品种最齐全、质量最好、价格最稳定的粮油超市。2007年被授予佛山市"三八红旗集体"称号。

17 实施"工业立区、人才兴区"战略

1984年7月12日，中共汾江区委成立。汾江区委、区政府确立"工业立区、科技兴区，加快第三产业发展"的经济发展思路。10月，成立汾江区经济委员会，统筹全区工业经济工作。汾江区的工业由街道企业起步，以改造街道企业和吸纳北江机械厂为突破口，逐步建立起有自身特色的工业行业结构和一支以国有、集体经济为主体的骨干企业队伍。

围绕"工业立区"，区委、区政府加强人才引进、资金投入、制度创新三个方面的工作，1984年9月15日，区委、区政府出台《佛山市汾江区引进专业人才的十一条优惠政策》，引进一批急需的专业人才和管理人才。11月20日，区委常委扩大会议决定，从1984年至1986年，每年贴息贷款2000万元用于发展工业，解决建区之初工业发展资金短缺问题。同时，从1984年7月开始，打破计划经济工业企业经营体制，将企业的所有权和经营权分离，建立起竞争激励机制，先后推行厂长（经理）负责制、经营承包责任制、税收基数包干超收返还等改革，城区工业一年准备、三年起步，迅速迈入快速发展阶段。

佛山市北江机械厂

1984年12月26日，经广东省政府批准，省机械工业厅同意，始建于1964年10月的军工企业——国营九八〇厂从连南瑶族自治县迁

址忠义路，由汾江区人民政府接管。1985年，工厂开始整体搬迁，1987年5月3日完成复建，更名佛山市北江机械厂。从1989年起佛山市北江机械厂研发玻璃深加工机械系列产品。1992年，该厂BS07喷沙机成功进入印度尼西亚市场。此后，又先后投入4530万元，自主开发出全自动直线磨边机、全自动多级边机和多型号直边机等10个品种20种规格产品，质量达到20世纪80年代国际水平，填补了国内空白，产品远销至中国香港以及东南亚、澳大利亚、美国、日本、韩国、东欧等国家和地区。该厂开发的微型减速机被广泛应用于机械传动变速系统，成为国家认可的替代进口产品。1995年4月13日，北江机械厂荣膺"中华之最——中国首家生产系列玻璃深加工机械专业厂"称号。

1993年，北江机械厂的产品

1994年，北江机械厂车间

佛斯弟摩托车有限公司成立

1985年1月26日,华南摩托车总厂在城区华南车行成立,8月24日更名佛山摩托车厂,并移址北江机械厂,与北江机械厂一套人马、两块厂牌。1988年3月5日,佛山摩托车厂与美国佛斯弟公司合作,组建佛斯弟摩托车有限公司,生产经营富先达、佛斯弟系列男、女装摩托车。佛斯弟开发生产的摩托车车型品种30多种,经国家鉴定均符合标准,并列入国家产品目录。

1994年3月25日,佛斯弟摩托车有限公司与意大利彼亚杰奥摩托车厂合资,总投资2980万美元,组建比亚乔·里迈佛山摩托车有限公司,主要生产50—250CC摩托车(含脚踏板)及助力车系列产品。佛斯弟摩托车有限公司注重科技研发和创新,1996年在佛山市工业企业中设立第一个博士后工作站。在营销服务上,佛斯弟摩托车有限公司以市场为导向,在全国30多个省、自治区、直辖市建立销售、售后服务等一条龙服务体系,先后建立133个经销点和333个特约维修点。

佛斯弟摩托车有限公司与意大利彼亚杰奥公司在香港举行合作生产摩托车签字仪式

江泽民视察佛斯弟摩托车有限公司

1994年6月16日，中共中央总书记江泽民到佛斯弟摩托车有限公司视察。在参观喷漆生产线上质量检测仪器自动处理程序时，江泽民看得十分仔细。江泽民来到抛丸机房参观时，与操纵机器的操作工握手，致以问候，并随即向周围工人说："你们辛苦了！"在场的工人立即报以热烈的掌声。在总装车间的参观结束后，江泽民来到公司休息室为佛斯弟摩托车有限公司即席挥毫。

佛山佛斯弟足球队

佛山佛斯弟足球队前身是由佛山市体委在1988年11月组建的佛山市足球队，是佛山市第一支职业足球队，中国甲B联赛始创球队之一。1994年，佛山足球队交由佛山城区政府管辖。1997年，佛山足球队更名为佛山佛斯弟足球队。同年，成立佛山足球俱乐部。佛斯弟足球队一直跻身于全国足球甲级队之列。1998年1月7日，佛山佛斯弟足球队及佛山足球俱乐部以1680万元转让给福建厦门，改名为厦门远华足球队，此举开创了中国内地转让职业足球队的先例。2008年因没有企业接手，厦门远华足球队正式解散。

18　基础设施建设的社会投融资模式

20世纪80年代初，"敢为天下先"的佛山人采用民间融资、自内外银行贷款等筹集资金的办法，先后兴建了佛山大桥、广佛高速公路等一大批高等级桥梁和公路，并设站向来往车辆收取通行费，用于集资和偿还贷款，首创"贷款修路，收费还贷"的"佛山大桥模式"。形成当时"以水养水、以电养电、以交通（路）养交通（路）、以邮养邮电"投融资体制。

首创"佛山大桥模式"

20世纪80年代初，佛山市民出行主要依靠火车和渡船。当时的佛山大道不仅被汾江河隔断，而且被广茂铁路拦腰截断，汾江桥上经常堵车，通行效率低下。每当火车穿过时，都要以栅栏阻隔车辆，少则耽误十来分钟，多则半个小时以上。在编制的城市综合发展总体规划中，改变佛山的交通状况成为首要任务。为改变交通落后的状况，佛山市政府和有关部门深入研究，决定在汾江上建设一座新大桥。1984年5月10日，省政府复函同意佛山市以发行债券的形式筹建位于佛山市区西部的广湛过境路段及与之配套的重要工程——佛山大桥。5月26日，市委、市政府成立佛山市信托投资总公司负责发行债券，吸收社会闲散资金，投资兴办交通、能源、房产等建设，解决基础设施薄弱的发展瓶颈。至8月中旬，首笔筹得款项2600多万元，全部用于佛山大桥及过境公路建设。

肆 改革春潮

佛山大桥，北起广海公路大沥至佛山段K7+900米处，南至广海公路K11+950米处，分公路和大桥两部分，全长3341米，其中公路（包括小桥涵）2346米，大桥长995米、宽18

佛山大桥落成通车

米，中间行车道12米，两旁行人道各3米。1984年开建，1985年建成通车。大桥中段是七跨钢筋混凝土桁架，跨距42.4米；两端是平桥，其中南端四跨，北端二十八跨，与上沙大街、佛罗公路、广茂铁路、电器厂和塑料八厂厂道等路成立体交叉。大桥建成后，经市政府同意，在离桥北约200米处建有过桥收费站，它是全国第一个路桥收费站——佛山大桥收费站。从佛山大桥建成通车之日起，向过往车辆收取过桥费，实行"集资建桥、收费还贷"的投融资模式。佛山大桥是佛山市第一项"以路养路"的工程。

以通讯养通讯

为通信业的快速发展创造了良好的外部环境，改革开放后国家鼓励实施"以通讯养通讯"的收取初装费的政策。1980年，佛山市区对工矿企业单位率先实行收取1500元初装费，但对住宅用户、党政机关和事业单位减、免初装费。"以通讯养通讯"政策推动固定电话传输设备迅速更新。1983年1月20日，全省通讯容量最大的佛山—江门地下电缆载波工程及佛山—广州微波通讯工程开通使用。1984年，佛山市区全部取消架空明线，实现电缆化，主干电缆全部埋地。当年,佛山市区固定电话放号1400户,相当于新中国成立30年安装电话户数总和。

1985年,佛山市区全面推行"以通讯养通讯"政策。根据市政府办公室同年5月2日印发《关于市内电话初装费收费问题的批复》,同意市邮电局将佛山市区的电话初装费调整为:长途直拨权用户收取6000元,无直拨权的经营性企事业单位和党政机关、事业单位分别收取4000元和2500元。当年,佛山市区率先实现电话自动化,结束固定电话"摇把子"的历史,因而,佛山成为全省除深圳特区之后的第一个市内电话自动化地级市。

佛山市邮电局开通无线寻呼业务

1985年11月21日,佛山市邮电局建立容量为500门的无线寻呼台,寻呼接线电话号码是21333,当年开通用户30余户,是省内最早

20世纪90年代佛山市区BP机购销现场

开办无线寻呼业务的地级市之一。无线寻呼机俗称KO机或BP机,机主随身携带,收到信号寻呼机即发出"B、B"的响声,并显示寻呼的电话号码。寻呼机以其方便、快捷等特点迅速受到大众的青睐。1987年8月4日,佛山市邮电局的无线寻呼台首次扩容,增容量100门,年底用户达550户。1990年2月21日,联网寻呼珠江台在佛山市区开通。同年8月,成立佛山市邮电局无线分局。1992年11月15日,佛山市邮电局无线分局投资57万美元引进台湾赫力公司的扩容改造工程竣工。改造后的佛山无线寻呼台号实现中文与数字、人工与自动兼容,并增开语音信箱、中文传呼、自动寻呼等多项功能,设备容量达10万门。此时在广东境内非邮电系统的无线寻呼台已达20多家,佛山市区(含南海桂城)已开通的无线寻呼台达9家。是年,佛山市区有无线寻呼机用户2.33万户。

1993年,国务院批转邮电部《关于进一步加强电信业务市场管理的意见的通知》,开放寻呼市场,寻呼业成为电信业中发展最迅猛、市场最开放、竞争最激烈的无线通信业务。1995年新增中文寻呼机,除了显示寻呼号码,还可显示20余字的中文信息。当年,佛山城区新增26496户,用户达10.0892万户。1998年10月,佛山市邮电局寻呼台及佛山市下属的其他邮电寻呼台合并为广东电信寻呼有限公司佛山分公司。1999年,更名为广东国信通信有限公司佛山分公司,推出全国无线公众寻呼网198(人工)/199(自动),全面经营本地网、全省联网、全国联网的寻呼业务,是当时能够开通全国联网寻呼业务的少数企业之一。此后,随着移动电话普及,无线寻呼业务逐渐消失。

19　佛山市无线电八厂

　　1970年初，佛山市东风化工厂组建电子车间，加挂佛山市东风半导体器件厂厂名。1975年6月起，佛山市东风半导体器件厂独立核算。1981年5月，佛山市东风半导体器件厂更名为佛山市无线电八厂，成为一家研制、生产电子整机产品的企业。1997年，佛山市无线电八厂停产，经职代会讨论，确定实行"分块重组，注入新资，寻求发展"的改革方向，把直属厂本部的各分公司（分厂）、部门分别重组成11个独立核算、自主经营、自负盈亏的单位，从1997年8月开始独立核算。2001年8月，无线电八厂与全厂职工解除劳动关系。至此，佛山市无线电八厂解体。

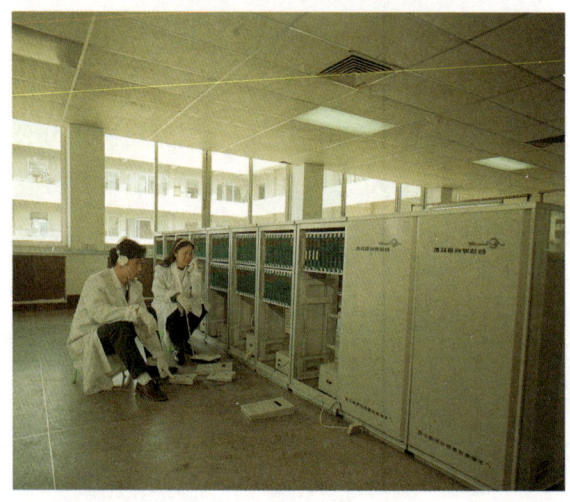

佛山无线电八厂

"星河牌"XH-880型组合音响获国际博览会金奖

1987年6月23日,佛山市无线电八厂生产的星河XH-880型组合音响获得第59届波兹南国际博览会金奖。这是自1949年以来佛山工业产品在国际上获得的最高荣誉。1988年,星河XH-880型组合音响又荣获电子工业部优质产品和广东省优质产品称号。

1987年,星河音响在波兰第59届波兹南国际博览会上获得金奖。图为在博览会上的展位,被欧洲观众围得水泄不通

研制成功世界首台星河XH-CTP中文声控打字机

1990年4月,佛山市无线电八厂研制成功世界首台星河XH-CTP中文声控打字机,这是当时国内智能计算机在语音识别技术和语音合成技术上的重大突破。

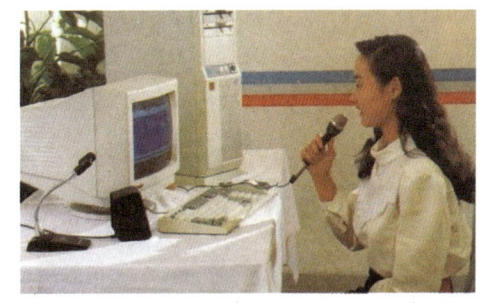

1990年,佛山市无线电八厂研制成功的世界首台中文声控打字机

星河-n微型计算机获一等奖

1985年8月,在济南召开全国首届微型电子计算机质量评比大会,佛山市无线电八厂生产的星河-n微型计算机获一等奖。

20　佛山市区敞开供电

1989年10月1日起，佛山市全面敞开供电，成为全省率先实现敞开供电的地级市，轰动全国。

20世纪80年代初，广东省分配给佛山市区的总电量为76万度，缺电50%，电力成为生产发展的瓶颈。为解决佛山市区工农业生产缺电问题，佛山市集资自办城西发电厂（厂址设在佛罗公路39号）。

1985年2月，佛山市发电厂有限公司与联邦德国依英／西门子公司签订合同，引进6台柴油发电机组。1989年5月，佛山城西发电厂全面竣工投产，6台发电机组全部投产后，日可发电80万度，市区日供电量达到370万度，供电能力大于用电需求，扭转了改革开放以来佛山市区长期缺电和错峰用电的局面。

佛山供电局贯彻落实上级公司部署，逐步重视和加强企业管理。1993—1994年，推进三项制度改革。1995年，全面开展安全、文

20世纪90年代的城区电力调度中心

始建于1985年的佛山市城西发电厂，2006年关停

明生产"双达标"，于1997年被电力工业部授予"电力安全文明生产达标企业"称号。1997年，启动创建一流供电企业工作，于2000年被国家电力公司授予"一流供电企业"称号。

"火树银花耀禅城"大型灯会

1991年2月14日，佛山市首次举办"火树银花耀禅城"大型灯会，50万盏大小灯饰，点亮禅城。这是佛山有史以来最大型的灯会，吸引广州、中山等周边城市群众赶来观灯。

1991年春节，"火树银花耀禅城"大型灯会的汾江路段街景

21 佛山的国际友好城市

1985年5月8日,佛山市与日本伊丹市缔结友好城市关系。截至2023年底,佛山已与全球13个国家和地区的17个城市缔结友好城市关系,有力促进了与不同国家之间的经济合作与文化交流。

佛山伊丹友好交流中心落成

1990年5月6日,佛山伊丹友好交流中心落成剪彩。佛山伊丹友好交流中心位于汾江中路213号,由佛山市和日本伊丹市合资兴建,占地面积2270平方米。1989年2月动工兴建,1990年4月竣工,同年5月6日落成交付使用。佛山伊丹友好交流中心建成后,为佛山市与伊丹市的友好交往、经济贸易、技术人才、文化教育、体育卫生和城市建设等方面的合作交流搭建了平台,提供了场地。同时,成为佛山市接待国内外来访宾客,举办各类型对外展览,开办英、日语等外语培训班,开展对外友好交流活动的重要场所。

2002年,佛山伊丹友好交流中心

22　女足世界杯在佛山

　　1991年11月16日至30日,第一届世界女子足球锦标赛在中国广东举行。比赛分别在广州、江门、佛山、中山和番禺进行。来自六大洲的12支队伍参赛。佛山新广场作为佛山赛区的举办场地,在11月21日至24日期间,共承办5场赛事。赛事举办期间,每场比赛都爆满,1万多个座位座无虚席。11月21日,小组赛第三战中国队对阵新西兰队将佛山赛场开赛以来的气氛推向最高潮。国际足联主席阿维兰热专程到佛山观看比赛,赞扬佛山为比赛提供了非常好的场地。

1991年,第一届世界女子足球锦标赛在佛山新广场举行小组赛

新广场重建落成

1991年10月23日,由市、区两级政府拨款和社会各界、港澳同胞、海外侨胞捐款,共集资3000多万元,按国际标准设计的新广场重建落成。重建后的新体育场有1.6万个座位和16米×5米的超高亮度电子记分牌。新广场体育场成功承办了第一届世界女子足球锦标赛的部分比赛,还承办了中国羽毛球公开赛、全国青年技巧赛、全国青年篮球赛等赛事。2007年,佛山实施"三旧"改造工程,佛山新广场球场被拆除。

1993年的佛山新广场体育场

23 国有企业股份制改革试点

20世纪90年代,佛山贯彻落实1988年8月《中华人民共和国全民所有制工业企业法》和1992年7月国务院《全民所有制工业企业转换经营机制条例》,围绕简政放权、政企分开、所有权和经营权分离,扩大企业生产经营自主权,深入开展多种经营形式改革,改革内容包括:推进企业承包责任制、厂长(经理)责任制,改革企业内部经营管理机制,制定、推行规模效益奖、股份制、浮动定级制、工资挂钩奖励制、一厂多制、兼并制、厂长书记兼任制"一奖六制",并进一步深化企业劳动、人事、分配制度配套改革。同时,建立横向经济联合和企业集团,实施跨行业承包、租赁、兼并,优化企业组织结构。

1992年,佛山市电器照明公司被广东省政府定为全省首批内部股份制改造企业试点单位之一。1993年,城区街道企业永安漂染厂试行内部股份制改革试点,吸纳私人资金,扩大了生产资金,使企业员工都成为股东,与企业共担风险、共负盈亏。改革实施当年,企业生产能力增倍,产值超1000万元,利润210万元,比上年增127%、900%,成为城区工业第四大盈利企业。

佛山电器照明股份有限公司

佛山电器照明股份有限公司前身是佛山市灯泡厂。1985年更名为佛山市电器照明公司。1992年10月20日,佛山市电器照明公司、南

佛山电器照明股份有限公司创立大会

海市务庄彩釉砖厂、佛山市鄱阳印刷实业公司共同发起，公开发行社会公众股（A股）1930万股，于1993年11月23日在深圳证券交易所挂牌交易。第一大股东是佛山市国有资产办公室。佛山电器照明股份有限公司是佛山市第一家股份制试点企业。1995年7月23日，公司以每股人民币6.02元发行50万股B股。1996年8月26日经中华人民共和国对外贸易经济合作部批复同意转为外商投资股份有限公司，注册资金3.0344亿元。

佛山市华海食品股份有限公司

1994年6月，经广东省体改委批准，佛山市食品水产贸易公司改组为佛山市华海食品股份有限公司（公司总股本3300万股，均为记名普通股，每股面值1元），成为全市集体商业首个股份制企业。10月，市华海食品水产贸易公司（市第二食品水产贸易公司）集资

6050万元,在市区敦厚建成占地面积1万平方米、冷藏总量5000吨的冷库,并配套食品加工业。

佛山化工厂

1992年7月25日,佛山化工厂举行劳动合同签订仪式,是佛山市首家劳动合同制企业。佛山化工厂位于原城区上沙九江基,前身是佛山银朱丹粉厂,于1954年由隆华、太和及义行3家私营大店铺公私合营合并而成。1957年改称佛山化工颜料厂,1961年酸、碱两大厂并入,取名佛山化工厂,成为国有企业。该厂是国家化工部颜料和涂料生产定点厂,也是当时国内生产红丹的八大厂家之一,质量先后获得省、部优质产品称号。2002年后,先后与中国涂料研究院、吉林大学、浙江大学、中国地质大学、武汉化工学院等建立长期的产品研发合作关系,为产品的研发和技术创新提供技术后盾。

佛山市首家街道再就业服务站

1998年,祖庙街道开展下岗再就业工程试点工作,免费为下岗失业人员和特困家庭推介就业岗位,组织下岗人员参与社区服务,多渠道分流安置下岗失业人员。9月2日,成立佛山市首家街道再就业服务站。

24 社会保险一体化改革

社会保障制度是社会主义市场经济体制建立与完善不可或缺的组成部分。佛山早在1984年就着手实行劳动保险制度，由于当时社会保险业务分散，部门管理缺乏长远、综合规划，社会保险发展缓慢。1990年2月，佛山设置直属市政府领导的社会保险事业局，全面负责社会保险工作的管理和规划，并尝试改革社会保险体制。

1992年11月1日起，佛山市政府首先在市区内实行社会保险一体化改革，即不分企业所有制，不分职工身份，不分险种，统一按上年度全市各企事业单位职工平均月工资收入和离退休费总额的20%征集综合保险费，由社会保险事业局统筹安排，以确保全社会所有在册劳动者，包括临时工、合同工、固定工在生育、年老、疾病、伤残、死亡、失业等情况下，在暂时或永久丧失劳动能力的时候，获得国家的固定资助，这项改革在全国范围内尚属首例。

1993年，继续完善和巩固社会保险一体化改革成果，扩大社会保险覆盖面。市区率先在全省实行了养老、医疗、工伤、待业、计划生育等社会保险收费、管理一体化的社会保障制度，被誉为"佛山模式"。1993年8月，《人民日报》和中央人民广播电台分别报道、播送了佛山社会保险改革情况，其他主流媒体也作了追踪报道。11月，党的十四届三中全会提出建立多层次的社会保障体系，以及城镇职工养老保险和医疗保险制度实行社会统筹和个人账户相结合。即机关、事业、企业单位全部职工包括固定工、合同工、临时工等均须参加社会保险,单位每月按"上年度全市职工平均收入+退休费总额的20%"缴纳综合保险费,职工则按统一标准享受养老、失业、工伤、大病医疗、生育保险待遇。社会保险一体化改革,既保障了广大离退休职工的生活,均衡了新老企业负担,维护了职工合法权益,也为佛山社会经济的发展创造了良好条件。

至2002年,佛山全市社会保障体系不断完善,城镇职工养老和失业保险覆盖率以及基本医疗保险单位参保率均达95%以上。

25 "一芯两轮三条线"

1991—1995年，城区工业以音响器材、摩托车、电线电缆企业为骨干，建立起以"一芯两轮三条线"（收录机芯、摩托车、通讯电缆、电力电缆、无氧铜杆）为主体的工业架构。在此期间，还有多家五金塑料厂、制衣厂、模具厂和化工厂建成。1995年，城区同济街道工业公司与台湾荣腾事业有限公司创办佛山市皇冠化工有限公司。1995年7月，区委、区政府提出城区经济要向更高层次发展，形成"一城两地"（佛斯弟摩托车工业城、中宝通讯电工器材生产基地、金声激光储存盘生产基地）的经济新格局。当年全区工业总产值41.39亿元，8个亿元企业实现产值和税利均占全区工业总产值和工业税利总额的70%。1996年开始，以"一芯两轮三条线"为基础，实施系列化生产、集团化经营，加快建设"一城两地"。1996年，全区工业产值超亿元的企业有11家，超千万的企业有26家。佛斯弟摩托车有限公司工业产值超20亿元，成为全国十大摩托车生产厂家之一；中宝集团公司工业产值近8亿元，成为国内大型电缆生产基地；金声集团公司工业产值超10亿元，成为国内激光储存盘生产的大型企业。1996年底，摩托车、电缆、激光储存盘三大产品的工业总产值达到37亿元，占全区工业总产值的79%。1997年，工业总产值达54.5亿元，工业税收达2.5亿元，工业利润达8150万元。

1993年，永兴电子公司装配车间

佛山市城区工业发展公司

佛山市城区工业发展公司是建区初期登记的全民所有制企业。1993年3月，该公司与香港永声唱片贸易公司合资组建金声有限公司生产CD唱片。1994年，与香港永声唱片贸易公司合资组建金星电子有限公司生产LD大影碟，1995年生产CDR可录光盘。同时又与香港永声唱片公司组建金龙光电有限公司，生产VCD、DVD和CDR。上述三家公司均是佛山城区工业发展公司占60%股份，香港永声公司占40%股份，总投资折合人民币3亿元。三个合资公司佛港各方股份可互用，人员统一调配使用，报表统一报送，对外也统称佛山市金声电子有限公司。厂址位于佛山大道75号，是城区工业经济"一城两地"的重要组成部分。

1993年，城区工业发展公司与台商（香港华得发展公司）合资1000万美元（各占50%）开办佛山市金禅窗帘有限公司，为城区工业发展公司早期开办的第一家"两头在外"（即原材料由境外进口，产品全部返销出口）的合资企业，设计年生产叶片式塑料窗帘100万平方米（720万套），产品主要销往欧美。由于连年亏损，2000年金禅公司歇业并关闭。

1997年，金声电子有限公司投入3000万元收购珠海市海纳电子公司，使该公司的生产能力增加一倍，但仅运作了一年便停产。1999年，金声电子有限公司利用自身技术力量将原有LD生产线改造成CDR生产线，2000年又投入100多万美元购买荷兰新一代可录光盘生产设备一套，使产品技术参数更先进。

华声音响器材有限公司

华声音响器材有限公司始建于1985年，由升平街道无线电组件厂率先与港商梁华济合资200万美元兴办。主要生产经营YN-83型、YN-33仿型、YN-81普及型盒式录放机芯，年产量100万台，产品50%外销。1986—1996年，公司产量逐年增加，共生产录放机芯7000万台、销售额1.68亿元、利润1890万元，其中外销350万台、销售额

1992年，华声音响器材有限公司录放机芯生产线

1680万美元、利润200万美元。1990年,公司达到国家二级企业标准。1992年产值突破亿元,成为城区第一家亿元企业,公司产品质量达到替代进口产品的水准,成为国内生产录放机芯的一枝独秀。后由于管理不善,公司生产经营效益不断下滑、亏损严重,于2000年9月关闭。

26 佛（山）九（龙）直通车开通

1993年1月7日，佛山新火车站首列佛山至香港九龙直通车开通

1993年1月7日，佛山新火车站建成通车，首列佛九直通车开通。佛山新火车站是广东省内第二个开通直达香港的铁路客运口岸，直通香港全程仅需3个小时。从佛山站前往香港的旅客一度达到每年近25000人次，出入境客运量曾多年在全国排第四。香港回归祖国后，从佛山火车站前往香港的旅客更多，时常出现一票难求的情形。起初用港币买票，后来也可以使用人民币买票。2019年7月10日，佛山新火车站佛九直通车停运，由佛山西站坐高铁直达香港，旅途时间比原来缩短一半。

佛山新火车站

1990年6月，佛山火车站进行搬迁扩建，工程分两期进行：建设东货场，实行客运、货运分开经营；建设新火车客运站，并相应

1993年,佛山新火车站建成

建一座跨铁路的立交桥。1991年3月,为筹集新站建设资金,成立佛山市火车站建设经营公司,承担建设工程所需资金的贷款和还贷。1991年8月,铁路东货场配套工程——佛山港扶西作业区首期工程建成投产。1993年新站建成后,客运转至新佛山站,新佛山站同时办理货物到、发业务。同年1月8日,正式开行佛山至九龙直通客车,成为全国第二个直通香港的铁路客运口岸。1997年,佛山车务段被评为"全国质量管理先进企业"和"广东省质量管理先进企业"。

27　国家历史文化名城建设

佛山市政府从1990年开始组织文化、建设、环境保护部门申报"国家历史文化名城"。1991年2月,佛山市被广东省人民政府公布为首批省级历史文化名城。同时,省政府向文化部、建设部申报佛山市为"国家历史文化名城"。1994年1月4日,国务院批准佛山市为"国家历史文化名城"。1999年5月,市政府发布《确定祖庙民居群为佛山市区历史街区的通告》,成为在广东省第一个公布的历史街区,使这一片达31.5万平方米的历史街区得到有效保护。2001年,时利和古城文化发展有限公司成立,筹办祖庙百年重修和祖庙以东历史文化街区的开发建设,佛山市历史文化名城建设和文物保护工作进入一个新的阶段。2001年8月黄飞鸿纪念馆落成,10月开放。2002年11月,叶问堂建成,并在兆祥路兆祥黄公祠筹建佛山粤剧博物馆,2003年5月23日开馆。

修复梁园

梁园内景

佛山梁园是梁氏宅园总称,主体位于禅城区松风路先锋古道,是广东"四大名园"之一,始建于清嘉庆年间。其整体规划、建筑坐向、山水布局等均受古代堪舆学影响。1980年3月18

日，佛山市委常委会会议决定修复十二石斋（梁园），至1982年对仅存的群星草堂进行抢救保护。1994年10月，佛山梁园首期十项修复工程动工，市政府投资3100多万元，并于1996年12月全面竣工开放。2001年至2002年，推进梁园二期全面修复工程。

黄飞鸿纪念馆

为纪念佛山杰出的武师黄飞鸿，市文化部门根据佛山市委、佛山市政府创建"中国优秀旅游城市"的决定精神，批准规划建设黄飞鸿纪念馆。该馆于2000年5月24日奠基，2001年1月14日落成，是一座两层仿清代青砖镬耳建筑。整个纪念馆为两层两进深三开间仿清代镬耳式建筑，内设陈列馆、影视厅、演武厅、演武天井等。陈列馆除了介绍黄飞鸿的生平事迹，还全面展示了近70年来围绕黄飞鸿而产生的各种文艺作品以及上千件珍贵文物。

黄飞鸿纪念馆

首届佛山秋色欢乐节开幕

为弘扬佛山传统文化、加快旅游事业发展，2000年千禧年来临之际，佛山市委、佛山市政府举办首届佛山秋色欢乐节。活动内容有开幕式、秋色大巡游、文艺演出、灯展、舞狮比赛、新春购物节、陶瓷烧制演示、佛山旅游推介会、佛山家乡美食节、闭幕式等。1999年12月31日晚，在莲花广场举行"2000年秋色欢乐节"开幕式，随之又进行"历史名城　世纪豪情——喜迎2000年秋色大巡游"，按照佛山秋色传统分为灯色、车色、马色、水色、飘色、地色、景色。参加演出和巡游的大型彩车有11辆，秋色工艺品3000多件，演员达4800多人。海内外宾客及佛山市民近40万人观看。至2000年2月19日，佛山秋色欢乐节闭幕。这次活动是佛山自新中国成立后规模最大、参与人数最多、影响最广泛的一次民俗文化盛会。

首届佛山秋色欢乐节

28　全国社区建设试点

2000年1月12日，佛山城区被民政部确定为广东省唯一的"全国社区建设试验区"。8月，祖庙街道办事处社区服务信息中心率先在"中国佛山"网站上介绍街道、居委会、社区建设、服务信息、服务指南等。2000—2002年，市、区两级政府下拨3750万元用于社区建设，全区99个居委会办公用房平均面积达到67平方米，实现办公信息化，同时推行政务、居务公开。各地普遍按照"一社区一支部"的要求建立了各个社区党支部。经过三年努力，佛山城区形成"一个龙头、两级网点、十大系列"的社区建设特色。"一个龙头"是以社区服务中心为龙头，带动开展各项社区服务，推进城市管理社会化；"两级网点"是指社区服务中心属下的社区文化室、老人健身室、残疾人活动中心、婚姻介绍所、婚育学校、法律服务所等服务网点，与居委会社区服务网点紧密结合，形成网络，全区已建立两级网点600多个；"十大系列"包括老幼服务、优抚对象和残疾人服务、婚姻介绍和优生优育服务、家务家庭文化服务、家电维修服务、医疗保健服务和社区援助服务等十大社区服务系列，共有712个服务项目。

通过社区建设，城区构建起"市、区两级政府，市、区、街道三级管理，市、区、街道、社区四级网络"的城市管理构架，建立责权利统一的社区建设管理体制和运行机制。2002年2月至6月，在新的社区居委会重新划分和调整基础上，社区居委会第一次民主选举工作完成。

29 环市街道获"中国童装名镇"称号

2004年1月9日,在北京召开的全国纺织工业行业发展与改革会议暨纺织集群工作会议上,中国纺织工业协会、中国服装设计师协会和中国服装协会联合授予禅城区环市街道"中国童装名镇"称号。

环市街道童服产业兴起于20世纪80年代初,原环市镇南桂西路一带得益于当时针织行业兴盛和毗邻港澳的地缘优势,逐步发展以家庭作坊为主的经营模式。至20世纪90年代开建第一批单层结构的童装制作厂房,初步出现童装集聚园区。进入2000年后,引导童装产业特色发展,先后规划建成朝安路环市童服城、童服会展中心、

佛山环市童装创新中心

童服交易市场等载体,"环市童装"品牌开始走向全国。2003年,环市街道童装业产值32亿元,占全镇工业总产值的81%。青蛙皇子服饰有限公司、纽仕丹服饰有限公司、小鸭子童服有限公司等160多家童装企业进行品牌经营,童装产量占全国童装产量的三分之一。2004年获得"中国童装名镇"称号后,环市街道进一步提升童装产业,抓好以朝安路为中心5平方公里童装产业区的规划发展,推进童装特色产业创新发展和技术升级。2005年9月,被省科技厅确定为"广东省专业技术创新试点单位"。2006年建成童装创新中心和交易中心等创新发展平台,积极实施品牌经营战略,注册"佛山童装"区域集体品牌,开启了专业镇的发展模式。

30 大型购物中心开业

祖庙商圈是"佛山第一特色核心商圈",具有浓厚文化底蕴,是可传承发扬的商业文化。购物中心是依托城市标志性特色建筑而形成的商业,商业广场是市民消费的重要载体。20世纪80年代后期,实施新区开发与旧城改造相结合,商住楼宇逐渐发展成为高层建筑。

百花广场购物中心开业

1997年1月18日,佛山百花广场购物中心开业。百花广场楼高203米,54层,由主、副两栋塔楼构成,楼体形成上下系统、立体化结构,百花"云"立方构筑佛山云端景观看台,提供360度全方位瞰景视野。总建筑面积近10万平方米,安装有观光电梯2台,是佛山第一个囊括商场、甲级写字楼、摩天观光球、直升飞机坪、亚洲最高观光梯等功能的地标式综合体,是佛山市的标志性建筑之一。

百花广场购物中心集购物、办

2000年,百花广场

公、商住于一体。其中1层至6层为商场,面积2.5万平方米。由升平商场企业集团进场经营的面积1万多平方米,经营花色品种有5万多个。另有屈臣氏、GUCCI等名店,主营国际名牌男女服装、首饰、皮具。六楼设有美食广场,经营日本、韩国、欧美餐饮,肯德基快餐店进驻首层。百花广场开业后,商场日均客流量超过5万人次,节假日客流曾突破20多万人次,至2002年,百花广场购物中心是佛山规模最大的多功能综合性商场之一。

东方广场首期组团开业

2003年12月18日,地处佛山莲升片区的佛山旧城区改造项目——东方广场正式开业,是国内首家以"国际观光产业街区(TOURMALL)"为主题的商业MALL。该项目首期组团主要包括明珠百货、东方书城、东方大街和东方汽车站。其中,明珠百货定位为时尚精品百货,营业面积近3万平方米;东方书城是当时华南地区最大的图书市场,率先进驻的有新华书店等,营业面积超过1万平方米;东方大街则是当时佛山市第一条全天候天幕式商业步行街。2004年,东方广场引入当时少见的手机大卖场概念,在地下负一层布局1500多平方米推出"东方数码港",抢占数码消费先机。同时,东方广场在本地率先提出"假日广场文化"概念,每逢周末假日,举办各种规模盛大、缤纷有趣的活动,被称为"永不落幕的市民城市客厅"。

随后,东方广场陆续吸引吉之岛、沃尔玛、国美等主力商户进驻,相继上马银州城、德胜楼、金山街、东方家具生活馆等组团项目,逐渐集合步行街、主题乐园、游艺中心、大型百货商城、量贩超市、专卖店、美食街、电影城等多种复合业态。至2010年,东方广场整体工程占地达到25万平方米,总建筑面积80万平方米,

东方广场组团开业

其中商业面积超过23万平方米，商城由明珠城、银州城、金山街、德胜楼、红宝石城（东方书城）、蓝宝石城、翡翠城、水晶城、钻石城、琥珀城10个各具特色的主题商场、1条商业步行街以及1万平方米的假日广场组成，成为继百花广场之后又一集购物、休闲、观光、饮食、文化展示等多种功能于一体的大型观光产业街区和新兴商业圈。

伍

楫先奋争

本篇主要介绍佛山中心城区核心街区——祖庙街道在2006年6月行政区划调整后至2023年的社会发展状况。

2006年6月，禅城区调整行政区划，将原祖庙、升平、普君街道与环市街道合并，组建祖庙街道，祖庙街道成为佛山市中心城区核心街区，区位优势十分明显。新的历史起点，祖庙街道以行政区划调整为契机，以打造佛山季华中心商务区、建设祖庙东华里片区和改造"城中村"三项重点工作为抓手，推进产业结构调整和城市转型升级，坚定不移走精品城市发展的道路。

进入中国特色社会主义新时代后，祖庙街道深入贯彻落实党的十八大精神，牢固树立新发展理念，按照"精准创新，厚植优势"的工作思路，坚持"固二优三"战略，围绕"城产人文"融合发展主线，加快建设广佛都市圈高水平高品质的现代化核心街区。深入贯彻落实党的十九大精神，按照"党建统领、文商引领、创新发展、共治共享、民生优先"的工作思路，围绕全面做强做优做大中心城区功能和加快打造"首善之街"，推动区域经济社会高质量发展。深入贯彻落实党的二十大精神，把坚持高质量发展作为新时代的硬道理，认真落实省委"1310"具体部署、市委"515"高质量发展目标任务以及区委打造"佛山之心"和"六最"现代化禅城工作任务，抢抓"百千万工程"重大机遇，坚持党建引领、文化赋能，锚定"一轴三片区"产业发展蓝图，全力以赴建设"千亿祖庙"，打造文商旅高度融合的城市中心镇街。

1　祖庙街道行政区划调整

　　随着佛山市现代化大城市框架基本形成，为进一步提升中心城区综合竞争力，2006年6月29日，经市人民政府批准，禅城区调整辖区街道行政区划，形成"一区辖三个街道（祖庙、石湾镇、张槎）一个镇（南庄）"行政管理格局。其中，撤销环市、普君、升平街道，将其并入祖庙街道，驻地设禅城区朝安北路23号（原环市街道

祖庙街道挂牌仪式

办事处驻地）。调整后的祖庙街道位于禅城区东北部，界线走向是：汾江河、佛山大桥、佛山大道、季华五路至季华七路，辖区面积21.5平方公里。区划调整后，祖庙街道共有唐园、同福、福禄、沙塘、东园等55个社区以及简村、永红、永新、镇安、朝东、东升等9个行政村共64个村居。现祖庙街道有50个社区、9个行政村，共59个行政村居。

2006年7月6日，行政区划调整后成立的祖庙街道举行挂牌仪式，新的行政管理体系正式运作。按照禅城区的要求，祖庙街道顺利完成了机构调整、中层干部竞争上岗等重要工作，较好地解决了机构和人员的问题，健全了街道机关各部门、事业单位党组织架构，推进了街道机关党组织建设，9月9日召开街道党员代表会议，研究制定了街道今后五年的发展规划，完善了一系列规章制度，工作形成了合力，社会经济稳步发展，努力实现了工作"四个提升，一个加快"；全面提升产业发展水平、全面提升社会管理水平、全面提升城市管理水平、全面提升党的执政水平，加快推进城乡一体化。

规范公有资产经营管理

祖庙街道成立后，深化国有企业产权改革，完善国有资产监管体系。2006年12月25日，根据公有资产的状况和发展需要，成立佛山市禅城区盛创资产经营管理公司（2023年变更为"佛山市祖庙街道城市建设有限公司"）和佛山市禅城区盛佳物业管理公司，主要经营企业投资管理服务、企业投资咨询服务和物业管理、房地产中介代理、物业出租等业务，保障公有资产的保值和增值，构建起祖庙街道公有资产三级管理架构，即：街道国资办—资产经营管理公司—企业。

为有效整合资源，进一步完善和加强公有资产的管理，2007年祖庙街道完成了普君劳动服务公司、同济劳动服务公司、新普君公司、普君社区服务公司、永安市政维修服务公司、城门头市政工程公司的转制工作，妥善处理债权债务、社会集资等历史遗留问题，金融风险继续稳步化解。为加强资产的管理和营运，确保公有资产的增值、保值，2008年10月8日成立佛山市骐昌资产经营管理有限公司（2023年变更为"佛山市祖庙资产投资管理有限公司"），积极盘活公有物业、推进土地收储、招商引资，不断为祖庙街道产业转型、经济升级注入源源活力。

2009年以后，公有资产管理进入转型与调整阶段，改革思路从单纯的退出转向有进有退和重点发展。祖庙街道一方面开展公有资产清查，加强公有资产监督管理，强化财务监管、风险控制和经济责任审计职责等；一方面按照市、区"大国资、全覆盖"的改革思路，整合、盘活公有资产，引导公有资产重点集中在城市重大基础设施建设、公用事业和公共服务领域，切实发挥公资的控制力和主导力。

2 "平安祖庙"创建

根据佛山市委、佛山市政府2007年1月《关于在全市深入开展平安建设活动的意见（2007—2012年）》及禅城区委、区政府关于全面开展平安建设的有关工作部署，祖庙街道以创建"平安祖庙"为目标，狠抓综治维稳各项工作的落实，确保社会繁荣稳定。

"平安祖庙"创建工作历时五年，共分为三个阶段。2007年上半年进行统一规划部署和前期试点。率先在祖庙街道郊边村、简村村开展创建"平安和谐村"示范点工作，安装了视频监控系统。郊边村在开展创建活动的第一个月，就从"多发案"到"零发案"，实现稳定有序、优美整洁、平安和谐的"平安和谐村"创建目标，示范点创建工作得到省、市公安部门的充分肯定。5月23日，祖庙街道召开创建平安和谐示范点经验推广会，总结推广郊边村"平安和谐村"示范点创建经验，以点带面，全面推进"平安祖庙"建设。

2007年下半年至2009年底，坚持打防结合、以防为主的方针，切实抓好基层一线综治维稳工作。祖庙街道在严厉打击各种犯罪行为，努力化解突出社会矛盾和群体性事件的同时，抓实群防基础，全力推进治安防控体系建设，继续加大安装视频监控系统力度，实现"人防""技防"结合，推进"守楼护院""联户联防""邻里守望"等防范措施，加强出租屋和流动人员的管理，提高群防群治水平，强化"网格化、全天候、全覆盖"的社会治安综治格局，增强群众的安全感。全面铺开"平安街道""平安单位""平安社区""平安村""平安校园""平安家庭"等创建活动，积小安为大安，筑牢平安建设的根基。2007年白燕社区被省委、省政府授予"广东省文明社区"称号。2009年永安、朝安东等15个社区被评为广东省"六好"平安和谐社区，区"六好"平安和谐社区达到51个，占社区总数的96.2%，提前一年完成创建任务。

  2010年至2012年底，祖庙街道进一步理顺社区管理体制，提高管理服务质量，营造平安和谐人居环境；整合社区各类资源，将"一警四员"下沉到社区，理顺关系，落实社区属地管理责任，确保了社区居委会能真正履行对辖区的社会服务和管理职责。进一步提高综治维稳建设水平，全街道村（社区）均达平安建设标准。推进社区居民自治组织建设，探索建立社区事务联席会议或社区事务理事会等协调共建机制，不断建立完善平安建设长效工作机制，推动社会治安综合治理深入持久地开展。2021年，祖庙街道推进"功夫文化"与"平安祖庙"深度整合，营造强大宣传声势吸引更多对武术有兴趣的人员参与，调动民众的积极性。

"功夫文化"融入"平安祖庙"

祖庙商圈秩序维护队

祖庙商圈秩序维护队和城管队员一起上街执勤

祖庙商圈秩序维护队是以"大祖庙商圈"名义成立的民间秩序维护队，日常可协助城管巡逻，对祖庙商圈和东方广场商圈范围内的游商进行劝离，是佛山第一支民间城市综合管理队伍。

随着禅城区环市、普君、升平三个街道并入祖庙的区划调整完成，祖庙商圈范围扩大至以祖庙路、福贤路、升平路、锦华路、松风路为主体。2008年"祖庙路商会"与环市商会合并为"祖庙商会"，形成涵盖"大祖庙商圈"的商会格局。2012年初，佛山市提出城市升级三年行动计划，同年，禅城区决定"重振祖庙商圈"，"祖庙商会"获部分下放的城市管理权，实现对祖庙商圈环境常态化管理。2012年4月，"祖庙商会"成立30余人规模的商圈秩序维护队，对乱摆卖、乱搭建、乱粘贴等久受诟病的"八乱"现象进行劝导、劝阻、劝离等工作，协助城管整治占道经营、乱张贴乱摆卖等城市治理"顽疾"，推动无证照摆卖行为和出店经营现象大幅度减少，实现核心区市容环境的提升，改变了过去由政府职能部门单一管理的模式，逐步建立商家和政府联动的管理新机制，成为民间自治、社会化管理的一次尝试。

3　祖庙—东华里片区改造

祖庙—东华里片区位于佛山市禅城区中部，西至祖庙路，东至市东下路，北至人民路（燎原路），南至建新路（兆祥路），总面积0.639平方公里，属佛山古镇的核心区域，包含2个国家级（祖庙庙宇建筑群、东华里古建筑群）、2个省级（简氏别墅、文会里嫁娶屋）和19个市级共22个文物保护单位，是佛山文物古迹规模最大、品类最全、分布最密集、传统风貌保存最完整的历史文化街区。

根据佛山市政府《关于加快推进旧城镇旧厂房旧村居改造的决定及三个相关指导意见》，禅城区确定祖庙—东华里片区为全区"三旧"改造的"龙头项目"和"世纪工程"，全面启动祖庙—东华里片区改造工程。2007年12月1日，祖庙—东华里片区改造地块经挂牌竞价，香港瑞安集团旗下8家公司以人民币75.1亿元成交价，联合竞得该片区超过0.51平方公里的国有土地使用权，规划分五期至2020年完工，拆迁涉及居民9635户、3万多人。该片区定位为：融合岭南民俗文化、时代特色和现代商业文明，辐射珠三角，影响华南地区的集文化、旅游、居住、商业于一体的综合街区，成为佛山的城市中心和城市标志。

为做好祖庙—东华里片区改造工程，祖庙街道倾全街之力，组织开展入户调查、进行私产被拆迁户补偿安置意向登记、制定安置方案。2008年10月8日该片区改造首期工程"岭南天地"举办动工仪式，为整个工程的顺利实施奠定了基础。至2009年底，祖庙东华里

改造后的东华里片区

片区动迁工作完成动迁总任务的99.8%，片区拆除房屋的面积超过需改造总面积的80%以上，顺利实现了区委、区政府提出的"和谐动迁、平稳推进"的目标任务。

岭南天地

岭南天地是祖庙—东华里片区率先打造的核心项目，位于祖庙—东华里片区中心地段，占地面积0.65平方公里，总建设面积150万平方米，是一个集旅游、休闲、商业及文化于一体的特色活力街区和商圈。

2008年2月28日，祖庙—东华里片区改造项目定名为"岭南天地"。首期工程及安置房的建设工程同时动工。2012年5月，岭南天地一期对外开放运营，2013年10月二期建成开放，NOVA岭南站购

改造后的祖庙岭南天地全景

物中心陆续开业。2020年9月岭南天地·新里建成开业，项目实现了整体亮相。祖庙—东华里片区在十余年间，经过规划设计、建筑修缮、街区产业活化，从破旧的老旧街区，变成目前佛山市中心城区具有传统特色的商业历史街区——佛山岭南天地，集商业街区、高端别墅、洋房、写字楼、公寓和星级酒店于一体。

此外，岭南天地以祖庙、东华里历史风貌区为发展主轴，整个古建筑群以"修旧如旧"的方式进行修葺、利用，针对简氏别墅、龙塘诗社、文会里嫁娶屋、元吉黄公祠、酒行会馆、李众胜堂等23幢文物建筑不同特点，选择整体保留和修缮、部分保留、异地重建、运用岭南元素新建四种方式活化，延续历史街巷；同时运用骑楼、镬耳式山墙、瓦脊、雕花屋檐、蜿蜒街巷等岭南建筑特色，使佛山的历史文化风貌与城市脉络得以传承。

东华里古建筑群

　　东华里古建筑群位于禅城区福贤路中段，全长146.4米，总占地面积10217平方米，古建筑群体面积6700平方米，是广东省内保存最完好、具有珠三角地区典型风貌的清代古街道。

　　2017年9月29日，东华里古建筑群获批同意修缮。国家文物局发布《关于东华里古建筑群保护规划意见的函》，"原则同意所报修改后的东华里古建筑群保护规划"，同时也提出了梳理保护对象和文物构成，明确文物认定标准，补充保护区划、基础设施等专项评估内容，细化文物本体保护措施，细化环境整治内容等修改意见。

　　2018年5月16日东华里古建筑群修缮工程动工，分五期进行。第一期在2020年对外开放。至2023年底，项目第一、二期文物修缮获省验收，第三、四期通过市验收，申报省文物局验收。

东华里古建筑群

犇长馆

2023年，岭南天地携手乐山乐水，从情景体验设计出发，盘活古建筑，打造了佛山与世界对话的新窗口——城市更新展厅犇长馆。

"犇"（粤语sān）在此被赋予生活、生命、生机之意，三生融合于一体，寓意永续天地，生生不息。该馆围绕"三生融合"的核心表达，以新技术手法、新艺术形式，将佛山古镇历史脉络、岭南文化精髓，以及岭南天地城市更新十年的记忆和故事记录下来，讲述了佛山古镇建设粤港澳大湾区岭南文脉之城的故事，让城市记忆延续，让城市精神以更年轻的方式表达。2023年，该馆荣获设计界"奥斯卡"——德国红点奖。

犇长馆

4　打造季华中心商务区

2007年初，祖庙街道根据季华路中段的优越条件和良好产业基础，因势利导提出建设季华中心商务区、打造"佛山商务第一街"的构想，策划方案在《佛山市中心组团新城区北片控制性详细规划》修编时被确认。8月8日，祖庙街道以"佛山季华中心商务区建设暨首批16个重点项目启动仪式"为契机，全面启动季华中心商务区改造工作。

季华路

2008年祖庙街道以恒福新城和南丫岛市场为重点，加大季华中心商务区重点项目招商和建设的力度，推动恒福国际商业中心项目奠基；加快"三大改造"（"三旧"改造）的步伐，引入企业参与南丫岛（永新南村旧村）改造项目。2010年"季华路总部第一街"建设成效显著，深圳创维—RGB电子有限公司佛山分公司营业，禅城区农村信用联社、星星集团和金海集团入驻季华路建设总部大厦。2012年，位于季华商务区的绿地中心项目、万科广场、星星广场、天丰国际、恒福国际等一批沿线产业载体相继落地和建设，季华路总部企业集群化业态初步形成。

九鼎国际城

九鼎国际城项目是佛山首个集商务办公、商业、公寓、住宅于一体的城市综合体。项目北区为高档住宅，国际社区。南区集金融、创意产业为龙头的写字楼、名店商业区、商业步行街区、精英公寓等多种业态。

九鼎国际城

九鼎房地产公司参与原季华美食长廊地块改造项目，2007年11月23日举行九鼎国际城奠基典礼，该项目占地100多亩，建筑面积36万平方米，建设集创意产业、企业管理总部、金融中介、文化娱乐、居住等功能于一体的国际化综合性商务中心。

佛山绿地中心

佛山绿地中心位于禅城区季华六路北侧，镇安西路以东，南海大道以西区域。总用地面积约120亩，主要以高端写字楼、商业为主，打造集总部办公楼、高级购物中心、休闲娱乐中心、高档住宅等业态为一体的高端商业综合体。建设的200米以上的地标式建筑——"双子塔"中的绿地T4栋（即220米地标）于2021年8月举行开工仪式，作为佛山绿地中心的主力产品甲级办公楼，规划与绿地T3栋建成"双子塔"地标建筑。

佛山绿地中心自2013年10月陆续建成运营，引进伊丽汇、黛富妮、海呈等总部企业，福能东方等总部经济的上市企业，科惠实

佛山绿地中心

验室系统、壹淼互联网科技等高新技术企业、国信信扬（佛山）律师事务所、广东泽康律师事务所等高端服务业企业。其中海呈集团有限公司作为运营方建立季华大宗商品交易基地，截至2022年底已入驻大宗商品交易商40多家。2017年挂牌"禅城区金融发展示范载体"，2019年挂牌"佛山（禅城）保险创新产业园"。

佛山万科金融中心

佛山万科金融中心又名"佛山万科广场"项目，位于季华五路以北、岭南大道以西区域，工程建设包括铁军小学迁建项目、万科广场商业项目、万科广场住宅小区项目。项目占地约13.5万平方米，总建筑面积约75万平方米，是集大型购物中心、国际超甲级写字楼、高档住宅、特色商业街区、名校配套于一体的超大规模的城市中心地带综合体。

佛山万科金融中心共由3栋写字楼组成，其中A座写字楼自2015年建成运营，B、C座于2020年初投入使用，集聚中国平安、泰康人

万科金融中心

寿、安联保险集团、PICC、中山证券、上海证券等金融总部企业。2017年挂牌"禅城区金融发展示范载体",2019年挂牌"佛山(禅城)保险创新产业园"。

佛山平安中心

2022年12月28日下午,佛山平安中心项目正式开工,该项目位于佛山城市中轴与季华路商务中心轴双轴交汇位置,总占地面积约56996.76平方米,由平安不动产有限公司旗下全资子公司建设,拟打造集金融办公、休闲购物、七星康养于一体的高端商业综合体项目,建设环文华公园城市消费中心及金融总部中心。

项目将建设约17.2万平方米的大型商业综合体,打造新潮一体式商圈;商务办公部分将建设成为平安财富大厦,并建设高度不低于150米的新的城市地标建筑,提升禅城乃至佛山的城市形象。

5　佛山祖庙百年大修

2007年11月21日，佛山祖庙全面修缮工程启动。祖庙历史上曾有过22次大修，以维修灵应祠为主。此次是时隔百余年后祖庙再次重修，是佛山文化遗产保护工作的重点项目，包括万福台、灵应牌坊、锦香池、三门、前殿、正殿、庆真楼等单体的维修。维修工程严格按照"不改变文物原状"的原则进行，做到保存原来的建筑形制、原来的建筑结构、原来的建筑材料、原来的工艺技术，修缮后不降低文物价值。2010年11月29日，历时3年的祖庙修缮工程顺利竣工，同期开通以信息化激活传统文化活力的"数字祖庙"，祖庙恢复自民国之后再未举行的传统民俗盛事"秋祭乡饮"。通过修缮，千年文物焕发出新的光彩，2012年11月23日佛山祖庙景区成功摘得国家4A级旅游景区牌匾。

2007年佛山祖庙修缮工程启动

修缮佛山祖庙牌坊

2023年8月3日,佛山市祖庙博物馆正式启动祖庙正门牌坊(俗称牌楼)修缮工程,总工期约60天,是自祖庙正门牌坊1960年迁建至今63年来首次进行大型而全面的修缮。

祖庙正门牌坊始建于明天启六年(1626),至今已有近400年的历史,由于风雨侵蚀和自然老化等原因,出现了屋面开裂、漏水,构件糟朽、脱榫、位移、油漆风化、剥落等问题。修缮工程严格按照祖庙牌坊修缮方案进行,遵守文物保护法"四保存原则"(保存原来的建筑形制、保存原来的建筑结构、保存原来的建筑材料、保存原来的工艺技术),力求最大限度保护好其历史文化价值。

修缮后的祖庙牌坊

6 获授"省特级文化站"称号

2006年祖庙街道整合后，精神文明和社会各项事业有了新发展，2007年承办第五届粤桂港澳台"狮王争霸赛"、举办"人文祖庙·古镇新晖"文化艺术之旅系列活动，进一步树立"文化祖庙"的形象。2007年12月，祖庙街道文化站被评为广东省"特级文化站"。

省特级文化站

获授"中国南狮运动之乡"称号

南狮肇于佛山，盛于岭南，享誉世界。享有"狮王之王"的美誉，传统有"三星""七星"狮，其技艺精湛，神、形、态美，是难得的一种民间文化艺术。

为了发扬和普及传统龙狮运动，2008年5月祖庙街道成立龙狮武术协会，协会以传承南狮、武术传统技艺为己任，团结和组织祖庙街道辖区内的南狮技艺及武术的工作者、爱好者和各个南狮运动及武术团体，进一步挖掘、整理、传承街道传统南狮及武术的技艺，不断开拓新风格以迎合时代发展和当代审美，提高南狮运动及武术水平。

南狮代表团在天安门广场演出

中国南狮运动之乡

2008年北京奥运会期间，佛山南狮代表团应邀在天安门广场演出。同年，祖庙街道被中国龙狮运动协会授予"中国南狮运动之乡"称号。

获授"中国曲艺之乡"称号

佛山是粤剧的发祥地，而粤剧精魂在粤曲。祖庙街道一直致力于粤曲的传承与发展。20世纪90年代组织辖区内粤剧粤曲（私伙局）演唱、表演和粤剧粤曲爱好者，成立群众性文艺团体——祖庙街道曲艺协会，弘扬粤剧文化。

2010年9月祖庙街道被中国曲艺家协会授予"中国曲艺之乡"称号。祖庙街道以此为契机从曲艺创作、团队建设、基地建设、曲艺进校园等方面发力，举办了新年曲艺欣赏会、惠民曲艺周、群众粤曲PK赛、重大节日纪念日大型曲艺展演等品牌活动，传承曲艺文化，促进曲艺文化繁荣发展。

中国曲艺之乡

2020年祖庙街道原创曲艺《秋色颂年华》登上学习强国,并在第二届广东曲艺精品展演中获得银奖。

十分钟文化圈

2007年,禅城区率先提出打造"十五分钟文化圈"设想,2012年,禅城区开始着力建设区、镇(街)、村(居)三级公共文化设施网络打造覆盖城乡的"十分钟文化圈",为市民提供"家门口"的文化艺术大餐。2015年祖庙街道入选佛山市城乡十分钟文化圈建设示范镇街(第一批)。市民只要走出家门步行十分钟,就可以到附近的文化站点参与适合自身特点的文体活动。在禅城区政府网,只要点击进入"十分钟文化圈",屏幕就会出现一幅地图,在地图的右方,只需输入中心关键词,并选取"十分钟文化圈"的实体分类,在子类栏目,可以看到有户外健身设施、景点公园、免费体育场馆、区联合图书馆、社区(农家书屋)、艺术机构几个选项,市民只需要输入自己所要寻找的文体艺术场所,就能在地图上找到自己附近的文体艺术场所。

十分钟文化圈

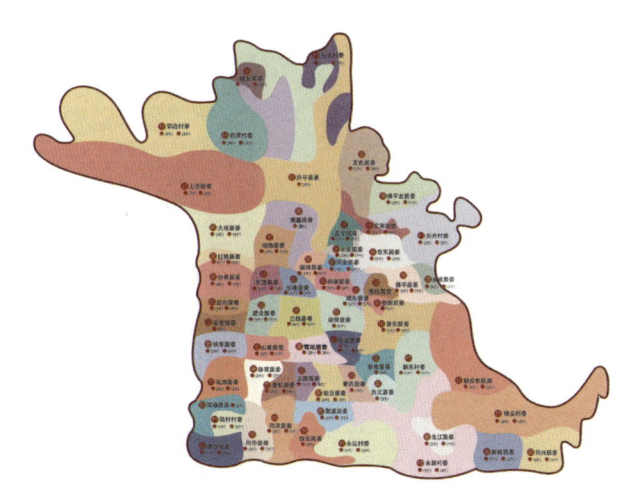

7　莲花路—升平路老城区改造

　　莲花路—升平路老城区位于禅城区核心区，在汾江路以东、文昌路以南、卫国路以北、市东路和文庆路以西，区域总面积约3.26平方公里（不包含0.84平方公里的祖庙东华里片区），共有26处文保单位（不包括祖庙东华里片区22处文物），是禅城区"三旧"改造项目之一，也是禅城区十大重点工作之一和祖庙街道2010年"一号工程""佛山名镇"项目，在2011年"佛山名镇"建设中，一度将汾宁路封闭改称"汾宁古道"，作为样板工程，并对两侧建筑和地上景观进行修缮。

　　2012年1月"佛山名镇"工程分拆，首期更名为"莲花路—升平路"工程，由祖庙街道负责统筹管理，下设升平片区改造项目指挥部。该项目以梁园、仁寿寺等历史文化建筑为节

升平路历史文化街区

点，对该片区内的莲花路、松风路、福禄路、永安路、南堤路等路段范围内的区域，将历史文化与现代商业结合为主题，融合中山公园南门提升，改善旧区商业及居住生活环境。

2017年出台《莲花路升平路老城区改造控制性详细规划》，在人口发展规模、基础设施改善和绿地环境提升等方面都有了更细致的规划，提出将莲升片区打造成集历史名地、旅游胜地、文化高地、商贸重地四位一体的中心区。

仁寿寺改造提升工程

2012年9月27日，市委、市政府召开仁寿寺提升项目会议，决定高标准规划改造提升仁寿寺，并将仁寿寺提升为佛山佛教文化重要载体和高水平地标式建筑，与祖庙、岭南天地、梁园、南风古灶携手创建国家5A级旅游景区。2014年2月25日，仁寿寺改造提升工程奠基。

按照规划，作为佛山城市中轴线规划项目的仁寿寺扩建工程，面积从19亩扩至45亩，将建一座新塔跟旧如意宝塔相对，还将以释

改造中的仁寿寺

迦佛三种形象重塑三尊高约5米的佛像供奉于大雄宝殿内。项目工程耗时原预计约3至5年，至2019年年中，完成60%，多个主体建筑完成。改造提升工程完工后，仁寿寺将成为佛山市中心最明显的城市标志之一。

梁园扩建

2016年，梁园及周边环境改造提升工程正式启动，项目包括佛山梁园老园修缮，适安里古民居群修缮，佛山古镇历史风貌展示馆建设以及按历史记载重建佛山梁园十二石斋、寒香馆、无怠懈斋、汾江草庐等园林群体。2021年5月16日，佛山梁园新园七大景观正式对公众开放。

梁园新园部分景观

梁园旁建设的佛山古镇历史风貌展示馆，建筑面积约为11000平方米。分为冶铸、中医药、武术、民俗文化、商业文化、陶艺珍品等6个专题展厅，馆内展陈涵盖佛山民俗、祖庙北帝诞、粤剧、醒狮、木板年画、石湾陶塑等非物质文化遗产项目。

适安里古民居群为民国时期建筑，现存19栋，1998年被公布为佛山市文物保护单位，是佛山现存为数不多具有岭南建筑特色的民居群。

修缮后的适安里古民居群被打造成集展览、体验、培训、销售为一体的非遗技艺展示区,与梁园和佛山古镇历史风貌展示馆形成互为一体、各有侧重的文化综合体。2021年底,蔡李佛鸿胜堂、刘传艺术馆、满洲窗玻璃工坊、名荟木雕艺术馆、镛正堂铜工艺美术馆、国药集团冯了性国医馆、佛山老字号文化体验馆、邓春红剪纸艺术馆、匠曼延香云纱馆等入驻。适安里古民居群修缮工程荣获2021—2022年度中国建筑工程装饰奖。

国瑞升平里

2019年10月1日,总投资近45亿元的国瑞升平里建成开放。项目占地9万平方米,总建筑面积35万平方米,包含一期的国瑞升平里岭南水系商业街区、二期国瑞购物中心、国瑞铂金公馆,是集"历史名地""旅游胜地""文化高地""商贸重地"四位于一体的文化、旅游、商业综合体。其中,一期商业面积10万平方米,项目规

国瑞升平里商业街

汾宁路大钟楼

划包含六大古建筑（汾宁古道、忠义乡牌坊、陈华顺故居、琼花会馆、升平教堂、居安里博物馆），三大主题街区（岭南文化街、酒吧娱乐街、餐饮美食街），三大配套业态（文创研社、网红基地、酒店民宿）。2023年底，升平堂、汾宁古道等均已亮相。

8 广佛地铁首段开通

2010年11月3日,珠江三角洲城际快速轨道交通广州到佛山段项目(简称"广佛地铁""广佛线"或"佛山地铁1号线")首通段(佛山魁奇路至广州西塱)开通,首通段全长20.47公里,是国内第一条跨城际、全地下的轨道交通线路,是广东省实施珠三角经济圈,广佛一体化建设及广佛同城的重要部署和战略之一,促进广佛两地资源共享、优势互补,带来同城生活便利。

2002年10月11日广佛地铁一期试验段工程——魁奇路车站土建工程开工建设。通车后,祖庙街道设朝安站、普君北路站、祖庙站、同济路站等4个站点,带动祖庙街道迅速进入"地铁时代",迎来"地铁经济"。

广佛地铁在2015年12月28日开通运营一期后通段(西塱站至燕岗站),2016年12月28日开通运营二期(魁奇路站至新城东站),2018年12月28日开通运营一期后通段(燕岗站至沥滘站),实现全线通车,总长约32.16公里,形成了起于沥滘站,途经广州市的海珠区、荔湾区和佛山市禅城区、南海区、顺德

广佛地铁首通段开通市民乘坐广佛地铁出行

区，贯穿广东金融高新技术服务区、广佛都市圈，止于佛山新城东站的一条交通大动脉。

祖庙街道进入"双地铁时代"

2022年12月28日，佛山市城市轨道交通3号线首通段开通。3号线是贯通佛山南北的主干线，首通段南起顺德区顺德学院站，北至禅城区镇安站，途经顺德、禅城两区串联祖庙、石湾、乐从、北滘、伦教、大良六大镇街，线路长40.72公里，在祖庙街道设镇安站、季华六路站2个站点，祖庙街道进入"双地铁时代"，进一步促动人流、物流、商流和信息流快速流动和聚集，为祖庙街道的高质量发展提供强有力的载体。

佛山地铁3号线

佛山地铁3号线工程镇安站主体结构封顶

9 探索城市管理新模式

随着城市化的不断推进和深入,面对新的基层治理形势,打造共建共治共享的社会治理格局,成为破题的关键。2014年,祖庙街道运行"一门式"政务服务。2015年,在"一门式"政务改革的成功经验及大数据基础上,归集各相关部门的民生数据和公共服务,紧扣"互联网+民生服务"主线,推出"大数据·微服务",向社会主动推送13项民生微服务,其中长者饭堂服务尤其受到欢迎。2017年,成立了祖庙街道微服务中心,通过线上线下结合,将政府、社会组织等各类资源、各种服务整合至一个综合性的社会服务平台。其中,"大数据+微服务——互联网+民生服务"项目入选"2018年广东省城乡社区治理十大创新经验"。

"大综治、大城管"联动工作机制

为贯彻落实禅城区委、区政府关于"城市升级三年行动计划"和创建全国文明城市工作计划(2012—2014年)的工作部署,祖庙街道把"创文"工作和城市管理结合起来抓,把街道人员分到各村居进行挂钩,充分调动村(居)的工作积极性。2012年11月,出台《祖庙街道重大节假日及日常管理工作方案》《祖庙街道长效管理工作实施细则》,即由街道综治委牵头,将23个单位(部门)特别是涵盖了交通、公安、工商、环卫等10个区属职能部门纳入"大综治、大城管"范畴,实行联动巡查、联动执法,确保节假日各个重

城管执法现场

点路段的城市有序管理,初步形成"大综治、大城管"的联动工作机制。

2013年至2014年,祖庙街道继续推行和完善联动工作机制,将"创文"、市容环境卫生、城市管理、消防、安全生产等工作有机统一,不断强化部门联动、政企联动,综合治理,并向日常管理以及重点项目保障、重点整治、解决重大民生问题领域延伸。实施"社区治理网格化"向"社会治理网格化"转变,街道辖区按照63个村居划分网格,融合城管执法网、治安防控网、警务巡防网、消防巡查网等,"多网合一",采取以街道为单位"一张网"统一管理,实行区域巡管网格和重点巡管网格相结合,打破原有条条之间的壁垒。村居基层组织、志愿者、群防群治力量等配合,形成了"部门联动、政企联动、群众参与"城市管理工作机制和工作合力。

身着新式制服的城管执法人员在集训

在佛山2015年2月成功获评全国文明城市,"创文"和城市管理步入常态后,祖庙街道不断完善"大综治,大城管"城市管理模式,并形成长效管理机制,城市管理水平进一步提高。

"一门式"政务服务改革

2014年5月,禅城区正式启动"一门式"行政服务体系建设工作,以祖庙街道行政服务中心及祖庙街道的培德、同安社区为先行试点。祖庙街道以改革试点作为改进服务提升竞争力的契机,加强组织领导,在硬件、软件及人员队伍上加大投入,并制定《祖庙街道"一门式"行政服务体系建设工作方案》。将原本分散在各个业务部门的办事大厅或局里办理的业务,合并到行政服务中心"一个门",并成立祖庙街道"一门式"行政服务体系建设工作领导小组。

同年8月初模拟试运行"一门式"政务服务,率先启动旧楼加装电梯项目"一门式"办理,为全区提供了宝贵经验。9月1日"一门式"服务正式试运行,取得了服务窗口减少、窗口人员数量减少(两个减少),办理的事项由原来的73项增加到282项(一个增加),办事效率大幅提高60%(一个提高)的良好效果。试点工作获得了民政部,省民政厅,市、区相关部门的好评。

至2014年底,全面铺开村(居)"一门式"服务体系建设,加快新行政服务中心修缮提升。通过"一门式"服务,深刻转变了行政服务思维,优化了内部运作流程,推动了部门联动运作,营造了便捷、阳光的政务环境。

2015年"一门式"政务服务改革继续深入发展成为"一门式一网式"。祖庙街道加大审批流程优化力度,形成涵盖19个子项的《祖庙街道一门式行政服务体系》,落实"两个集中":多门向一门集中,把政府职能部门多个办事大厅服务事项逐步向行政服务中心集中;多窗向一窗集中,把多窗办的事情向一个窗口集中办理;实现一窗办、马上办、限时办、网上办、全区通办和天天办等"六个办",探索出具有祖庙特色的标准化、规范化模式。

2017年6月,禅城区继续深化"一门式一网式"政务服务改革,在"一门式"自然人库基础上,叠加区块链技术,创新推出IMI身份认证平台,全面推行"智信城市"("智信禅城"平台)计划。市民只需要通过电脑或手机终端,按照程序上传有关资料,即可完成行政审批和公共服务。祖庙街道配合禅城区在2017年10月正式启动区级办事"零跑腿"服务,并发布办事"零跑腿"APP应用,持续打造高效、便捷、贴心的政府行政服务。

祖庙街道行政服务中心

"大数据·微服务"工作模式

2015年祖庙街道以"一门式"运作系统为支撑建立"大数据",通过科学性、智能性的大数据分析,精准地把握不同区域、不同群体或不同年龄段的市民需求,从而精准地推出有针对性的、贴近市民需求的微服务项目。同年8月27日,祖庙街道宣布正式启动"大数据·微服务"行动,首期推出长者饭堂、移动平安通等13个"微服务"项目,覆盖老年、青年、少年儿童、妇女等各层面人群需求。与以往"大而全"的服务不同,此次推出的13个项目充分体现了"小而美"的特点。这些"微服务"项目紧盯群众需求,提升政府精细化管理水平和服务效率,实现了公共资源利用效益的最大化和服务的精准化,成为引领全区各镇街创新基层社会治理的示范。

2016年祖庙街道完成"大数据·微服务"信息平台(微服务二期)建设,率先在全省各镇街中建成大数据中心(大数据库)、大数据延伸应用展示区,实现"用数据说话、用数据决策",在居家养老、小学生托管、就业帮扶、企业服务等方面做出亮点,打响祖庙的品牌和特色，增进社区融合发展。"大数据+微服务——互联网+民生服务"项目入选"2018年广东省城乡社区治理十大创新经验"。

祖庙街道微服务中心

按照"以互联网的思维，信息化的手段，以需求为导向，主动推送服务"的指导思想，2017年7月成立祖庙街道微服务中心，由线下服务体和线上信息平台两大部分组成，线下服务体包括"中心+网点"，面积超2200平方米，内设长者饭堂、康复室、多媒体功能室、舞蹈室、咨询室等功能场室。线上信息平台设置三大基本服务平台，包括电话下单服务平台、网络下单服务平台和履行评估监督及服务援助职能的第三方平台。祖庙街道微服务中心是"一门式"民生综合服务平台，形成"大数据·微服务—互联网+民生服务"不断循环优化的工作模式。

祖庙街道微服务中心

祖庙街道微服务中心根据大数据热力图为辖区市民提供精准服务

社会综合治理云平台建设

继"一门式一网式"改革成为全国经验之后，禅城区以云计算大数据，探索建立现代化社会综合治理3.0模式。作为试点，祖庙街道在2015年7月正式建立社会综合治理云平台，为禅城区社会综合治理云平台的建设和基层社会治理探路，并积累经验。社会综合治理云平台综合了视频监控系统、视频会议远程遥控、现场人流热力图等多种功能。依托社会综合治理云平台这个"城市大脑"，祖庙街道以"网格化"城市管理为基础，在"线上"汇集整合数据和精准分析，在"线下"进行"一门式"联合执法和治理，构建了"线上"与"线下"双重发力的高效社会综合治理体系，成为祖庙街道基层治理创新的重要抓手。

祖庙街道在打造"一门式"联合执法工作"一张图"，为社会综合治理工作提供更加精准决策依据，进一步提升祖庙街道的社会治理能力。

10 首届"祖庙好人"评选

2012年,祖庙街道首届"祖庙好人"全民推荐活动拉开帷幕,共收到90份候选人提名资料,最终确定林修等10名个人(团体)为第一届"祖庙好人",引起社会热烈反响。此后,在祖庙街道的精心组织下,"祖庙好人"全民推荐活动成为祖庙街道精神文明建设品牌活动之一,"祖庙好人"群体也不断壮大。

2023年,"祖庙好人"评选活动

伍　奋楫争先

2023年，祖庙好人全民推荐活动已走过12届，从"好人现象"到"好人群像"，变化的是那不断熔铸时代特色的精神气质，不变的是赓续中华血脉之中的那一股向上向善的文明力量。"白衣天使"刘茂英、"园长妈妈"潘宜珍、"在党40多年的老党员"梁光、"诚信'刀客'"杨章平、"剪纸老师"陈新等120名"祖庙好人"，他们以实际行动擘画出崇德向善的人间正道，凝聚起无穷的道德力量，他们是引领社会文明风尚的榜样，是可学可亲可感的文明正能量，共有48人次先后获区级以上道德模范相关荣誉。

"中国好人"刘茂英

2016年8月31日，在佛山市禅城区文沙路，建筑工人傅文满突然昏迷不醒。在命悬一线的时刻，上班途中的佛山市禅城区向阳医院佛平北社区卫生服务站护师刘茂英和毕业于韶关学院医学院的禅城居民唐君尧挺身而出，"跪地救人"，帮傅文满进行了20多分钟的人工呼吸和心肺复苏按压等抢救措施，为昏迷的傅文满争取了宝贵的抢救时间。

"中国好人"刘茂英

刘茂英和唐君尧的事迹在社会上引起强烈反响，除了佛山本地媒体争相报道外，许多外地媒体也反应强烈，甚至还引起了中央媒体的关注。9月1日，央视新闻官方微博转发了《工人在街头晕倒 她跪地人工呼吸救人》的报道。中央电视台1套、2套、13套等频道

在9月4日、6日多个黄金时段播出了这段采访视频。9月11日，新华社以《嘴对嘴抢救输送"生命之氧"——佛山全城寻找救人"红衣女子"引网友点赞》为题，详细报道了佛山红衣女子的救人事迹和网友对她的点赞。有网友高度称赞"你的美，唤起了普通人的大爱担当"。

2016年12月16日，在祖庙街道丰收家·演播厅举行的"大美祖庙·丰收未来"——第五届"祖庙好人"命名仪式上，刘茂英获命名为"祖庙好人"。同时，她还先后获评"中国好人""广东好人""佛山好人"荣誉称号。

11 "四大片区"产业发展战略

为响应佛山市委、市政府"强中心"的发展战略，落实2013年3月的《佛山城市中轴线详细规划》，推进佛山城市中轴线建设，2013年底，祖庙街道谋划全面实施城北、老城、东升、季华四大片区发展战略，制订《祖庙街道今年及未来两年重点项目推进实施工作方案》，明确各片区的发展主题，即：突出城北片区产业主战场的地位，重点发展主题产业园和产业综合体；突出旧城片区综合服务功能，提升居住环境和综合竞争力；突出东升片区比较优势，形成都市产业集聚地；突出季华片区总部集聚优势，打造总部经济和高端服务业。重点抓好辖内54个重点项目，华南金谷、华强广场、绿地中心等在建的大型项目39个，囊括产业提升、商业提升、环境整治等各个方面，实现四大片区的错位发展和融合发展。

2014年，祖庙街道始终坚持产业发展主线，以四大片区为抓手，结合现有产业基础，推动传统优势产业转型升级，加快发展第三产业。城北片区是佛山城市中轴线北门户的重要组成部分，华南金谷项目、华强项目按规划加快建设，海天、佛山照明、水泵厂、康思达等一批传统优质企业正在推进总部项目建设。老城片区按照《禅城区中轴线老城区部分地块概念性规划》推进，以文化提升和环境提升为主线，成熟一片、改造一片，营造特色文化，突出综合服务功能，重振祖庙商圈。东升片区，加快东升村格沙工业区改造项目的进度，促进辖区童服产业向产业链高端发展。季华片区借助季华中央商务带建设，加快万科广场、绿地中心、星星广场、天丰国际等在建项目进度，打造"季华总部一条街"。2015年，华强广场建设、佛山童服城项目首期工程已完工，季华沿线商业综合体错位发展，高端服务业进一步集聚发展。

华南金谷项目

华南金谷项目属城北片区，位于汾江北路以东，佛山照明公司以北，广三铁路以西，海五路以南区域，地块总面积0.15平方公里，项目以五金商贸为龙头，总部经济为依托，打造集五金展贸、商务办公、餐饮购物、休闲娱乐于一体的新型五金产业综合体，内有专业市场、写字楼、酒店和高端公寓等。

为了高效推进土地的收储，祖庙街道首创区、街联动的模式，即禅城区政府与村集体直接签订协议进行合作开发，以区、街道公有资产出资成立公司，作为实施土地整合的主体，直接承担开发风险，顺利推进"以地抵建、物业返回"的开发方式，将项目土地纳入禅城区土地储备中心收储后公开出让，分为两期开发，一期将开发50万平方米的新型高端五金综合体，二期将返建村民物业，开发后敦厚村和祖庙街道将分别获得12万多平方米和2万多平方米物业。同时，中标企业必须返租村民物业3年，在市场培育期间保证村民的利益。

获授"中国童服名镇"称号

祖庙街道是佛山童装产业的发源地，有着30多年的童装产业发展史。曾是国内最具知名度的中高端童服产业集群基地。2004年，环市镇被中国纺织工业联合会首批授予"中国童装名镇"称号；2006年环市镇并入祖庙街道，2010年再获该称号。辖区内约有100万平方米的零散童装加工基地，超过2000家童装企业聚集，但童装产业以粗放型、密集型生产为主，生产环节较为单一，街道内凡是工业用途的集体物业，几乎都用作童装生产。2013年中国纺织工业联合会产业集群复评时，祖庙街道因没有参加而失去了该殊荣。

  2014年12月20日，祖庙街道东升村格沙工业区动工建设佛山童服城项目，占地面积约120亩，建筑面积约22万平方米，计划三年分三期完成整体改造。2015年5月祖庙街道启动"佛山童装区域品牌战略工程"，推进童服产业的转型升级，将童服产业发展为集会展、研发、设计、孵化、电商等系列业态于一体的支柱产业，提升佛山童服的竞争力，为品牌童装提供形象展示、销售、发布平台。佛山童服城聚集了青蛙王子、卡尔菲特、新奇力士、贝乐依娃、胜堡狮隆等一大批佛山知名童装品牌商家。2015年11月中国纺织工业联合会产业集群工作委员会赴祖庙街道考察，决定恢复在祖庙街道的童服产业集群试点，再次授予祖庙街道"中国童装名镇"的称号。

2015年12月20日，佛山童服城开业上演的童装时装Show

祖庙街道东升村的格沙童服城

12 打造"3.6公里文化旅游线路"

为推动中轴线城北片区改造提升和老城区可持续发展，发展全域旅游，2015年5月29日，祖庙街道发布佛山老城活化文化旅游线路策划方案，推出"3.6公里文化旅游线路"。该线路从"佛山初地"塔坡至中山公园，沿途经过"初地溯源""慢享胜地""古巷情深""百业寻踪"以及"彩色汾江"五个主题片区，涵盖塔坡庙和井、鸿胜纪念馆、兆祥黄公祠、梁园、岭南天地、祖庙、仁寿寺塔、青云街当楼、琼花会馆、正埠码头、忠义乡牌坊、中山公园等10余个景点，全长约3.6公里。

初地溯源主题片区包括：塔坡庙和井、鸿胜纪念馆、兆祥黄公祠。慢享胜地主题片区包括：东华里古建筑群、孔庙、泥模岗、傅氏家庙、霍氏家庙建筑群、李众胜堂祖铺、龙塘诗社、简氏别墅、简照南佛堂、文会里嫁娶屋、黄祥华如意油祖铺、祖庙大街店铺、陈铁军故居。古巷情深主题片区包括：李可琼故居、仁寿寺塔、莲花巷土府、基督教赉恩堂。百业寻踪主题片区包括：梁园、适安里古建筑群、培德里古建筑群、十二石斋群体、松桂里、荣生堂、快子里清代民居、古洞街、茂隆酒庄、青云街当楼、天海酒家、众义国术体育馆、莘葵里。彩色汾江主题片区包括：精武会馆、中山公园、水上关帝庙、豆豉巷码头、忠义乡牌坊、琼花会馆、正埠码头。

恢复"塔坡庙会"

塔坡庙和井位于福宁路京果街2号。祖庙街道一直致力于岭南民俗文化的复兴，2013年5月塔坡庙和井重启修缮，2014年农历六月初六经过修缮的塔坡庙和井开放。未有佛山，先有塔坡。塔坡庙会是佛山最具传统的民俗节庆活动之一，是还原"塔坡民俗"与展现"时代精神"相结合的民俗文化盛宴。

2016年7月9日，祖庙街道在塔坡公园举行第一届"六月六塔坡庙会"活动，正式拉开恢复塔坡庙会系列活动序幕，以此传承优秀传统文化，再现佛山古镇历史辉煌。2017年6月29日，"千年塔坡·祈福佛山"丁酉年六月初六佛山塔坡庙会民俗文化活动举行，充分诠释塔坡水文化，唱响佛山以水兴市的主旋律。2018年7月18日，"思佛山之源·传千年文脉"戊戌年六月初六佛山塔坡庙会民俗文化活动举行，通过古井取水、井水传递、颂初地、浇灌树木等环节，进一步丰富塔坡

街坊们传递塔坡水

塔坡庙会通过网红直播等方式进一步加大市民的参与度

外国小朋友也来洗一洗塔坡水

庙会民俗文化活动内容。2019年己亥年六月六塔坡庙会首次扩容至三天，7月6日至8日在恢复《佛山忠义乡志》记载的举办圩市、广邀戏班唱戏等传统庆贺活动的同时，配合徒步、骑行、文创等年轻人喜闻乐见的活动形式，进一步提升了塔坡庙会在年轻一代中的影响力。2020年塔坡庙会深入挖掘自身文化内涵，首次推出国潮文创产品，打造佛山初地专属的IP形象，推进旅游产品生产和旅游产业发展良性互动，全力丰富全域旅游示范区的内涵。2021年5月，"塔坡习俗"入选禅城区公布第六批区级非物质文化遗产代表性项目名录。2022年，塔坡庙会以新潮方式展现传统民俗，涵盖传递塔坡水仪式、赏展演、趁圩市、逛庙会、游古镇、听历史等丰富多彩的系列活动，为广大市民游客带来一场文化盛宴，与"佛山初地"进行穿越千年的对话。2023年塔坡庙会首次创新引入市场化运作，对商业模式和消费场景进行升级，积极探索新时代非遗价值变现的新路径，培育新型文化业态和文化消费模式，以"文化+"探索文化为城市发展赋能的多元创新路径。塔坡庙会成为祖庙街道继"中国曲艺之乡""中国南狮运动之乡"后的又一张闪亮名片。

重建水上关帝庙

水上关帝庙是古代佛山八景——汾流古渡的重要景观之一，据乾隆《佛山忠义乡志》记载，关帝庙建于清顺治八年（1651）。庙前码头宽阔（文昌沙码头），位置在正埠码头对面，是佛山古代较为繁忙的码头。水上关帝庙是旧时佛山商民为了守护汾江河和码头平安而兴建的，当时正值明朝期间，对三国英雄十分尊崇，其中关羽因忠义勇武而有着"关圣帝君"的尊称。早年的佛山水系发达，而汾江则成为当时佛山来往东西南北各地的重要水道。随着佛山商业越发繁盛，越来越多的商人聚集在此处，而为了求得神

重建后的水上关帝庙

明保佑以及展现生意人的诚信。据记载,乾隆十五年(1750)修关帝庙码头,嘉庆二十四年(1819)又对关帝庙进行修缮,道光十年(1830)再次修缮,采用了石湾陶瓷瓦脊装饰,使关帝庙更加富丽堂皇。20世纪70年代关帝庙被拆除。

2014年,水上关帝庙复建工程在禅城区人民政府的推动下,由禅城区文化体育局和祖庙商会倡建。2016年,水上关帝庙完成原址重建,正式对外开放。

13 "丰收街·菁创聚"青年创新创业社区建设

"丰收街·菁创聚"位于经过改造提升后的丰收涌畔，是佛山首个中国青创版项目。"丰收街"源自具有深厚历史底蕴的商业圩市——丰收涌，"菁创聚"借用佛山"天下四聚"之一的美誉，寓意天下之创业菁英汇聚于此地，共创丰收家园。"丰收街·菁创聚"内设创业孵化街区、公共开放街区、创新办公街区、产业升级示范街区、滨水休闲商业街区、社交生活居住社区、金融创新街区等七大功能区。该项目为创业青年提供量身定制创业资金扶持、场地租金补贴、便捷的行政服务、免费的法务、财务等专业服务，旨在立足佛山雄厚的制造业基础，重点培育与城市环境相容的高端智能制造业等新兴产业，发展文化创意、设计、金融、电商等生产性服务业，促进产业和城市创新融合发展，打造"创客—创新—创业—产业"完整生态链的青创小镇。

2016年5月3日，祖庙街道"丰收街·菁创聚"青年创新创业社区开园。随后举办"禅城杯·创青春"第三届广东青年创新创业大赛启动仪式、中国青创板项目落地示范区（禅城）挂牌仪式、北大数研华南无人机基地等首批合作项目签约进驻。2017年7月"丰收街·菁创聚"青年创新创业社区获2017年"佛山市市级创业孵化基地"称号。

2018年1月26日，全国首个美业创业孵化平台伊丽汇总部入驻丰收街。同年新进驻（签约）德国FEV、万城万充等优质企业超250

丰收街一角

家，累计进驻（签约）企业超400家，创造产值超5亿元，税收超3500万元。依托万科、绿地等季华路沿线高端载体，助力金融产业集聚区和保险创新示范区建设。2019年，丰收街·菁创聚青年创新创业社区被禅城区政府认定为全区首个连锁经营行业总部基地（园区）。

佛山市博士和博士后创新创业孵化基地

佛山市博士和博士后创新创业孵化基地（简称"博士基地"）是广东省人社厅在省内首批建设的"区域性博士和博士后创新创业孵化基地"之一，由佛山市人社局、禅城区人社局、禅城区祖庙街道办事处合作共建，广东高校科技成果转化中心运营管理。博士基地位于"丰收街·菁创聚"社区核心区域，总面积约7500平方米，设有办公室、会议室、路演厅、洽谈区、实验室、健身房等设施，

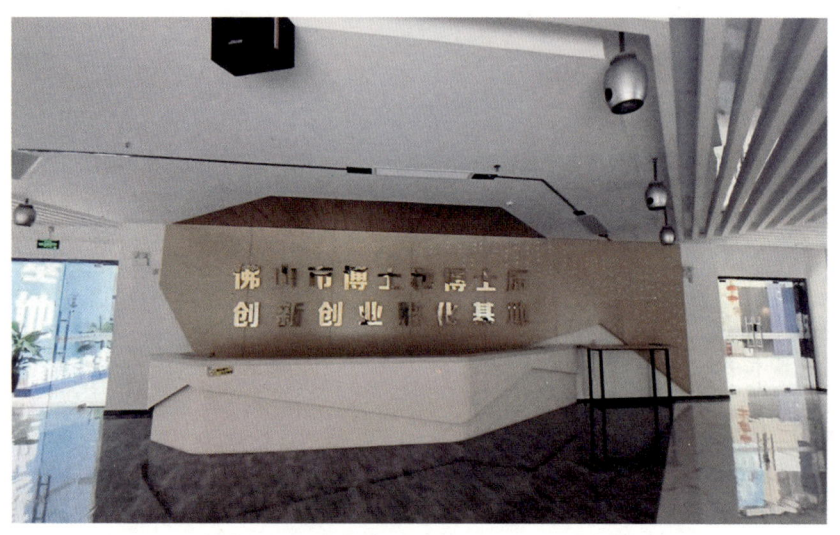

博士后创新创业孵化基地

可容纳500位高端人才入驻办公。

  博士基地重点围绕"高端装备制造、新材料、数字信息"三大集群,依托政府政策引导、科技服务、市场化运作等措施,引导博士和博士后人才及科研成果与佛山本地产业需求精准对接,促进传统产业转型升级、新兴产业齐头并进、未来产业实现突破的创新创业孵化方向,着力将博士基地打造成粤港澳大湾区标杆性生态型创新创业基地。

14 "岭南文荟小镇"建设

岭南文荟小镇（佛山古镇）位于祖庙街道老城区，规划片区东至市东路—普君北路，南至卫国路，西至汾江北路，北至文昌路，总面积约3.52平方公里，是佛山市唯一的"历史城区"，规划片区内聚集了祖庙古建筑群、东华里古建筑群等2处国家级重点文物保护单位、6个历史街区、65条风貌保护街巷，保留完整清晰的街巷肌理。其间的民间艺术闻名遐迩，粤剧曲艺、舞狮、剪纸、木版年画等被列入第一批国家级非物质文化遗产名录。

2017年下半年，祖庙街道规划定位岭南文荟小镇为岭南文化传承基地、体验式文化赏游圣地和新型

祖庙街道佛山古镇（禅城区岭南文荟小镇）规划图

文化魅力小镇

服务业发展高地，推进老城区活化利用，文商旅融合发展。遵循"修旧如旧、建新不新"的原则，把小镇片区划分为汾流古渡、梁园雅集、品街三市、仁寿问佛、任围百工、祖庙圣域、东华新里、塔坡初地8个无边界产业功能社区，总体统筹产业空间发布，分片建设主题产业，形成"网状轴线、链珠节点"的开放空间结构。

岭南文荟小镇在2018年入选省级第二批特色小镇。2019年以"佛山古镇"为名入选市级第二批特色小镇创建名单。特色小镇建设有声有色，祖庙街道获评2019年"新时代·中国最美文化魅力小镇"、2020年"新时代·中国文旅融合创新示范街道"。2021年制定《祖庙街道佛山古镇特色小镇财政专项扶持资金使用方案》，对骨干企业进行扶持。同年"佛山古镇"入选全国特色小镇50强榜单，排名全国第五，全省第一；"岭南天地"入选广东省级示范特色步行街（商圈）。

祖庙品字街纳入禅城区历史文化街区保护规划

2018年8月6日，《佛山市禅城区历史文化街区保护规划—品字街历史文化街区》（简称"《规划》"）经市政府批复同意公布。根据《规划》，品字街历史文化街区规划范围为东至永安路，南至莲花路，西至升平路，北至南堤路和中山桥，包含核心保护区、建设控制地带和环境协调区。规划范围总面积约0.36平方公里。《规划》将快子路、升平路、汾宁路等56条传统街巷纳入保护范围；将

快子路历史文化街区

佛山市侨联俱乐部旧址、莘葵里等15处历史建筑纳入保护范围。

纳入保护的传统街巷，不得新建、扩建、改建或取消，应保持现有的道路红线宽度和线型，恢复传统街巷的原有格局和景观特征。

祖庙街道文商旅产业链党委成立

2020年9月8日，祖庙街道文商旅发展联合会第一次会员大会在祖庙街道党群服务中心举行，有30家企业加入联合会，涉及文化、旅游、住餐、商业、体育等行业。祖庙街道文商旅发展联合会旨在围绕挖掘青年文创潜力、推动非遗文化创新与产业化、开发特色小镇旅游线路等方面发力，凝聚商企力量助力打造岭南特色小镇。发挥联合会政策传导职能，搭建政企、企企、企研的沟通桥梁，全面助推产业转型升级，助力祖庙街道文商旅融合发展迈向新台阶，擦亮"佛山古镇"名片。

为实现高质量党建推动高质量发展的目标，2023年4月23日，祖庙街道文商旅产业链党委举行揭牌仪式。这是祖庙街道在基层党建创新上的又一创新举措。产业链党委坚持党建引领、文化赋能，主要发挥党建共建、资源整合、沟通联系、平台纽带作用。该党委将进一步密切街道文商旅产业间的联系，充分整合街道文商旅产业和资源，实现"建组织、搭平台、聚资源、助发展"，为佛山古镇建设提供坚强的组织保障。

15 启动"共享社区"项目

2018年初,祖庙街道塔坡、北江、莺岗、培德、铁军、兰桂、新城等7个社区成为禅城区"共享社区"党建项目试点,并举行"共享社区"启动仪式,全面铺开"1+2+N""共享社区"党建项目。其中"1"是指一个领导核心,体现为社区党组织的引领作用;"2"是指线上线下两个共享平台;"N"是指参与共享社区治理的多个主体,包括街道办事处、居民委员会、小区业主委员会、物业管理公司、辖区共建单位、社会工作机构、社区居民等。

共建共治共享

塔坡社区"共享"小屋摆放了多种物品，让邻居们实现互助共享

  "共享社区"坚持党建引领，以问题为导向坚持改革创新，以"大数据"技术为支撑，解决居民互信的痛点，以积分管理为激励，解决居民参与的持续动力；开辟"物品、技能、活动"三条共享路径，激活社区"沉睡"资源；搭建"线上""线下"互融互通、共享互助平台，让"需求清单"和"服务清单"通过平台精准对接，共享行为简化为"掌上动作"，让情感随着共享行为流动起来，促进民心在基层聚集、问题在基层解决、服务在基层拓展，构建共建共治共享社会治理格局。祖庙街道"共享社区"项目入选"中国改革（2018）年会暨改革开放40年地方改革创新40案例"和"2018年全国社会治理创新十佳案例"。

16 支持创新创业创造

为全面提升企业服务水平,助推实体经济发展,祖庙街道于2018年6月20日在《佛山市禅城区支持企业家创业创新的若干措施》("禅十条")基础上"加码"出台"祖七条"(《祖庙街道推动经济高质量发展扶持办法(试行)》)(禅祖党办〔2018〕41号),涵盖企业从初创、成长、稳定、持续发展等不同阶段,为企业转型升级提供全方位政策保障。该政策经2019年7月9日第一次修订,2020年12月31日到期,累计发放(含拟发放)扶持资金超3亿元。2021年5月8日再次重修,实施三年(2021—2023年)。

为持续优化产业发展环境,祖庙街道出台系列配套政策,2018年出台《祖庙街道供应链金融服务平台风险补偿资金管理暂行办法》,首次尝试以财政资金引导供应链金融服务平台建设,精准解决中小微企业融资难题。2019年出台《祖庙街道上市企业市场化人才薪酬补贴实施办法(试行)》,助力企业引才留人。2020年出台《祖庙街道上市企业市场化人才薪酬补贴实施办法(试行)》《祖庙街道进一步支持工业、批发及零售业企业持续发展的扶持办法》,形成"1+N"产业发展政策体系。政策在实施期间,得到辖区企业的广泛响应和认同,提振了企业创新发展的信心。

禅城区企业服务中心祖庙分中心挂牌成立

2016年9月28日上午,禅城区企业服务中心祖庙分中心在丰收街·菁创聚挂牌成立。企业服务中心的建立是祖庙街道继推进"一门式"行政服务改革后,又一深化企业服务的重要举措。它将以"政府引导、服务集聚、市场拉动"为原则,以"帮扶企业、保护利益、出谋划策"为宗旨,以服务链协同支撑产业链发展为服务方向,致力打造成为政策的集散地,企业服务的汇集地,成为祖庙街道经济建设的有力助手。

禅城区企业服务中心祖庙分中心挂牌

中心采用"政府引导、社会参与"的模式,重点构建政务类服务、园区类服务、市场类服务三大板块的服务体系。其中,将通过由街道各职能部门成立政府联动服务工作组和购买政务代办服务的形式,为企业政策宣讲与推送、政策协调服务及政务一站式代办等全面的政务类服务工作。

广东连锁品牌100(佛山)双创中心

广东连锁品牌100(佛山)双创中心由佛山市连锁企业协会负责运营,坐落于丰收街·菁创聚青年创新创业社区,为进驻禅城企业提供落地服务、政企服务、人才招聘、企业联盟、商学院等服务和资源对接,协助连锁企业申报各类政策扶持资金,解决人才问题,提供商业"专家会诊"等服务,逐步实现服务功能、服务范围、服务区域、服务能力全覆盖。

佛山首个"统计员之家"成立

2023年3月20日,由省统计局、市统计局、区人民政府指导,区统计局和祖庙街道联合主办的"统计连心·数说美好"——"统计员之家"成立仪式在万科金融中心举行,会上举办了佛山市首个"统计员之家"揭牌仪式,"统计员之家"落址祖庙街道万科党群服务中心,依托阵地资源,设置七大场馆空间,为基层统计工作者提供自助服务、政策指引、人才就业、心理辅导、健身休闲等服务。

17　推进乡村振兴战略

根据省、市、区实施乡村振兴战略的统一部署以及市、区推进村级工业园整治提升三年行动（2018—2020年）工作安排，2018年8月，祖庙街道结合村级工业园区整治推开新一轮的旧村改造工作，形成"村级工业园+旧村"整治改造模式。按照"规划引领、片区统筹、复合开发、利益共享"的原则，祖庙街道扎实推进乡村振兴战略，建设扶西村、简村村、永红村3个美丽文明村居示范点。2019年将村级工业园区综合整治提升工作与产业载体、城市更新、城市形象提升工作相结合，引入新型产业，连片发展，为园区产业发展注入新活力。至2021年，祖庙街道正开展的7个村级工业园改造重点项目，包括果房工业园、佛山市养老养生健康产业园、文华制衣城项目、佛山童服城、289米艇头PARK、星星工业园、珠影·星光城朝。

2021年，祖庙街道召开农村工作会议暨街道实施乡村振兴战略工作推进会

2021年5月18日,祖庙街道召开农村工作会议暨街道实施乡村振兴战略工作推进会,部署全面推进乡村振兴;强调采用"村级工业园区+旧村居连片改造"的模式进行利益平衡,形成连片改造效应,加快提升城市形态。

乐怡海创·文华荟

乐怡海创·文华荟项目是朝东村首个进行改造提升的村级工业园项目,投资1.2亿元改造原文华制衣城,打造中小微企业供应链金融平台,2017年完成主体工程建设,被认定为"禅城区金融发展载体"。

"乐怡海创·文华荟"项目是一个集创意设计、文化教育、特色餐饮、青年公寓等新业态于一体的时尚商务街区。该项目依托约6万平方米的微+产业社区,提供创投机构、融资支持、上市辅导等专业金融服务,与融合创意办公的高品质、个性化都市青年连锁生活社区——"YOU+"青年社区,为"丰收街·菁创聚"提供金融、居住等配套服务。2018年,乐怡海创·文华荟引入丰晟供应链金融服务平台,集聚创新企业超过200家。

乐怡海创·文华荟

朝东村果房村整村改造项目

果房村整村改造项目位于祖庙街道办事处南侧。朝东村果房村整村改造项目是禅城区"旧改"新政出台后首个落地的"村级工业园+旧村居"改造项目，项目总拆迁面积约26万平方米，城市更新单元范围面积24.5万平方米，总建设规模70多万平方米。改造之前主要

旧村改造后的果房村

以村民宅基地和集体厂房物业为主，建筑物简陋破旧。祖庙街道探索采用"村级工业园+旧村连片改造"的模式进行利益平衡，将村级工业园改造提升与旧村改造巧妙结合，形成连片改造效应。该项目仅用了短短16个月，就实现实施方案表决通过率超90%、拆迁补偿协议签约率超90%，为禅城旧村改造工作打响了头炮。

2019年6月22日，果房村股民对"同意果房村采用协议出让方式进行旧村改造"等内容进行表决；2020年1月21日，通过在政府平台对外招标，确定改造市场主体。3月4日，禅城区召开村级工业园区和旧村改造现场会议，正式启动东建果房村改造项目。经过近3年的改造建设，2023年6月果房村改造项目回迁安置房全部竣工验收。

朝东一号地块

祖庙街道朝东一号改造地块，既是老城区将村居连片改造与村级工业园同步推进的项目，也是"环文华公园片区"启动的首个旧改提升项目。

该项目为配合"环文华公园创新活力区"发展要求，同济东路

以南的朝东栅下改造地块及李广海周边地块，总用地面积400多亩，公益用地面积的比例达到40%，面临土地权属复杂、插花地多、缺少大面积连片改造空间、整合难度大等问题。祖庙街道借鉴果房经济社"村级工业园+旧村居"连片改造的成功经验，以"规划引领、产业主导、土地集约、片区统筹、联动开发、利益共享"为纲，让村民谋实惠。该项目已于2020年10月26日经朝东村表决同意改造，并于2021年10月26日开始改造地块现场施工。

获授"广东省脱贫攻坚先进集体"称号

自2016年起，祖庙街道对口帮扶廉江市石颈镇蒙村村和平山村。在脱贫攻坚的过程中，祖庙街道紧密结合精准扶贫、精准脱贫的工作要求，创新实施党建、产业、全域、资源对接"四位一体"帮扶体系，针对民生改善、产业发展、危房改造等领域开展帮扶行动。2020年，蒙村村和平山村有劳动能力贫困户人均可支配收入约19000元，是五年前的5倍，137户400名村民全部实现脱贫摘帽。

2021年11月5日，祖庙街道与四会市下茆镇"村村"结对帮扶协议签字仪式在下茆镇举行，标志着祖庙街道辖区9个行政村与四会市下茆镇辖区13个行政村之间正式开展"村村"结对帮扶工作，通过建立紧密的结对共建关系，以求实现资源共享、优势互补，共同促进乡村建设，助力乡村全面振兴。

2021年6月，祖庙街道获授"广东省脱贫攻坚先进集体"称号。

工作队在下茆镇高良村考察藿香的种植情况

18 实施村（社区）重要事权清单管理

根据市、区实施村（社区）重要事权清单管理的工作部署，2018年底，祖庙街道制定《关于实施村（社区）重要事权清单管理强化党组织领导核心地位的实施细则（试行）》，全面梳理出人事安排、"三资"管理使用、重大项目实施、大额资金使用等10项重要事权。同时，进一步规范"先党后村"的工作机制，强调落实《禅城区村级组织工作规则》关于"四议两公开一监督"工作要求，对党的建设、重大决策、重要人事任免、重大项目安排、大额资金使用等事项，都要坚持党的领导、民主集中、集体酝酿、会议决定，不断增强村党委的核心领导力、凝聚力、号召力。

为进一步厘清村各种事权，2019年祖庙街道制定全面实施村重要事权方案，规范理顺村党组织、村民委员会、村务监督委员会、村集体经济组织及共青团、妇女、民兵等农村各类组织的工作职责和工作机制，明确农村重大事项议事规则，健全和完善村党组织领导的村级民主自治机制。至2019年6月，全面完成街道9个行政村章程修改工作，全面落实重要事权清单管理，完成村规民约及村民自治章程修订，确保重要事权清单管理工作见成效。至2022年，已经构建起村党委、村民小组党支部、网格党小组三级党建网格，在41个村民小组已100%建立党支部的基础上，祖庙街道制定《加强村民小组党支部建设充分发挥领导核心作用指导意见》，着力提升村民小组一级党组织组织力，在村民小组（经济社）全面实施重要事权清单管理。村级组织负责人"一肩挑"率达100%、"交叉任职"率达96.55%，不断强化党组织在乡村振兴中的核心引领地位。

全市率先成立村级纪委

为破解农村基层监督缺乏抓手、监督力量相对薄弱等问题，2019年5月，祖庙街道纪工委出台《佛山市禅城区祖庙街道构建系统化农村监督体系工作方案》，创新建立"三员"（纪检委员、监察专员、综合协调员）机制，构建系统化农村监督体系，打通基层监督"最后一公里"，并选取设有党委的东升村、朝东村、镇安村、敦厚村和永新村5条村作为试点，建立村级纪检监察组织，设书记1名，纪检委员3至5名，原则上对应每个村民小组设置1名纪检委员，实现纪检委员对村民小组的"全覆盖"。建立村、组干部履职"负面清单"，为村组干部划定13条行为界线，为纪检委员开展监督提供有效抓手。同时，将辖区9条村及2个独立经济社划分为3个片区，由街道纪工委派出3名监察专员、1名综合协调员开展外部监督，对村级纪委履职情况进行再监督、再检查。同年下半年起，该项创新逐步在禅城区推广。

农村集体资产网上交易

2022年12月16日，祖庙街道镇安村"中三茨菇田东工业区10号（厂房）"资产，在佛山市禅城区农村集体资产"三资"智慧云平台竞投成功，是首宗试行市"三资"智慧云平台线上交易运行机制的项目，标志着禅城区农村集体资产交易模式，由区、镇街、村分级交易向区级交易为主转变，由线下交易向网上全流程交易转变，拉开农村集体资产线上交易的序幕。

根据《佛山市禅城区农村集体"三资"管理服务改革工作方

镇安村农村集体"三资"管理服务改革工作调研会

案》，禅城区在2023年1月选出祖庙街道永红村、石湾镇街道鄱阳村、张槎街道莲塘村和南庄镇南庄村试点完成清产核资。从2023年5月1日开始，全面启用农村集体"三资"综合管理平台实施集体资产网上交易，于2023年6月底前完成全区推广。2023年9月底前全部完成53个村的清产核资工作，助力佛山市农村集体"三资"智慧云平台实现一网明晰农村"三资"管理，一图看清农村"三资"分布，一键完成农村"三资"交易。

19　构建基层党员教育培训新格局

2018年12月26日，佛山市32所镇街党校成立暨授牌仪式在佛山市机关小礼堂举行。根据省委组织部、省委党校《关于进一步加强镇街党校建设的意见》和佛山市委《佛山市加强党的基层组织建设三年行动计划（2018—2020年）实施方案》，决定在各镇街设立镇街党校，作为市委党校的延伸和教育培训基层党员干部的主阵地。同年12月29日，祖庙街道党工委党校揭牌仪式在街道党群活动中心举行，公布祖庙街道党工委党校"红色讲师团"，并向红色讲师团成员颁发聘书。2023年9月14日，祖庙街道党工委党校新校址揭牌启用。新校址位于升平路61号，建筑面积约2000平方米，设置"四区两馆一基地"（展示区、办公区、教学区、活动区；党性教育馆、红色图书馆；佛山红色文化研究与实践基地）。2023年9月26日，祖

中共祖庙街道工委党校

中共佛山市禅城区祖庙街道工委党校新校址启用

庙街道离退休干部党校挂牌成立。祖庙街道党工委党校通过构建多元、立体、精准的综合教学体系，将党校打造成为思想建设"主阵地"、党性锤炼"大熔炉"，把祖庙干部队伍锻造成"禅城铁军"的"祖庙先锋"。

"五大学堂"精准施教

2022年，祖庙街道党工委党校以锻造"铁军精神"为引领，结合干部成长规律、岗位特点，着力推出"铁军先锋学堂""基层善治学堂""青锐扬帆学堂""导师帮带学堂""历史文化学堂"五大学堂品牌课程。紧紧围绕习近平新时代中国特色社会主义思想，开展干部培训，强化党员干部党性修养、理论水平；发挥退休社区书记、红色讲师团"传帮带"的作用，为基层工作下功夫出实招；搭建青年干部学习交流平台，通过专题培训、座谈研讨、现场教学等方式，营造青年互帮互学的良好氛围；组织业务骨干答疑解惑，分享工作经验，锤炼能干事、会干事、干成事的干部队伍；深挖岭南文脉，将内容丰富、形式多样的岭南文化融入党员教育，讲好祖庙故事，树立党员干部文化自信。"五大学堂"从理论学习、能力提升、实践练兵三个方面，引导党员干部淬炼党性，提升专业能力，强化解决实际问题、攻坚克难能力，持续提升党员干部教育培训实效。

红色研学路线——"大循环小循环"

祖庙街道是佛山古镇的承载地，是一片有着光荣革命传统和红色基因的热土。近年来，祖庙街道党工委党校深入贯彻习近平总书记关于用好红色资源重要讲话精神，围绕"弘铁军精神，传红色教育"主线，按照"一点一特色、一线一主题"的标准，精心规划出一批具有祖庙特色的红色研学路线和现场教学点，将辖区众多红色地标、红色旧址、历史旧址以"连点成线"的方式打造成为现场教学点和红色研学路线，形成红色教育全域"大循环"；将岭南天地商圈附近的红色资源、文化资源"串珠成链"，精心打造岭南天地商圈红色研学教育路线，推动红色资源形成区域"小循环"，让红色革命资源、历史文化资源成为培根铸魂的鲜活教材。其中，大循环路线是：陈铁军纪念馆、李广海医馆旧址、鸿胜纪念馆、吴勤烈士陵园；小循环路线是：岭南天地商圈党群服务中心、文会里嫁娶屋、陈铁军故居、区夏民故居遗址、李众胜堂祖铺、龙塘诗社、简氏别墅。

20　"一轴三片区"产业发展规划

围绕以科技创新推动产业创新,进一步推进经济社会高质量发展,2019年初祖庙街道立足中心城区核心街区定位,推动城北科创、中部文创、南部双创"三大片区"产业集聚发展。城北片区围绕佛山西站及正在选址的广湛高铁等重大交通项目思考布局,谋划城北片区科创产业规划,中部片区抓岭南文荟特色小镇和全域旅游示范区建设,南部片区做大做优万科、绿地、丰收街等品牌载体。

2020年,祖庙街道将"三大片区"概括为"一老双新"。"一老",即中部老城,"双新"即北部高铁枢纽新城和南部环文华公园中央商务区。

2021年,祖庙街道紧抓国际国内"双循环"新发展格局的机遇,制定了"一轴三片区"(岭南文脉轴线以及北部、中部、南部三大片区)发展蓝图,通过打造岭南文脉轴线,祖庙街道将把三大片区串联起来。在北部广湛高铁枢纽新城片区重点发展商贸会展、医药健康等新兴产业,形成商贸性行业集群。中部"佛山古镇"片区推动文商旅融合发展,形成文创性行业集群。南部环文华公园创新活力区围绕创新中心强核定位,打造服务型行业集群。

佛山季华大宗商品交易基地成立

2021年7月1日,祖庙街道立足粤港澳大湾区建设,依托区位和产业优势,乘势打造佛山季华大宗商品交易基地,旨在大宗商品电子交易、大宗商品电子总部聚集、大宗商品金融创新方面先行先试,为佛山大宗商品交易向规模化、专业化、规范化和国际化转型升级提供祖庙经验。

该基地落户环文华公园创新活力区,入驻季华路沿线高端商业载体禅城绿地中心,引入佛山市海呈供应链管理有限公司负责运营管理。重点吸引年销售额10亿元及以上的大宗商品交易企业集团、电子商务交易平台、上下游优质资源企业、贸易服务类金融保险企业以及区域总部机构、分支机构等,打破交流壁垒,增加跨领域大宗商品业务合作机会。

禅桂坊·数字视听文化产业园开园

禅桂坊·数字视听文化产业园在文华北路、南桂西路交会处,占地面积约50亩,建筑面积约7万平方米,由原本大围街第一工业区的旧厂房及13栋老旧建筑改造而成,因其位于禅城、桂城交界,故名"禅桂坊"。作为佛山古镇建设重要项目之一,2022年2月15日禅桂坊·数字视听文化产业园项目启动建设。12月31日正式开园,是佛山首个数字视听文化产业园。

祖庙街道禅桂坊以建设粤港澳大湾区一流的数字视听文化产业园为目标,通过"数字视听+"全产业链的模式,汇聚影视、短视频、直播、文创、研学、商业等业态,打造成为佛

禅桂坊

山影视文化亮点及彰显佛山文化特色的品牌工程，先后获得"佛山青年之家""佛山市禅城区数字经济产业示范园"称号。2023年9月29日，在禅桂坊举办粤港澳大湾区创新创业基地揭牌仪式。2023年12月获评"全国首批城市更新高质量发展促进工程产业社区试点项目"。

佛山粤剧院新址落成

佛山粤剧院新址位于禅城区祖庙街道普君东路7号，总建筑面积约3.5万平方米。2019年底动工建设，2023年11月落成，是佛山古镇的文化新地标之一。建筑整体以"水袖戏影"为设计理念，塑造温婉灵动的曲线造型，主立面宛若"大幕拉开"，以开放的姿态向市民展现精彩纷呈的空间体验。

佛山粤剧院新址

粤剧院配套1000座的大剧场、500座的戏剧场、238座的实验剧场，以及粤剧茶楼、粤剧非遗展览等，是一座集剧场演出、非遗传承交流展览、粤剧文化体验、文化休闲、文旅观光于一体的一站式剧院综合体。

21 构建祖庙街道总部经济

2020年,祖庙街道依托城北、中部、南部三大片区规划布局,搭建产业发展平台,发力总部经济,打造多个金融百亿楼宇。创新产业扶持政策,大力发展文化创意、商贸总部、科技信息、创新金融、高端生活服务等现代服务业和都市型产业,构建现代化经济体系。全市近四分之一的银行机构总部、近一半的保险机构总部都选择落户在祖庙街道,折射出祖庙街道以总部经济、科创经济、金融经济等为代表的带动型经济,以及其所释放出的强大集聚力与综合辐射力。

万科金融中心、绿地金融中心两个百亿级的"双子星""亿元楼"标杆,在季华路"金腰带"上交相辉映。标杆背后,一大批优质产业载体吸引了中国平安、泰康人寿、农业银行等世界500强企业先后落子,2023年,广东保险业高质量发展论坛成功在祖庙辖区举办。

万科金融中心成为吸引总部经济重要载体

凤铝启用行业首个沉浸式展厅

2023年5月11日，地处佛山禅城季华路CBD中心的凤铝大厦正式启用，铝型材行业首个沉浸式展厅落户佛山，标志着凤铝这一畅销海内外市场的中国铝型材行业领军品牌的全球化布局再迈新台阶。

凤铝大厦1—3层为面向全球市场客户开放的业务展厅，通过凤翅和鸣、神六之光、铸造之力、凤凰之眼、铝之焰火、涅槃之路等主题设计和场景设置，展示了凤铝凤凰涅槃、波澜壮阔的发展之路及打造高品质、高端、国际化视野企业的目标。

作为行业首个沉浸式展厅，其通过艺术设计、生活场景搭建、铝材展示和艺术装置展示、沉浸式多媒体产品交互展示等，让人们重新认识铝艺术与科技交融的独特魅力。

凤铝大厦

广东金融高新技术服务区保险产业集聚区

2023年5月30日,以"全面贯彻党的二十大精神 保险助力大湾区高质量发展"为主题的2023广东保险业高质量发展论坛在祖庙街道辖区拉开帷幕。活动现场,广东省金融高新技术服务区保险产业集聚区正式揭牌,来自国内金融保险行业的龙头企业高管、行业专家学者、研究机构和省市政府部门领导齐聚一堂,深入探讨广东省保险业高质量发展、保险业助力粤港澳大湾区建设的方法和路径,为大湾区建设新发展格局提供有力支撑。

按照广东金融高新技术服务区保险产业集聚区建设规划,该集聚区将以文华公园为中心,构建"一带一区一园一基地一圈"空间格局,争取在3至5年内取得新一轮大发展,打造在全国具有影响力的保险集聚区。

22 建设绿色生态街区

在汾江河2013—2020年第六轮整治收官之年，祖庙街道提出打好打赢蓝天、碧水、净土三大污染防治攻坚战，构建绿色生态街区。同年，祖庙街道全部完成第六轮水体水质整治的验收，纳入大气考核的六项指标首次实现有监测记录以来全面达标，生态环境持续改善。2021年，祖庙街道全面践行绿色发展理念，坚持"精准、精细、精确"治污，探索推进工地非移动机械准入制度，完善工业固废收运一体化制度，在全区首创一般工业固体废物规范化处置工作试点，全面落实"河长制"，开展绿色低碳及各项创建工作，全面消除了黑恶臭水体，空气质量达到历史同期最好水平。

2022年3月9日，祖庙街道提出"系统治污、精准治污、科学治污、依法治污"。同年环境治理卓有成效，在全市水利系统建设中实施完成了第一个暗涵整治项目——华远涌至丰收涌暗涵整治工程，有效巩固了黑恶臭水体整治的工作成果；空气质量改善幅度较大，空气优良天数比例达80.5%。

镇安城市污水处理厂

位于原环市镇（街道）的镇安污水处理厂是佛山市首座城市污水处理厂。根据1987年5月市八届人大五次会议《要求彻底根治汾江河》的第35号议案，市政府成立汾江河综合整治领导小组，6月19日批转市环境保护局《综合整治汾江河实施方案》，提出兴建城市生活污水处理系统等五项综合治理措施。1992年6月30日，佛山市城市生活污水处理厂在环市镇镇安乡破土动工，规划建设规模为35万立方米/日，工程计划分四期实施，首期工程污水处理能力为5万吨/日。建设完成后，自1993年、2004年建成已投入运营的一期、二期、三期工程污水处理总量达25万立方米/日，占地约24.5公顷。

镇安污水处理厂

丰收涌整治工程

丰收涌位于禅城区中心地带，西起市水利局，东至丰收泵站，是祖庙中心片区排涝的主要通道，河涌长约2.75千米，季华路、岭南大道、文华路、同济路、朝安路等城市主干道，对祖庙街道城市景观和沿线居民的生产、生活环境有着重要影响。由于历史原因，河涌沿线片区排水设施简易、落后，丰收涌成为周边片区生活污水以及工业废水的直接承受体，沿涌有大量低矮破旧的民房、厂房、仓库等建筑物，丰收涌的现状与城市中心地带的形象极不相称，严重影响城市景观和沿线水生态环境。

丰收涌综合整治工程（示范段及全河段环境整治工程），于2013年8月1日开工，2014年4月16日完工，主要是将朝安路——丰收泵站段长约0.96千米河段作为示范段进行高标准整治。为进一步提升河涌景观效果，采取降低两岸堤顶、整治岸坡等措施，同时结合景观布置设置护岸、护脚结构，形成亲水平台或浅滩，建设景观人行

丰收涌整治后景观

桥3座，节点景观平台4处，打造约3000平方米的休闲大广场1个，并在丰收桥西侧设置观景台。2016年，丰收涌获评"佛山市十大最美河湖"之一。

同济涌综合整治工程

同济涌旧称大塘涌，位于禅城区中心地带，穿越季华路、岭南大道、文华路、同济东路、朝安路等城市主干道，与岭南明珠体育馆、文华公园等大型公共活动场所相邻，对禅城区城市景观及沿线居民的生产、生活环境有着重要影响。

同济涌综合整治工程是2014年祖庙街道实施的重点项目之一，同济涌综合整治工程总长约1100米。整治工程主要对朝安路到同济东路河段进行一河两岸环境整治，降低两岸堤顶，整治岸坡，同时结合景观布置设置亲水平台或浅滩，建设景观人行桥2座、节点景观平台5处、绿化平台5处、活动平台2处；打造2个分别约3000平方米、2500平方米的广场，以提升朝安路、同济东路桥头景观。

同济涌综合整治工程完成后，河涌两岸景观绿化总面积达1.3万平方米，从根本上改变了河涌水质和两岸面貌，打造成为禅城区内河涌整治的精品和亮点，为进一步推进排涝规划的实施，改善中心城区环境，推动本区域旧城改造，提升佛山城市形象，实现城市升级起到积极推动作用。

同济涌综合整治工程整治后景观

南浦涌综合整治工程

南浦涌西起岭南大道，东至同济东路，河涌总长1023米。原河涌大部分涌段河道狭窄、两岸大量垃圾堆积，水环境质量极差。

2016年启动南浦涌综合整治工程。以打造一个自然生态的河滨公园为目标，通过岸线整治、河涌疏浚、新建桥涵、园林景观、绿化照明等一系列的改造措施，最终打造一条以滨水长廊公园为主题，以"蓝花楹"为主导的"绿城飞花"绿化景观的河滨公园。

工程建设完成后，建造出4个大型的景观休闲平台及多个亲水空间，沿岸景观滨水步道贯穿各个平台节点，同时增设别具特色的四季花卉乔木植物，绿化总面积约2.63万平方米，结合完善的市政配套设施，形成一条1023米连续的绿化休闲景观长廊，为附近居民提供一个广大的自然生态滨水休闲空间。工程提高了河涌排涝能力，改

南浦涌综合整治工程整治后景观

善了河涌周边人居环境，提升了周边环境景观，带动河涌两岸及周边地块升值，为街道沿线村居的"三旧"改造及推动旧城改造提供有利条件。

汾江河西岸岸线提升工程（首期）

汾江河西岸岸线提升工程位于禅城区汾江河西岸，北起"蓝鳍码头私厨"，南至文沙大桥。项目于2020年启动建设，工程总长度约为1.27千米，设计面积约为3.4万平方米。工程在原有河堤基础上进行景观提升改造，沿岸线进行多样化多元素的绿化景观改造提升，沿线建设河堤碧道、亲水平台、休闲广场、龙舟雕塑、运动元素雕塑小品等，并在堤岸增加种植了黄花风铃木、紫薇花、蓝花楹等多样植物，把汾江河西岸打造成为生态公园。项目是2020年祖庙街道100个民生实事项目之一，被列入当年禅城区十大民生实事项目。

汾江河西岸岸线改造

农村人居环境整治"红黑榜"

为巩固"三清三拆三整治"农村人居环境整治成效，激励农村基层村组织在乡村振兴中主动担当作为，2020年8月13日，禅城区农业农村局公布首期全区农村人居环境整治"红黑榜"评选结果。全区53条行政村中，祖庙街道郊边、敦厚、镇安、扶西等行政村在农村人居环境整治"季考"中纷纷入围农村人居环境整治"红榜村"。

镇安东路墙面改造后

非道路移动机械管控创新

祖庙街道严管严控非道路移动机械使用，2021年3月，祖庙街道生态环境部门启动非道路移动机械尾气排放专项整治行动，为期11个月，并印发《祖庙街道非道路移动机械油品及尾气排放专项整治工作方案》。专项整治行动聚焦非道路移动机械油品、尾气排放的监督管理，执法人员利用"不透光烟度仪"开展非道路移动机械末端尾气排放监测。为确保非道路移动机械油品快速检测和尾气监督性监测工作实现精准打击，执法人员对拟抽查的有非道路移动机械工序的工地进行事先摸底，并通过"双随机、一公开"开展突击飞行检查整治，增强企业的环保责任意识，强化非道路移动机械尾气监督性监测，落实油品直供制度，构建油品含硫量快速检测常态化。2021年4月对位于祖庙街道的佛山诚通纸厂东侧地块住宅项目开展突击飞行检查，第一次利用烟度检测"黑科技"对超标排放的非道路移动机械进行立案处罚，成为佛山市首宗利用烟度检测"黑科技"对超标排放的非道路移动机械进行立案查处并开列罚单的案件。

祖庙街道开展非道路移动机械管理工作

全市河长制工作绩效考核获第一名

2023年2月27日,佛山市2023年第一次河长办主任会议暨河长制湖长制工作检查总结会召开。会议解读了《佛山市河长制湖长制工作检查方案(2023—2025年版)》,通报了佛山市2022年第4季度河长制湖长制工作检查情况,祖庙街道在全市32个镇街中位列第一名,受到通报表扬,获得100万元奖金奖励。

祖庙街道2022年第四季度、2023年第二季度的河长制湖长制工作检查成绩在全市32个镇街中两次位列第一名,受到通报表彰。此外,2021年第一季度、2021年第三季度、2022年第二季度、2022年第四季度、2023年第二季度、2023年第四季度的河长制湖长制工作成绩均位于禅城区第一名。

祖庙街道河道生态环境

23 创新都市型养老服务模式

根据《佛山市实施老人康养工程行动方案（2022—2026年）》，2022年祖庙街道提出加强街道长者饭堂餐饮服务、居家养老家政服务、平安钟服务等各项目服务的规范化建设，结合探索发展数字健康产业，发展数字化养老新模式，满足老年人多层次、个性化的养老需求，打造居家、社区、机构相协调，医养、康养相结合的多元化、多层次、广覆盖的养老服务体系。

作为佛山城市化程度最高、人口密度高、老龄化程度较高的镇街，祖庙街道自成立以来就积极探索社区服务"居家养老"新模式。积极调动企业、社会、群众参与，建立健全涵盖医、食、住、行、娱全方位的基础支持服务，不断提升人居环境、出行设施和社区服务等的质量和水平，将祖庙街道各村（居）打造成为养老宜居"示范点"。祖庙街道红棉社区积极探索"智慧助老"新模式，从老者经济状况、自理能力、居住情况、心理情况、社会支持等五个维度进行量化评定，精准分类设计帮扶方案，为辖区老年人提供个性化养老服务。首创的"五维"评估与精准帮扶方式得到专家组的高度认可，2022年10月红棉社区通过评审荣获"全国示范性老年友好型社区"称号。

全市首家"公建民营"养老院——春晖颐养院运营

春晖颐养院位于祖庙街道文华北路大塘涌39号，占地面积4653

春晖颐养院

平方米，共有360个床位，前身为祖庙街道敬老院。为优化公有养老资源，祖庙街道率先探索养老机构"公建民营"模式，引入民营机构进行运营，对其提出服务和定价要求，春晖中心于2016年7月承接该院的社会化运营。

2017年3月16日，禅城区春晖颐养院正式挂牌营业，成为广东省首批、佛山市首家"公建民营"养老试点单位。该院采用"护工+社工"的服务模式，院内常驻4名执业护士、专业社工，提供医养结合的院舍养老服务，并与禅城区人民医院合作开展医养结合服务，入住老年人办理家庭病床可享受住院医保报销。与其他单纯的民营养老院相比，春晖颐养院优先接受街道辖区"五保""三无"人员，提供10%的病床，通过整合医疗、护理、康复、社工、志愿服务等社会资源，打造成以护理为特色，以社工为亮点的新型养老机构。春晖颐养院在2018年、2021年两度获得"广东省四星级养老机构"称号。

全市首个村级长者饭堂——朝东村长者饭堂运营

2020年12月,祖庙街道朝东村长者饭堂开业,这是佛山市首个侨捐长者饭堂,由香港乡亲招应璋在禅城区慈善会定向捐资35万元助建,冠名"招李凯贤爱心饭堂",该饭堂有效解决周边社区老人因行动不便导致的"吃饭难"问题。针对村里因年事已高或身体问题无法出门的老年人,长者饭堂还贴心地提供爱心午餐上门配送服务。

长者饭堂配餐

24　开启"佛山古镇"项目建设

2022年9月24日，禅城区"岭南文脉之城"暨"佛山古镇"建设启动仪式在祖庙博物馆举行。"佛山古镇"将打造"一轴一核六片区"，"一轴"即根据佛山古镇的历史文化资源，形成一条岭南文脉主轴。"一核"即打造一站式文商旅体验核。"六片区"即汾流古渡、品街三市、仁寿问禅、任围百工、塔坡初地和垂虹潮巷。在确定岭南文脉轴线的基础上，以祖庙圣地为核心，以东华里古建筑群为依托，打造一站式文商旅体验核，展示古韵之彩。六片区立足自身发展优势深挖资源，各美其美，美美与共，形成"七彩连珠"

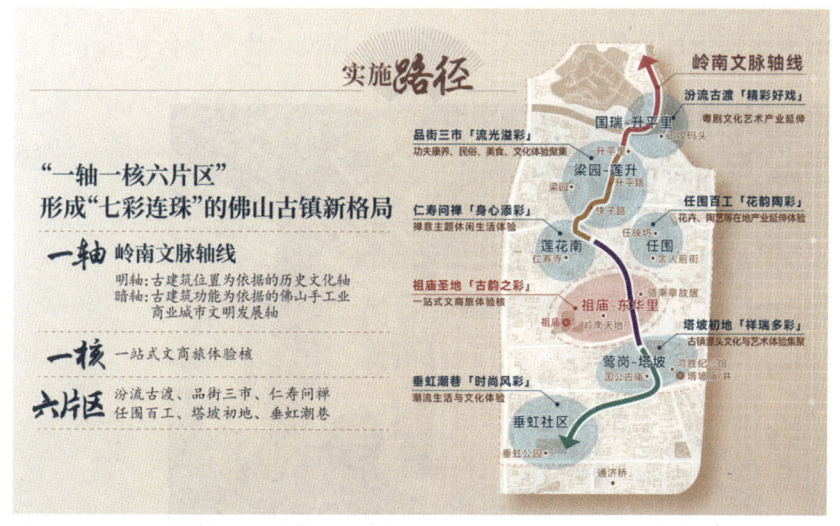

佛山古镇一轴一核六片区

的佛山古镇新格局。

祖庙街道获评"2022广东文化强省建设示范案例（街）"。岭南天地入选第三批国家级夜间文化和旅游消费集聚区，东方广场获评省级示范特色步行街（商圈）。

"佛山古镇"项目推出环环相扣的"3+9"行动。三大工程即文城融合工程、历史保育工程、产业重塑工程，九大行动包括岭南广府文化景观建设行动、岭南文化特色街区打造行动、岭南文化民俗活动体验行动、非物质文化遗产保护传承行动、岭南文化资源挖掘推介行动、社区历史文化传承创新行动等。同时，祖庙街道创新成立华南地区首支文创基金，并成立街道一级文化投资公司、出台专项扶持办法等，从政策、平台、金融等维度建立起"1+3"支持体系，通过"投贷联动"，以直接投资1个亿撬动百亿规模的产业资金池。

复办佛山古镇灯会

佛山灯会起于宋，盛于清，兴于今。2023年1月17日晚，2023最岭南之佛山过大年——第十三届佛山（禅城）岭南年俗欢乐节开幕

各式各样的彩灯

式暨佛山古镇灯会启动仪式在岭南天地简氏别墅旁举行。灯会邀请佛山民间艺术研究社非遗专家,以"出彩岭南 灯耀佛山"为主题,匠心设计了福兔迎春意浓情、精彩百业聚古镇、华彩古韵颂岭南、情定岭南囍相逢、多彩非遗佛山等大型灯组展览,展示禅城自建区以来出彩二十载的发展历程,把岭南天地打造成佛山古镇夜游打卡点,再现昔日佛山古镇过节赏灯的繁荣景象。

《佛山忠义乡志·卷十·风土》载:"上元开灯宴,普君圩为灯市,灯之名状不一,其最多者曰茶灯,以极白纸为之,剔镂玲珑,光泄于外,生子者酬各庙及社,兼献茶果,因名茶灯;伐树之枝稠而杪平者为灯杆,缀莲花于枝头,多至百余朵,燃之如绛树琼葩;曰八角灯,中作大莲花,下缀花篮八面,环以璎珞;曰鱼灯、曰虾灯、曰蟾蜍灯、曰香瓜灯,则象形为之。曰折灯,可折而藏者。曰伞灯,可持而行者。自元旦为始,他乡皆来买灯。擎灯者鱼贯于道,通济桥边,胜门溪畔,弥望率灯客者矣!"

古镇灯会

举办首届"佛山有囍"岭南风尚婚礼

2001年,中国首次花轿集体婚礼在佛山祖庙举行。为培育发展祖庙"甜蜜产业"计划,祖庙街道深入推进构建产业矩阵、发展甜蜜首店、培育甜蜜小店、打造甜蜜场景、提升城市格调"五大行

"佛山有囍"佛山古镇岭南风尚婚礼

动",打造"佛山有囍"婚恋IP,释放文商旅消费"浪漫活力"。2023年12月8日,举行"佛山有囍"佛山古镇岭南风尚婚礼,9对新人身着中式龙凤褂、遵循古礼,在执礼人员及喜娘的带领下、在亲友和市民的见证下,完成了古朴典雅的婚礼仪式。新人们从地铁朝安站出发,搭乘地铁甜蜜产业专列行至祖庙站,向沿途、同车的市民派发喜糖,与市民们分享新婚的喜悦与甜蜜,这是佛山首趟婚礼专列为新人们送上的真挚祝福。

随后,他们集体重温古镇传统"婚嫁之路",绕东瑞路、福禄路、锦华路、快子路、莲花路、汾江中路、祖庙路等路段后,在祖庙正门礼拜合照。

祖庙街道将强化古镇传统民俗节庆的影响力,引导重点商业载体、商圈和文化街区举办"甜蜜消费节"、爱情主题文艺作品展演等主题活动,不断提升街区品质和内涵。

打造"任围·33"

2023年,祖庙街道延续街区历史文脉,将位于红风大街33号,原佛山市粮食局配套幼儿园(后改名为"心心幼儿园")的一间旧课室进行升级改造,并取名为"任围·33"。祖庙街道将"任围·33"打造为属于大众的公共服务空间,积极探索融合儿童友好、文旅导赏、青年发展、社区共创等多功能属性于一体的文商旅融合发展的新路径、新模式。

外围设计方面,采用怀旧风的卡通彩绘形式展示出旧时幼儿园的周边环境,还原童趣街景。内部设计方面,以旧时儿童嬉戏场景为背景作画,色调柔和,使得画面视觉传达效果更强,为整个空间增添更多轻松温馨的氛围。"任围·33"不仅是一个沉浸式的岭南文化体验空间,也是一个集活动、学习、服务、文化传承于一体的

"任围·33"开幕仪式活动

儿童成长乐园。"任围·33"正以一种全新的方式成为社区人文文化的一部分，逐步推动公共空间和市民生活形成真正意义上的融合，焕新并丰富着佛山古镇历史片区的精神内涵。

RUI青年表演艺术家孵化基地

2023年5月8日，RUI青年表演艺术家孵化基地在岭南天地正式开幕，推出大量首创性艺术作品，孵化培育更多来自大湾区的新生代艺术力量。

2023年初，祖庙文投公司与岭南天地共同出资成立佛山瑞艺文化传播有限公司。乘佛山古镇老城焕发新活力的春风，佛山瑞艺文化传播有限公司积极开拓资源，联动粤港澳大湾区内一众文化艺术创意群体，探索岭南文脉的传承与创新，在岭南天地钟楼周边古建

RUI青年表演艺术家孵化基地开幕

筑群打造RUI青年表演艺术家孵化基地，孵化新生代艺术力量，给予年轻新秀表演艺术家更多演出平台。

公布《新佛山街略·佛山古镇》

2023年1月8日，在聚首禅城叹世界——禅城区建设大湾区新型消费中心暨佛山古镇首店首发品牌行动启动仪式上，公布了《新佛山街略·佛山古镇》。《新佛山街略·佛山古镇》，是根据清道光年间制的《佛山街略》重新绘制，以"1+7"系列地图向全球旅客介绍现代化的佛山古镇，在文旅、商业、娱乐、消费等领域全方位展示岭南重镇繁华现况，突出"一轴一核六片区"的发展新格局，它不仅是导游服务指南，更是文旅、商业、产业、民生的多方位指南。《新佛山街略·佛山古镇》将成为佛山古镇形象宣传的新出口，让更多的人了解佛山、了解佛山古镇，吸引更多游客来到佛山古镇。

2023年公布新佛山街略图

25　佛山"十大民俗活动"发布

2023年4月21日，"古风新韵潮游岭南"2023佛山（禅城）民俗文旅周活动在梁园举行，首次公布佛山"十大民俗活动"，分别是行花街、佛山古镇灯会、行通济、龙狮闹元宵、游朱紫、文昌诞、佛山祖庙庙会、塔坡庙会、佛山秋色、粤剧华光诞。其中，祖庙辖区占七项（行花街、佛山古镇灯会、行通济、佛山祖庙庙会、塔坡庙会、佛山秋色、粤剧华光诞）。

行花街

行花街在佛山已有150余年历史，是佛山人民过大年的集体记忆。禅城区成立以来，佛山中心区域的花街地段不断变迁，先后为体育路、普澜路、文华路、文华公园等，并逐步扩展和创新。人们

松风花市

习惯"行花街,过大年",只有行过花街才能算过新年。"花"在粤语里发音为"发",买花回家,就是把财运带回家,花开富贵,花香瑞气,也是新年好彩头。

佛山古镇灯会

　　灯会,是我国古老的民俗文化之一,一般指春节前后至元宵节时,由官方举办的大型的灯饰展览活动,并常常附带有一些民俗活动,极具传统性和地方特色。佛山灯会,起于宋,盛于清,兴于今。按照传统,灯会上人们要点起彩灯万盏,以示庆贺,出门赏月、燃灯放焰、喜猜灯谜、共吃元宵,合家团聚、同庆佳节,其乐融融。

佛山古镇灯会

　　佛山俗例,正月初二开年后,花灯开始上市。元宵之夜,大街小巷张灯结彩,人们赏灯,猜灯谜,吃元宵,成为世代相沿的习俗。

行通济

行通济

　　"行通济,冇闭翳。"从正月十五开始,近百万人举着风车、摇着风铃、提着生菜浩浩荡荡走过通济桥,祈求来年平安顺遂。"行通济"已成为整个珠三角的年度盛事。

佛山祖庙庙会

佛山祖庙庙会是国家级非物质文化遗产,又称"三月三"北帝诞庙会。每年农历三月初三为祖庙北帝神诞,在诞期不仅要建醮贺诞,而且还会举办各种祀神庆典活动。北帝诞的起源与供奉北帝和祖庙修建密切相关。改革开放后,随着人们的精神文化需求的不断扩大,民间风俗得到传承,民间遂自发恢复起祖庙北帝诞活动,并呈现出兴旺景象。北帝诞有着广泛的全民参与性,是海内外佛山人认同的精神维系。

佛山祖庙庙会

塔坡庙会

"洗过塔坡水,顺风又顺水""未有佛山,先有塔坡"塔坡庙会(农历六月六日)已成为佛山人寻根怀古的重要日子。寻根初地,加深与海内外乡亲的血脉情谊,更彰显了佛山文化自信。

塔坡庙会

佛山秋色

佛山秋色是国家级非物质文化遗产，是佛山民俗文化的重要符号。秋色巡游、祖庙秋祭、乡饮酒礼、秋色赛会等，秋色因佛山而繁荣，佛山因秋色而多彩。

佛山秋色

粤剧华光诞

粤剧华光诞，万人看琼花。佛山是粤剧的发祥地。华光大帝被粤剧行业奉为祖师爷。每年华光诞辰之日（农历九月二十八日），再现"万人看琼花"的盛况，影响力遍布海内外。

粤剧华光诞

26 推进"智慧化"社会治理

2023年7月21日,祖庙街道把推进智慧社会治理改革作为祖庙冲刺"千亿镇街"的一项重要举措,召开"多元共治,智慧管理"生态网格工作推进会议,制订《祖庙街道深化生态网格"多元共治,智慧管理"运行工作方案》,开展"智慧化"+"多元化"社会治理改革探索。祖庙街道通过强党建引领、强基层队伍、强资源共建、强协调共治、强成果共享等五大举措,以"禅城智慧党建·共享社区"小程序和共享小屋线上线下两大平台畅通治理渠道,构建"一核多元、简约高效"的党建引领基层治理体系,实现村居治理效能提升、政务服务效能提升、突发事件处置效能提升,实现"人在格中走,事在格中办""琐事不出(网)格、小事不出村(居)、大事不出镇(街道)、难事区镇(街道)联办"的智治目标,并创新打造"12345热线+生态网格"双派单模式、"一体指挥"值班值守模式,构建"一横三纵"指挥调度体系,联动"生态网格"实现基层社会治理"平战结合"双闭环。

塔坡社区构建三级架构

塔坡社区是祖庙街道选定的生态网格试点村居之一。2021年9月坚持党建引领,持续构建"社区党委+小区党支部+党员楼长"三级网络架构,以党建促治理水平提升。该社区还将党员楼长发展成为辖区的兼职网格员,兼职网格员在发现影响市容市貌和居民出行的问题后，会第一时间反馈到微信群里，专职网格员则根据反馈的问题快速到达现场、即时解决问题。不能立刻解决的问题，则通过生态APP上报，形成社区党群联心、联手、联守，共建、共治、共享的基层治理新格局。同时，塔坡社区党委还在禅城区范围内率先成立社区社会组织联合会。在祖庙街道塔坡社区社联的平台上，该社区已成功汇集和孵化了20个社会组织，涉及社区管理、志愿服务、公益服务、文化体育等诸多领域。结合打造佛山岭南文脉之城、祖庙"文化+"发展的要求，塔坡社区社联下的各个社会组织、成员单位，针对不同群体开展丰富多样的文化体验活动，取得热烈的社会反响。此外，在疫苗接种、核酸检测、文明创建等方面，塔坡社联的志愿者们都能踊跃报名，成为社区服务的坚强后盾，助力社区治理实现从"管得了"到"管得好"的转变。

塔坡社区党群议事会

兰桂社区"网格+商圈"全链条治理模式

2023年4月兰桂社区以党建引领，打造起"网格+商圈"全链条治理模式。兰桂社区生态网格工作站充分调动商圈多元共治力量，引导商户、党员、共建单位代表、物业工作人员等成为兼职网格员，做好商圈隐患排查、防诈宣传、文物保护等综合治理工作，以生态网格赋能打造"诚信、舒适、有活力"的核心商圈。网格员们深入商圈、企业、商户等，通过发放宣传材料、现场讲解、播放视频等方式，持续开展防范诈骗宣传活动，让居民真正掌握防范诈骗的技巧，切实维护群众财产安全。同时，联动商圈党群服务中心，广泛发动各方志愿力量，组织起岭南天地商圈生态网格秩序维护志愿服务队，让志愿服务队深入参与消防、治安、卫生、环境、秩序、公共设施等巡查工作中，为商圈治理保驾护航。

兰桂社区商圈生态网络秩序维护服务队检查商圈环境卫生

荣获"全国模范人民调解委员会"称号

2023年9月26日，祖庙街道人民调解委员会获司法部授予全国模范人民调解委员会"称号，是全市唯一获此殊荣的人民调解委员会。

祖庙街道通过"建机制，搭平台，强队伍"，创新人民调解工作方法，打造起"访调援法"一机制一平台多元解纷机制。2023年，《创建"访调援法"一机制一平台，解群众之忧助力建设更高水平的平安禅城》项目获第八届佛山市区直单位"铁军杯"工作创新大赛三等创新成果奖。该机制联动法官、"法律明白人"、村（居）法律顾问等专业法治力量，搭建"访调援法"村（居）云法庭平台，将人民调解工作触角纵向触底、横向延伸，为群众提供家门口法律服务，并通过开展多样化、多形式的培训，确保调解人员达到"四懂"（懂政策、懂法律、懂业务、懂调解技巧）和"四会"（会预防、会排查、会研判、会调解）。以"老带新"发挥"金牌调解员"引领作用，指导年轻调解员提升调解技能，通过参与实战调解，帮助年轻调解员向专业型、实战型转变。以"结对共建"搭建"调解员+法官"共建平台，并与辖区59个村（社区）进行结对，组织调解员开展典型案例研判、优秀经验交流等培训，不断提升人民调解员业务能力。

祖庙街道人民调解委员会获司法部授予全国模范人民调解委员会称号

27 公资公有企业高质量发展改革

紧扣"一轴三片区"产业发展蓝图、"五个祖庙"建设目标，2023年6月6日，祖庙街道召开公资公有企业高质量发展改革大会暨核心公有企业揭牌仪式，正式发布《祖庙街道推动公资公有企业改革促进公资公有企业高质量发展的实施方案》，全面启动公资改革，以25条改革措施推进街道公资公有企业重点领域和关键环节改革，全力实施公有企业资产规模"三年倍增"计划，力争到2025年，实现公有企业资产总额翻一番（超70亿元），营业总收入翻两番（超5亿元），到2027年，实现公有企业资产总额超100亿元，营业总收入超10亿元。

同时，正式成立四大平台公司，进一步打好组合拳、发挥引领示范作用，不断为产业发展、城市格调提升等方面注入源源活力。

祖庙街道公资企业"3+1"架构

2023年，祖庙街道统筹资源优化公有资本布局，组建祖庙"佛山市广湛高铁开发建设有限公司""佛山市祖庙文化投资有限公司""佛山市祖庙资产投资管理有限公司"3个一级平台公司和佛山市祖庙城市建设有限公司（禅城区盛创资产经营管理公司）1个二级直管公司。

祖庙街道广湛高铁公司，定位为轨道经济发展平台，大力推进广湛高铁新城区规划建设。

祖庙街道文化投资公司，定位为文化创意产业培育平台，聚焦文化投资，致力打造独具祖庙特色的文化产业链，全面焕发佛山古镇活力。

祖庙街道资产投资管理公司，定位为产业投资发展平台，将重点开展资产管理、产业招商园区运营两个板块，利用优质物业绿地金融中心、城央大厦、丰收街的区位优势，打造现代化产业集群，形成上市企业集聚高地。

祖庙街道城市建设公司，定位为城市规划发展平台，将积极拓展城市更新、市政建设板块，专注区域规划发展及城市更新、项目代建、"三旧"改造，不断打造标杆项目，提升项目品质。

28 冲刺"千亿祖庙"

2018年以来，祖庙街道已连续六年，实现"每隔一年上一个百亿平台"的上升趋势。2022年祖庙街道地区生产总值达到745.19亿元，同比增长3.3%，经济总量稳居全区第一，单位面积GDP及税收继续领跑全市，在佛山"镇能量"榜经济动力指数排名全市第一。

根据佛山市委办公室、市政府办公室印发《关于支持建设"千亿镇街"推动高质量发展的意见》的通知精神，2023年9月12日，禅城区委、区政府在佛山古镇片区举办"佛山之心·千亿祖庙"禅城区建设"千亿镇街"誓师仪式暨祖庙街道"千日千亿"高质量发展行动方案发布会，正式启动祖庙街道"千日千亿"高质量发展行动，瞄准"产业、空间、格调、服务"四个维度，将通过培育"千亿产业"、拓展"千亩空间"、彰显"千年古镇"、服务"千商万企"的"四千行动"，力争到2026年，经济发展总量突破1000亿元，着力打造"商业、商贸、商务"齐头并进的佛山"第一商圈"，成为最具首位度、岭南味、格调感、幸福感的样板街区。

按照祖庙街道"千日千亿"高质量发展行动方案，一是培育"千亿产业"，以现代商贸、金融保险、专业服务、文化创意等为发展重点，着力打造"1+1+N"产业发展集群，即1个千亿现代商贸产业集群、1个五百亿金融保险产业集群和N个百亿高端服务业产业集群，加快构建更具竞争力的高品质现代化产业体系，打造名副其实的佛山"第一商圈"。二是拓展"千亩空间"，以岭南文脉为轴线串联起北部广湛高铁佛山站片区、中部佛山古镇片区、南部环文华公园创新活力区三大空间载体，开展全域城市更新，为"产业祖庙"建设开拓发展新空间。三是彰显"千年古镇"，以格调提升、品质提升、形态提升作为古镇建设的新动能、新抓手。四是服务"千企万商"，构建"益晒你"企业服务体系，引进一批总部经济、现代金融、文化创意、数字经济、专业服务等领域高端人才和项目，建设宜居宜业高地。2023年，祖庙街道地区生产总值成功迈上800亿元新台阶，同比增长5.9%，在冲刺全区首个"千亿镇街"的道路上迈出了坚实一步。

童装产业振兴实施计划

童服作为祖庙街道的传统优势产业之一，历经了近四十年的发展沉淀，产业基础扎实，上下游产业链完善，集聚态势明显。2022年9月26日，禅城区发布童装产业振兴实施计划，提出2022年至2026年五年内，重点推进"三大行动"，实施禅城童装品牌创建工程、实施佛山童装标准、成立童装产业协同创新中心，通过补链强链，实现童装产业跃迁升级，打造国内外主流童装品牌的聚集地，擦亮"佛山童装"的区域性产业品牌。

2023年2月28日，祖庙街道在岭南天地马哥孛罗酒店举行"品质佛山　童创未来——佛山童装产业升级发布会"暨佛山童装产业协同创新中心成立仪式，该创新中心将整合政府、院校、金融机构、协会、企业、平台等多方童装产业力量，提升童装产业发展质量。发布会推出佛山童装《生态针织婴幼儿及儿童服装》团体标准，推动佛山童装企业对标国际提高产品质量和企业竞争力，提升佛山童装产业集群的整体品牌形象和区域竞争力，重塑"世界童装看中国、中国童装看佛山"的行业地位。

佛山企业上市服务生态集聚区启动建设

2023年6月21日,祖庙街道为进一步支撑佛山企业上市倍增计划"添翼行动",加快实现"佛企上市、佛山服务"目标,启动佛山首个"企业上市服务生态集聚区"建设。集聚区依托万科金融中心、绿地金融中心等超60万平方米高端载体,以推动企业股改上市为切入点,集聚一批会计、审计、法律、知识产权、产业规划等高端专业服务机构,推动集聚区建设"一年见雏形,两年见成效,三年见生态"。

发展首店首发经济三年行动

2023年1月8日,祖庙街道在"佛山古镇首店首发品牌行动启动仪式"上率先吹响了发展首店首发经济的冲锋号,号召"首店、首发、首展、首秀,'首'选佛山古镇",发布了《祖庙街道推动佛山古镇加快发展首店首发经济三年行动方案》,提出3年引入100家首店目标,打造面向粤港澳大湾区的知名品牌集聚地、佛派品牌溯源地、原创品牌孵化地、新潮品牌首发地。

2023佛山·禅城首店经济高质量发展大会暨第七届连锁企业品牌100盛典

2023年2月28日，"2023佛山·禅城首店经济高质量发展大会暨第七届连锁企业品牌100盛典"在禅城祖庙成功举办，会上正式发布了《佛山市禅城区加快发展首店首发经济扶持办法（暂行）》，以最高奖励进驻商家100万元的真金白银，大力支持禅城首店经济发展。同时，大会还发布了《2023年中国购物中心发展趋势及佛山禅城区商业、首店品牌发展研究》白皮书，并举行了连锁总部基地授牌、2022年连锁二十强颁牌、企业总部/区域总部进驻禅城以及品牌首店进驻禅城等仪式。

祖庙街道已引入松鹤楼、NARS、阿嬷手作、KANGOL、Shake Shack等佛山首店35家和全国首店1家；《剑合钗圆》、佛山古镇联名款德众"源吉林"凉茶、联名款香兰月饼等陆续首发亮相；孵化了陈粉丸空间、HEA等一批原创性佛山本土潮流艺术；阿爆柠檬茶全国总部、零食很忙华南区域总部、美团华南区域运营中心集聚落户。

禅南合作

作为"禅南合作"的"先行部队"，2023年12月7日，祖庙街道与桂城街道签订区域发展协议，合作内容将围绕党建、产业发展、区域规划、基础设施、城市治理、公共服务、文旅文创等7大方面展开。这标志着佛山打造"千亿镇街""第一梯队"中的"先行者"——祖庙街道和桂城街道，率先开启合作新阶段，直接助力万亿佛山中央活力区建设。

双方将致力于共同打造祖庙—桂城商业服务生态链、季华路—千灯湖金融商务轴，探索党建联建共建、基础设施互联互通，在政务服务中探索"跨区通办"方便企业和群众办事创业。双方还将建立健全"交界地"社区治理协作机制，在教育资源和老年人幸福颐养等领域开展合作，并计划进行祖庙和桂城的整体片区城市营销、

俯瞰禅城区文华公园

俯瞰佛山南海园千灯湖金融高新区

探索文商旅融合发展路径。通过优势互补实行差异化发展，以规划先行进一步打破边界、活化边界，探索资源共享实现互惠共赢，共同推进"千亿镇街"建设。

29 佛山高铁未来城

佛山高铁未来城（广湛高铁禅城片区）位于祖庙街道城北片区，核心区为广湛高铁佛山站，是集高铁、地铁客运、公交于一体的大型综合枢纽站，占地面积13.34公顷；站与城一体化面积35.67公顷，具体范围为东至汾江路、南至张槎路、西至槎湾路、北至海五路。2022年9月21日揭牌成立广湛高铁禅城片区开发建设工作指挥部，由区委书记、区长任双总指挥，全力推动广湛高铁禅城片区开发建设，承接大湾区一线城市产业溢出和配套产业，打造融湾同城的活力高铁新城、经济集聚的枢纽门户以及综合性城市服务中心。祖庙街道以城市更新、水环境整治、产业园区建设为抓手，配合省、市、区开展区域控规编制、站城一体城市设计，并按计划推进土地征收、收储、整理等工作，助力禅城融入高铁时代，"高铁进城"全面提速。广湛高速铁路线路起于广州站，沿途经过佛山、肇庆、云浮、阳江、茂名、湛江等市，终至湛江北站，设计行车时速350千米。

2023年3月17日，禅城城北的原骐昌旧厂区和奥轩厂老旧厂房同步开始拆除，标志着广湛高铁佛山站土地整备拆除正式启动。7月7日，广湛高铁佛山特大桥首孔利用移动模架法现浇的双线简支箱梁完成浇筑，标志着广湛高铁2标正线工程进入桥梁上部结构施工阶段。12月19日，在佛山市禅城区中铁六局施工现场举行广湛高铁佛山段建设推进大会，广湛高铁建设正式开始。

广湛高铁佛山站项目施工现场

广湛高铁佛山站建设启动

新建佛山站地处佛山中心城区，位于原佛山火车站西侧，地理位置优越，交通便利。广湛高铁佛山站将打造成新一代立体综合交通枢纽，该站不仅将连接佛山地铁3号线，未来还将与地铁7号线、15号线等线路实现互联互通，未来三条线路将呈"米"字型结构，地下有停车场，地面设置快速落客区和集散厅，实现立体高效换乘，直接覆盖中心城区及主要组团，打造无缝换乘综合交通枢纽。利用佛山站构建道路+轨道快速接驳系统，采用南进南出、北进北出的高铁进城枢纽交通组织方案，20分钟覆盖佛山主要城市节点，全面接入广佛地铁一张网。同时，佛山站将大幅提升佛山的交通效率，缩短与周边城市的通行时间。佛山至广州站的通行时间将从原先的30分钟缩短至15分钟，佛山至湛江的通行时间也将从原先的5—

6小时缩短至1.5小时内。这一综合交通枢纽的建成,将提升佛山的交通通达性,促进大湾区城市内部和周边地区的资源要素流动。

同时,佛山站可实现与九条(段)350km/h的高铁连通,东向通过京九沿线至长三角地区、东部沿海城市;西南向连接广湛、深南高铁连接至粤西、北部湾、海南;南向通过珠肇高铁连接至珠海、澳门;北向通过京广沿线连接至武汉、京津冀。广湛高铁佛山站的建设,将极大弥补佛山北上的短板,成为佛山北上的新通道。

佛山火车站暂停客运

广三铁路佛山站于1903年建成通车,1993年佛山站迁新址,曾是广州以西最大的铁路客运站,也是最大的铁路口岸。佛山站列车北至东北三省,南至海南三亚,西南去往云贵川,北上广深重及武汉、厦门等。春运高峰时,佛山站日均客流曾超10万人,是佛山市乃至珠江西岸城市重要的交通枢纽,对佛山及周边市县的经济发展起到了重要作用。2023年10月7日,广铁集团肇庆车务段发布《佛山火车站暂停客运营业的公告》,佛山火车站于同年10月11日8时起暂停客运。

佛山火车站

佛山粤运汽车站

佛山粤运汽车客运站停运

佛山粤运汽车客运站于2006年8月启用，位于佛山市火车站西侧，是由佛山市粤运和兴运输有限公司（广东省汽车运输集团有限公司控股）投资1000多万元，按国家二级汽车客运站标准设计，历时一年多建设而成。客运站集长短途道路旅客运输与城区公共交通接驳服务于一体，是一座多功能、公用型、综合型公路客运站场。佛山粤运汽车客运站于2022年5月1日关停，停止道路客运班线营运。

30 党建引领高质量发展

2020年,祖庙街道在22个社区建立了41小区党组织,把党旗牢牢插在疫情防控"第一线",构建了"社区党委—小区党支部—业委会—物业"的闭环管理模式,相关经验在《小康》杂志、《南方日报》等国家、省、市级媒体刊载。2021年,祖庙街道实现132个物业小区党组织全覆盖,推行党员楼长制,优化提升党员中心户和"社区—小区—楼栋"三级党建网格,利用"结对共建"、兼职委员制度、党建联席会议制度、在职党员力量,依托线上智慧党建平台和线下共享小屋,构建社区党组织领导、小区党组织主导、党员群众广泛参与的小区共建共治共享治理格局。2022年,祖庙街道推进"一社区一品牌"建设工作,聚焦品牌创建,充分发挥街道"大工委"、社区"大党委"工作力量,成功创建保安万科楼宇、兰桂岭南天地商圈及同华社区等市级城市基层党建示范点3个。2023年,祖庙街道以365工作法深化"一村居一品牌"创建工作成效(365工作法:3是做实党建、做优服务、做强品牌;6是党的领导、多元共治、因地制宜、资源整合、雪中送炭、示范引领六大路径;5是在创新党员教育、传承铁军精神、弘扬岭南文化、强化新兴党建、推动小区善治5个领域苦干实干、创先争优)。

面对59个村居不同情况,祖庙街道围绕"抓党建、抓治理、抓服务"基本要求,引导村居以问题需求为导向,打造符合村居实际、各具特色的党建品牌,全面提升党建引领基层治理现代化水平。

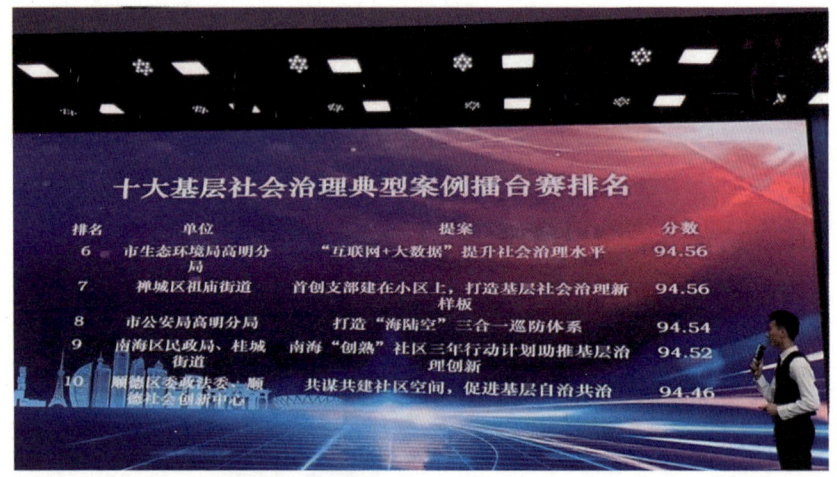

2022年十大基层社会治理典型案例擂台赛

南浦社区首创"支部建在小区上"

南浦社区南浦新村小区在全市首创"支部建在小区上",发挥小区党支部的战斗堡垒作用和小区党员的先锋模范作用,搭建"社区党委—小区党支部—业委会—物业"四方联席会议机制,解决了困扰小区居民十多年的区域围合问题,借助线上小程序成功选举红色业委会,小区治安水平和卫生环境得到大大改善,实现"一月一小变,一季度一大变"。相关经验做法经祖庙街道及时总结,形成可复制、可推广的工作模式,在全街道普及并在禅城区推广,为佛山基层治理提供可复制的新样板。

2022年4月,由佛山市委平安办主办的"市域社会治理创新案例""基层社会治理典型案例"擂台赛在佛山市图书馆举行。祖庙街道首创"支部建在小区上"项目入选佛山市十大基层社会治理典型案例,是禅城区唯一入选的街道。

同华社区创新解决老旧小区管理难题

随着经济社会的发展,老旧小区停车难、道路破损严重、环境卫生差等问题逐渐凸显。祖庙街道同华社区坚持以公心守初心,以决心铸匠心,以真心暖民心,探索出"1+2+3+4"党建引领老旧小区善治新模式,即通过一个引领、两个阵地、三项制度、四步工作法,切实解决民生痛点难点问题10余种共计130多件,推动社区电梯审批加装率达94%,其中,同华西小区电梯加装率达84%,将"小改造"做成"大民生",推动"老小区"焕发"新风采",有效提升党建引领基层治理效能。

2022年,同华社区获评市级党建示范点。次年,同华社区"推行'1+2+3+4'工作法,让老党员助力社区治理"在广东省委老干部局公布的"2023年广东省离退休干部党建工作创新案例"中被评为全省优秀案例。

同华社区新风采

保安社区做强楼宇党建助推营商环境、治理水平双提升

佛山城央GDP百亿楼宇万科金融中心坐落在祖庙街道保安社区，楼宇拥有企业400多家、员工1万余名，大量的经营主体和从业人员产生了旺盛的服务需求，也给辖区带来了"上下班高峰交通拥堵"等治理问题和挑战。保安社区从楼宇企业的实际需求出发，将抓好楼宇党建和社区治理有机相融，探索以党建引领"三联"提升楼宇"三力"，即通过阵地联建、服务联通、资源联动，进一步提升万科楼宇政治引领力、社会生产力、区域竞争力，成功推进修复提升内街道路、开设地铁公交接驳专线、绿化小区近千平方米的草坪等多项民生实事，切实推动楼宇营商环境和社区小区治理水平全面提升。

2022年10月11日，祖庙街道党工委与佛山万科金融中心党委共同打造的万科楼宇党群服务中心正式揭牌，总面积2718平方米，开辟了多功能展览馆、党群服务中心、公共阅读空间、追梦足球场、

万科楼宇党群服务中心

自助服务区等空间，解决了楼宇党组织开展活动无处落地的问题，并以红色、金融、法律、教育"四大讲堂"和各类品牌活动逐步助推楼宇"活"起来、"聚"起来。2022年，万科楼宇党群服务中心获评市级城市党建示范点。

兰桂社区融合商圈治理打造高质量发展党建品牌

岭南天地是佛山的城市会客厅，也是岭南文脉、古镇商脉、红色血脉的交汇之地，以其独有的魅力吸引着八方游客。2022年12月27日，岭南天地商圈党群服务中心揭牌成立，中心集党性教育、政策咨询、商圈议事、便民利民等服务于一体，是祖庙街道打造的"最岭南""最佛山""最活力"的党建新阵地。兰桂社区将商圈党建融入城市治理、融入城市发展，全力构建岭南天地商圈"组织共同体""发展共同体""服务共同体"，激发商圈党组织和党员传承

岭南天地商圈议事会

岭南天地商圈党群服务中心

岭南文化、参与基层自治的积极性，将进一步促进党建与文化、商业同频共振，以高质量党建推动商圈高质量发展。2023年4月23日，禅城区委党校在岭南天地商圈党群服务中心授牌成立岭南天地商圈现场教学点。2023年9月，入选为佛山市委党校（行政学院）第二批现场教学点。

参考文献

《中共佛山市委执政纪事》编纂编委会：《中共佛山市委执政纪事．2021》，广州：广东人民出版社，2023年。

佛山金融志编纂委员会：《佛山市金融志》，内部资料，1989年。

佛山市财政局：《佛山市财政志》，广州：中山大学出版社，1989年。

佛山市禅城区地方志办公室：《佛山市城区志（1984—2002）》，广州：广东人民出版社，2011年。

佛山市禅城区祖庙街道文体服务中心：《佛山古镇历史辉煌与寻迹》，广州：广州出版社，2015年。

佛山市城乡建设局编志组：《佛山市城市建设志》，广州：广东科技出版社，1990年。

佛山市地方志编纂委员会：《佛山市志》，广州：广东人民出版社，1994年。

佛山市地方志编纂委员会：《佛山市志：1979—2002》，北京：方志出版社，2011年。

佛山市对外贸易局：《佛山市对外贸易志》，广州：广东科技出版社，1988年。

佛山市工商行政管理局：《佛山市工商行政管理志》，内部资料，1989年。

佛山市教育志编纂委员会：《佛山市教育志》，广州：广东教育出版社，1991年。

佛山市人事局：《佛山市人事志》，内部资料，1992年。

佛山市商业局：《佛山市商业志》，广州：广东科技出版社，1990年。

佛山市卫生局：《佛山市卫生志》，内部资料，1989年。

佛山市文化局：《佛山市文化志》，广州：广东科技出版社，1991年。

佛山市物价局：《佛山市物价志》，内部资料，1991年。

广东省佛山市科学技术委员会：《佛山市科学技术志》，广州：广东人民出版社，1994年。

广东省佛山市石湾区农机水电局：《佛山市水利志》，内部资料，1990年。

梁燕：《佛山历代状元进士谱》，广州：广东人民出版社，2020年。

林明体：《佛山工艺美术品志》，内部资料，1989年。

张群：《南粤黎明——佛山一九四九年前后》，广州：广东人民出版社，2019年。

张群：《南粤星火——中共佛山早期党组织的创建和革命活动》，广州：广东人民出版社，2021年。

中共佛山市禅城区委党史研究室：《中国共产党禅城历史．第2卷，1949—1978》，北京：中共党史出版社，2012年。

中共佛山市委党史办公室《佛山市革命斗争志》编写组：《佛山市革命斗争志》，内部资料，1990年。

中共佛山市委党史研究室：《佛山市革命遗址普查（2020）成果通览》，广州：南方日报出版社，2021年。

中共佛山市委党史研究室：《佛山英烈故事》，内部资料，2021年。

中共佛山市委党史研究室：《革命精神　百年传承——佛山红色故事报道汇编》，内部资料，2021年。

中共佛山市委党史研究室：《中共佛山历史百年大事件：1921—2020》，北京：中共党史出版社，2021年。

中共佛山市委党史研究室：《中国共产党佛山地方史（新民主主义

革命时期)》,内部资料,2001年。

中共佛山市委党史研究室:《中国共产党佛山历史简明读本》,内部资料,2024年。

中共广东省委党史学习教育领导小组办公室:《百年扬帆——粤学党史粤爱党.打卡广东红》,广州:广东教育出版社,2021年。

中国人民政治协商会议佛山市委员会:《佛山文史资料.卷一.卷二.卷三.》,广州:广东人民出版社,2018年。